Kohlhammer

Der Herausgeber

Prof. Dr. Martin Geisler lehrt Kultur und Medien an der Ernst-Abbe-Hochschule Jena und ist akademischer Leiter des Instituts für Spiel- und Medienkultur – Spawnpoint. Er studierte an der Fachhochschule Erfurt Sozialpädagogik und war als freiberuflicher Medienpädagoge und Bildberichterstatter tätig. Er ist als Fotograf, im Schauspiel, in der Lyrik sowie in der Malerei aktiv. Seit 2014 ist er Landessprecher der Gesellschaft für Medienpädagogik und Kommunikationskultur – Thüringen. Martin Geisler konzipierte und leitet den berufsbegleitenden Studiengang »Spiel- und Medienpädagogik«.

Martin Geisler (Hrsg.)

Spiel- und Medienpädagogik

Theorie – Methoden – Praxis

Verlag W. Kohlhammer

Dieses Werk einschließlich aller seiner Teile ist urheberrechtlich geschützt. Jede Verwendung außerhalb der engen Grenzen des Urheberrechts ist ohne Zustimmung des Verlags unzulässig und strafbar. Das gilt insbesondere für Vervielfältigungen, Übersetzungen, Mikroverfilmungen und für die Einspeicherung und Verarbeitung in elektronischen Systemen.

Die Wiedergabe von Warenbezeichnungen, Handelsnamen und sonstigen Kennzeichen in diesem Buch berechtigt nicht zu der Annahme, dass diese von jedermann frei benutzt werden dürfen. Vielmehr kann es sich auch dann um eingetragene Warenzeichen oder sonstige geschützte Kennzeichen handeln, wenn sie nicht eigens als solche gekennzeichnet sind.

Es konnten nicht alle Rechtsinhaber von Abbildungen ermittelt werden. Sollte dem Verlag gegenüber der Nachweis der Rechtsinhaberschaft geführt werden, wird das branchenübliche Honorar nachträglich gezahlt.

Dieses Werk enthält Hinweise/Links zu externen Websites Dritter, auf deren Inhalt der Verlag keinen Einfluss hat und die der Haftung der jeweiligen Seitenanbieter oder -betreiber unterliegen. Zum Zeitpunkt der Verlinkung wurden die externen Websites auf mögliche Rechtsverstöße überprüft und dabei keine Rechtsverletzung festgestellt. Ohne konkrete Hinweise auf eine solche Rechtsverletzung ist eine permanente inhaltliche Kontrolle der verlinkten Seiten nicht zumutbar. Sollten jedoch Rechtsverletzungen bekannt werden, werden die betroffenen externen Links soweit möglich unverzüglich entfernt.

1. Auflage 2021

Alle Rechte vorbehalten
© W. Kohlhammer GmbH, Stuttgart
Gesamtherstellung: W. Kohlhammer GmbH, Stuttgart

Print:
ISBN 978-3-17-034769-4

E-Book-Formate:
pdf: ISBN 978-3-17-034770-0
epub: ISBN 978-3-17-034771-7

Inhalt

1 **Einleitung – Haltung von Anleitenden in der Spiel- und Medienpädagogik** 9
Martin Geisler
Quellenverzeichnis 15

2 **Kulturelle Bildung** 17
Martin Geisler & Horst Pohlmann
   2.1   Brennpunkt Kulturelle Bildung 17
   2.2   Entwicklungsaufgaben 20
   2.3   Handlungsfelder und Qualifikation 25
   2.4   Spiel- und Medienkultur 27
        2.4.1   Spielkultur 27
        2.4.2   Medienkultur 30
   2.5   Schlüsselkompetenzen in der Kulturellen Bildung 32
   2.6   User generated content (UGC) und Schnittmengen zur Kulturellen Bildung 35
   2.7   Aktivierung von Zielgruppen 36
Quellenverzeichnis 39

3 **Theoretische Zugänge zu Spielen in der digitalen Kultur** 43
Sebastian Ring
   3.1   Digitale Spielwelten als Räume für spielerische und spielbezogene Interaktion 43
   3.2   Grundzüge von Spieltheorien 44
   3.3   Game Studies 47
   3.4   Diskurse über Spiel 48
Quellenverzeichnis 49

4 **Die Handlungsorientierte Medienpädagogik als Akteurin in einer mediatisierten Gesellschaft** 51
Eric Müller
   4.1   Die handlungsorientierte Medienpädagogik ist Grenzgängerin 51
   4.2   Die Entwicklung der Medienpädagogik vom Bewahren zum Handeln 53
   4.3   Die Entwicklung zum medienkompetenten Subjekt 55
        4.3.1   Medienhandeln und Mediensozialisation 55

		4.3.2 Medienkompetenz	56
	4.4	Verstehen und Fördern in der handlungsorientierten Medienpädagogik	58
		4.4.1 Medienhandeln als Gegenstand der Mediensozialisationsforschung	58
		4.4.2 Aktive Medienarbeit eröffnet Handlungsräume	60
	4.5	Handlungsorientierte Medienpädagogik in Zeiten der Digitalisierung	61
		4.5.1 Die Integration des Subjekts in den Jugendmedienschutz	62
		4.5.2 Digitalisierungsdilemma der Aktiven Medienarbeit	63
		4.5.3 Aneignung von digitalen Spielen als pädagogische Handlungsräume	63
	4.6	Die handlungsorientierte Medienpädagogik ist eine Akteurin der Mediatisierung	64
	Quellenverzeichnis		65
5	**Jugendmedienschutz und Medienethik**		68
	Anna Grebe, Björn Schreiber & Iren Schulz		
	5.1	Mehr als gesetzliche Regelungen und Altersfreigaben: Jugendmedienschutz als Verantwortungsgemeinschaft	68
	5.2	Wirksamer Jugendmedienschutz braucht Risiko- und Wertediskurse – auch aus der Perspektive Heranwachsender	72
	5.3	Risikobegrenzung – Vorbildrolle – Kompetenzförderung: Elternverantwortung im erzieherischen Jugendmedienschutz	74
	5.4	Wirksamer Schutz braucht Teilhabe: Kinderrechtliche und jugendpolitische Perspektiven	77
	5.5	Schluss	80
	Quellenverzeichnis		80
6	**Medienpädagogische Methoden**		83
	Torben Kohring		
	6.1	Der Methodenbegriff	83
	6.2	Didaktik und Methode – Das Was und das Wie	85
	6.3	Grundlegende medienpädagogische Kompetenzen vermitteln	86
	6.4	Adressatenorientierung als Grundlage einer methodischen Medienpädagogik	88
		6.4.1 Frühe Mediennutzung – Methoden für die Zielgruppe der Kinder	88
		6.4.2 Medien als Teil der Identität – Methoden für die Zielgruppe der Jugendlichen	89
		6.4.3 Von der alten in die neue Welt – Methoden für die Zielgruppe der Erwachsenen	89
		6.4.4 Zwischen privater Haltung und Profession – Methoden für die Zielgruppe der Fachkräfte	90

		6.4.5	Methoden inklusiv denken	90
	6.5		Klassifizierung Medienpädagogischer Methoden	91
		6.5.1	Erfahrbarkeit digitaler Technik durch Übertragung ins Analoge	92
		6.5.2	Methoden um Hintergründe verstehen	92
		6.5.3	Mit verschiedenen Medien kreativ handeln	93
		6.5.4	Methoden, um Medien zu bewerten	95
		6.5.5	Medien gemeinsam nutzen	96
		6.5.6	Methode, um die Wirkung von Medien einzuschätzen	97
		6.5.7	Methoden, um Medien zu erfahren	98
	6.6		Im Netz verfügbare Methodensammlungen	98
	6.7		Ausblick	100
	Quellenverzeichnis			100

7 Spielpädagogik, Spieldidaktik und Spielmethodik 102
Thomas Wodzicki & Martin Geisler

	7.1	Begriffliche Differenzierung	102
	7.2	Spielzeug und Reizquellen	103
	7.3	Kompetitive und kooperative Spiele	105
	7.4	Kindliches Spiel, Spielpädagogik und Spieldidaktik	107
	7.5	Planung von Spielsequenzen	110
	Quellenverzeichnis		112

8 Digitale Spiele und Bildung 113
Dirk Poerschke & Denise Gühnemann

	8.1	Spielen und Lernen: Warum eigentlich?	113
	8.2	Spiele in Bildungskontexten: Formen	116
	8.3	Was ist nun mit der Bildung?	118
	8.4	Grundschule	120
	8.5	Weiterführende Schulen	123
	8.6	Fazit	126
	Quellenverzeichnis		126

9 Praxisprojekte – Von der Idee zum Best-Practice-Projekt 129
Horst Pohlmann

	9.1	Projektebenen	129
	9.2	Projektformen	130
	9.3	Projektplanung	135
	9.4	Projektanträge und Finanzierung	137
	9.5	Durchführung, Dokumentation und Evaluation	142
	9.6	Best-Practice-Projekte	143
	Quellenverzeichnis		144

| 10 | (Digital) Game-Based Learning – eine praxisorientierte Vertiefung | 145 |

Gerrit Neundorf & Jürgen Sleegers

	10.1	Digital Game-Based Learning und eine mögliche Einbettung in Bildungskontexte	145
	10.2	Expressive Games	146
	10.3	Gamification	149
	10.4	Serious Playing	152
	10.5	Fazit und Ausblick – DGBL oder »Zurück in die Zukunft«	156
	Quellenverzeichnis		157

| 11 | Teams im Spiegel der Vergemeinschaftungsform MMORPG-Gilde | 159 |

Rudolf Inderst

	11.1	Einführung	159
	11.2	Gilden als soziale Gruppen	163
	11.3	Gilden in Online-Rollenspielen	163
	11.4	Charakteristika von Gilden	165
	11.5	Motivation und Ansporn	168
	11.6	Virtuelle Vielfalt: unterschiedliche Gildentypen	168
	11.7	Gildenleben und -alltag	171
	11.8	Der andere Alltag: Streit und Konflikt	173
	11.9	Fazit	174
	Quellenverzeichnis		175

Autor*innen-Verzeichnis **180**

1 Einleitung – Haltung von Anleitenden in der Spiel- und Medienpädagogik

Martin Geisler

Spiel und Medien nehmen seit langer Zeit eine bedeutsame Rolle, nicht nur für Kinder und Jugendliche, ein. An der Begeisterung für sie setzen vielfältige Einsatzbereiche der (Sozial-) Pädagogik an. Eigene Fachdisziplinen, hier die Spiel- und Medienpädagogik haben sich entwickelt und zeigen zahlreiche Schnittstellen zu anderen Bereichen auf. In den letzten Jahren haben digitale Spielewelten in diesem Kontext mehr Bedeutung erlangt und finden in der Bildungslandschaft immer häufiger Anwendung. Allerdings kann längst nicht von einer Standardisierung, ausschöpfenden oder optimalen Rahmenbedingung für ihre Verwendung in Bildungskontexten gesprochen werden. Zugleich sind Games insbesondere für Kinder, Jugendliche und junge Erwachsene hoch populär, beliebt, verbreitet und nehmen eine wichtige Rolle in der Mediensozialisation ein. Es erscheint daher nötig und angemessen, das (pädagogische) Potenzial von Computerspielen (weiter) auszuloten. Das vorliegende Buch dient Neueinsteiger*innen aber auch in diesem Bereich Tätigen als Orientierung, Verortung und Vertiefung. Es finden sich darin sowohl theoretische Auseinandersetzungen, methodische Aspekte als auch Praxisbeispiele. Es lehnt sich im Aufbau an der Struktur und den Modulen des Masterstudiengangs »Spiel- und Medienpädagogik« (Ernst-Abbe-Hochschule Jena) an. Es ist allerdings keine Verschriftlichung des Curriculums oder ein Lehrbuch. Es dient vielmehr der Ausformulierung, Weiterentwicklung und Etablierung der Spiel- und Medienpädagogik bzw. einem großen Teil ihrer Themen. Die Inhalte der Beiträge geben nicht nur einen Ist-Stand wieder, sondern formulieren zumeist auch in die Zukunft gedachte Szenarien, stellen wichtige Forderungen auf, kritisieren Problemfelder, stoßen gedankliche Innovationen an und erweitern die jeweiligen Themen.

Menschen, die dieses Buch aufschlagen, sind mit großer Wahrscheinlichkeit in der Praxis und/oder Theorie der Spiel- und Medienpädagogik aktiv bzw. beabsichtigen darin aktiv zu werden. Wer diese Menschen im Überblick sind, welche Professionen und Qualifikationen sie mitbringen wurde 2019 skizziert (Geisler 2019). Daraus ergeben sich auch Hinweise wie, warum und mit welcher Intention Anleitende (digitale) Spiele in der Bildung eingesetzt und verwendet werden. Ihre professionelle und persönliche Haltung fließt in den didaktischen und methodischen Einsatz, in ihre Konzepte und letztlich in die Ziele ein, welche damit verbunden sind. Auf diese Weise ist die Frage der (Spielleiter-) Haltung relevant, um spiel- und medienpädagogische Qualitätsstandards zu entwickeln. Das Buch hat daher nicht nur den Anspruch diese bisweilen noch immer als kurios wahrgenommenen Felder vorzustellen und zu vertiefen, sondern auch (angehende) Praktiker*innen zu qualifizieren und Impulse für die praktische Arbeit zu geben.

1 Einleitung – Haltung von Anleitenden in der Spiel- und Medienpädagogik

Die pädagogische Auseinandersetzung mit (digitalen) Spiel-Medien hat zwar begonnen, befindet sich jedoch insbesondere in Hinblick auf die Quantität der Angebote noch in einem frühen Stadium. Um diese in der schulischen und außerschulischen Bildungsarbeit zu etablieren, bieten die folgenden Beiträge wichtige Anregungen und Perspektiven. Dabei wird auch deutlich, inwiefern aktuelle, gesellschaftliche Entwicklungen durch die Spiel- und Medienpädagogik bearbeitet werden. Bildungseinrichtungen vielfältiger Art sollten die Spiel- und Medienpädagogik als Handlungsfelder berücksichtigen und damit einer veränderten Spiel-, Medien und Kulturwelt Rechnung tragen.

Die Zielgruppe der Beiträge sind jedoch nicht nur Spiel- und Medienpädagog*innen. Viele Lehrer*innen, Sozialarbeiter*innen, Erzieher*innen etc. setzen (digitale) Spiele in der Bildung ein, ohne sich zwingend als Spiel- oder Medienpädagog*in zu verstehen. Die Auseinandersetzung, insbesondere mit modernen Medien, wirkt für viele Anleitende herausfordernd, wenn nicht oft überfordernd. Zugleich zeigt sich aber auch, dass sie Erfahrungen besitzen. Viele haben längst Spielformen, theatrale Elemente und Künste verschiedener Art in ihren Schulstunden, Kursen, Projekten oder offenen Angeboten integriert. Anleitende decken meist ein breites Spektrum an Themen, Zielgruppen, Technologien und Bildungskontexten ab. Nur wenige haben sich gänzlich und ausschließlich auf ein bestimmtes Medium spezialisiert. Wer Medien und Spiele in Bildungskontexten verwendet, muss sich jedoch mit den nötigen Fähigkeiten auseinandersetzen sowie Fingerspitzengefühl in der Arbeit mit Einzelpersonen und Gruppen erwerben und stetig weiter ausbauen. Diese Aspekte sind nicht neu und längst Grundsätze der Sozialen Arbeit und anderer Bildungsbereiche. Der Einsatz von Spiel-Medien allein beinhaltet jedoch noch keine Qualitätskriterien und garantiert keine Bildungserfolge. Bisweilen zeigt sich gar, dass die Verwendung von Spiel und Medien in formalen und non-formalen Bildungsprozessen eine besondere Sensibilität verlangt und nicht mit den informellen Erfahrungen von Spielenden übereinstimmt. Ein unreflektierter Einsatz von Spiel-Medien könnte sogar kontraproduktiv sein, die Zielgruppe und Ziele verfehlen und im ungünstigsten Fall das Spiel instrumentalisieren. Die Bildungsqualität eines Mediums muss an die Bedürfnisse der Zielgruppen und das intendierte Vermittlungsziel (oder Bildungsziel) gebunden sein. Beziehungsarbeit, soziale und kommunikative Fähigkeiten sind die Voraussetzung für einen gelingenden Einsatz auch von Spiel und Medien.

Die Frage welches Spiel oder welches Medium im Bildungsprozess erfolgreich einzusetzen ist, übersieht zu oft die Rolle der Anleitenden und deren Einflussfaktoren. Dabei haben diese bei der Verwendung von (digitalen) Spiel-Medien nicht nur einen pädagogischen Auftrag. Sie sind zugleich auch Spielleitende. Als solche ist es ihre Aufgabe, einen für das Spiel förderlichen Raum durch Planung, Material und Anregungen zum Prozess zu gestalten. Sie müssen den Spielenden genügend Raum für ihr eigenes Handeln einräumen. Trotz der Anleitung sollen sich Spielende wie auch Gestaltende mit ihren Ideen, Vorstellungen, Fähigkeiten und Handlungsimpulsen einbringen können (vgl. Fritz 2018, S. 240). Dies erinnert an die Prinzipien der Kulturellen Bildung, auf welche im folgenden Beitrag vertiefend eingegangen wird. Anleitende dürfen weder zu viel noch zu wenig auf

Spielende einwirken. Spielräume sind Freiräume und Spiel bewegt sich in einer Art Schwebezustand zwischen Freiheit und Regelhaftigkeit. Spielende aber auch Nutzer*innen interaktiver Medien wirken auf das Spiel-Medium ein und bestimmen den Prozess. Wollen Anleitende demnach den Rahmen gestalten, kommen sie nicht umhin, auch auf die Anwender*innen einzuwirken. So lässt sich, auch auf die Medienpädagogik übertragend sagen: »Die Ergebnisse der Arbeit mit den Spielen stehen und fallen […] mit der Person des Spielleiters – mit seiner Vorbereitung, seiner eigenen Einstellung gegenüber einem Spiel und insbesondere auch mit seiner Erfahrung« (Gilsdorf & Kistner 1995, S. 24). »Ob bewusst oder unbewusst, gewollt oder nicht gewollt: Der Spielleiter ist insoweit auch Pädagoge, als er Verantwortung für den Spielprozess trägt, er bestimmte Ziele erreichen möchte und er für die Sicherheit der Spieler einzustehen hat.« (Fritz 2018, S. 241). Insofern dienen die Beiträge nicht nur der Sachinformation, sondern auch der Förderung der persönlichen, kritisch-analytischen Haltung von Spiel- und Medienpädagog*innen.

Einer dieser immer wieder zu diskutierenden und abzuwägenden Punkte ist der Zusammenhang und die Balance zwischen Spiel, Medien und Bildung. Spielen beginnt damit, in Gedanken alle vorstellbaren Möglichkeiten zur Lösung eines Problems, zur Erreichung eines Ziels oder zur Realisierung einer Absicht durchzuspielen. Gedankenspiele sind ein Grundsatz unseres Seins. Zur Übertragung, Recherche, Kommunikation, Abbildung und Archivierung sind Medien (im weitesten Sinn) hilfreich. Die Fähigkeit, flexibel und kreativ zu denken, sich Erfahrungen und Wissen anzueignen und eigene Leistungen festzuhalten, sind eng mit dem Spiel und mit Medien verknüpft. Zugleich lassen sich eben jene Aspekte durch den angeleiteten Einsatz von Spiel-Medien fördern und trainieren.

Spiele haben Bildungspotentiale und sind für die Entwicklung und Entfaltung von Menschen sinn- und genussvoll (vgl. Ganguin 2010; Huizinga 2001; Demmler/Lutz/Ring 2014; Münch 2013; Mitgutsch 2008; Klimmt 2001). Seit geraumer Zeit wurden sie dahingehend erforscht, Methoden entwickelt und Projekte generiert. Zudem nimmt das Spiel auch außerhalb von Bildungsinstitutionen eine wichtige Rolle in der Weltaneignung, dem Experimentieren, der Entfaltung und dem Erwerb von Erfahrungen ein. In der Spielpädagogik geht es um das Eröffnen von Erfahrungsräumen. Ulrich Heimlich definiert die Spielpädagogik als »zusammenfassende Bezeichnung für Interventionen von Erwachsenen in das […] Spiel mit dem Ziel, die Fähigkeiten des Kindes [der Jugendlichen oder auch Erwachsenen] zur selbstbestimmteren Spieltätigkeit zu fördern« (Heimlich 2014, S. 15). Ziele sind dabei meist, die Fähigkeiten zu erweitern, Selbsteinsichten zuzulassen oder Verknüpfungen von Denken und Handeln zu ermöglichen. Die Medienpädagogik ihrerseits knüpft an aktuelle, gesellschaftliche Prozesse an. Spätestens seit dem Auftauchen digitaler Spiele und ihrer immer größeren Bedeutung für Kinder, Jugendliche aber auch Erwachsene, wird die Verbindung von Spiel- und Medienpädagogik deutlich.

Wenn sich die Spiel- und Medienpädagogik an gesellschaftlichen Prozessen und zugleich an den Bedürfnissen ihrer Zielgruppen orientiert, so zeigt sich, dass sie einerseits in kleinen, an Einzelpersonen angemessenen Verhältnissen agieren muss und andererseits die kulturelle Gesellschaft an sich mit Wesenszügen des Spiels und kreativen Aspekten der Medien bereichern sollte. Spiel- und Medienpädagog*innen befinden sich in der wichtigen Funktion, die Rahmen wahrzunehmen und sie zugleich vorzubereiten und zu gestalten. Sie müssen in Beziehungen zu Menschen und Systemen treten. Für ihre Zielgruppen sind Anleitende behilflich, Gefühle wie Kraft, Mut, Freude, Miteinander und Wirksamkeit entwickeln zu lassen. Derartige Empfindungen treten im Ideal auch außerhalb von pädagogischen Kontexten auf. Die Spiel- und Medienpädagogik stellt hier die professionelle Variante jener Vereinigung von Spiel und Lernen dar, welche Menschen in ihren ersten Lebensjahren ganz von selbst betreiben. Viele formale Bildungsangebote stehen dem Spiel und zeitgenössischen Medien eher kritisch gegenüber oder lassen sie hauptsächlich in Phasen der Entspannung bzw. als Freizeitbeschäftigung zu. »Erst die institutionalisierten Formen der Bildung und des Lernens heben [die Verbindung von Spiel und Lernen] auf und verfestigen die klare Trennung zwischen Lernen (Arbeit) und Spielen (Freizeit)« (Breuer 2010, S. 7). Dabei kollidiert die Zweckhaftigkeit der Bildung mit der Freiheit des Spiels. »Da Spielpädagogik dem Pädagogischen verpflichtet ist, entstehen in der erzieherischen Praxis, typische Widersprüche, die bereits in der Planung und Realisierung von Spielaktionen deutlich werden. Die Notwendigkeit zur Planung steht grundsätzlich im Widerspruch zur Spontaneität, zur Freiwilligkeit und zur Zweckfreiheit des Spiels.« (Fritz 2018, S. 241) Trotzdem ist die Spiel- und Medienpädagogik eine Bildungsform, die Entwicklungs- oder Lernprozesse beabsichtigt. Kulturformen, Spiel und Medien werden genutzt, entfalten ihre Potenziale, sollen motivieren und Menschen dazu anregen, Kompetenzen auszubilden oder Fähigkeiten zu erwerben. Es ist also stets von einem absichtsvollen Handeln seitens der Anleitenden auszugehen. Etwas wird bezweckt, ein Ziel verfolgt oder eine Gelegenheit für Entwicklung geschaffen. Dieses Spannungsfeld wird auch in den folgenden Beiträgen immer wieder skizziert und es gilt es abzuwägen. So sind nicht nur Wissen und Qualifikation wichtige Voraussetzungen für Spiel- und Medienpädagog*innen. Ihre persönliche Haltung innerhalb des beschriebenen Spannungsfeldes, ihre Spontaneität, ihre Spielfreude, Medienbegeisterung, ihre Kommunikationsfähigkeiten, ihr Humor, ihre Klarheit, sogar ihre gesellschaftspolitischen Sichtweisen haben wichtigen Einfluss auf den Erfolg von Projekten. Es reicht daher nicht aus, wenn in der Aus-, Fort- und Weiterbildung von Spiel- und Medienpädagog*innen der Fokus auf der Vermittlung von Theorien, Techniken, Übungen und Methoden liegt. Vorrangig bleibt die Arbeit mit den Menschen, die Herstellung von Beziehungen und damit didaktische Fragen und Konzepte für pädagogische Haltungen und das eigene Profil (vgl. Anklam, Meyer & Reyer 2018, S. 11). »Eine Haltung ist eine konzeptionell begründete Zielvorstellung über die eigene Rolle in einem spezifischen Setting (z. B. spiel-, theater- oder medienpädagogische Projekte). Sie definiert die Handlungsmöglichkeiten in Bezug auf die reflektierten Werte. Haltung bildet die Voraussetzung für bzw. ist Teil der Kompetenz: Sie ist entscheidend für die Wahrnehmung und Interpretation einer komplexen Situation, den Entwurf und die Bewertung unterschiedlicher Handlungsmöglichkeiten, prägend für die Entscheidung und genaue Ausführung der intendierten Handlungen – also auch der Methodenwahl und -anwendung« (ebd. S. 26). Anleitende sind dazu aufgerufen stetig auf einer Reise zu sein. Eine Reise zwischen den Stationen, welche aus Erfahrungen, Praxis, Fortbildung, Forschung, Theorie, Metaebenen, Pausen, neuen Ideen oder Modellen bestehen, um dann wieder in die Praxis zu gehen und den Kreislauf von vorn zu beginnen. Die Vielseitigkeit der Anleitenden und die Veränderungen innerhalb einer Berufslaufbahn sind begrüßenswert. In Anlehnung an Anklam, Meyer und Reyer (2018), welche die Haltung von Theaterpädagog*innen beschreiben, lässt sich formulieren: Es wird nicht ein/e Spiel- und Medienpädagog*in wie der/die andere, »sondern jede möglichst genau die [Spiel- oder und Medienpädagog*in], die sie aufgrund ihrer unverwechselbaren Persönlichkeit mit all ihren Erlebnissen und Talenten werden will und kann« (Anklam, Meyer & Reyer 2018, S. 8). Auf die Frage, wie genau sich Anleitende verhalten sollten, kann keine eindeutige Antwort erfolgen. »Der Spielleiter kann vom Typ her etwas von einem einfühlsamen und geduldigen Pädagogen haben. Er kann eine begeisterungsfähige theaterbegabte Künstlernatur sein oder auch ein spielfreudiger Spaßmacher, der auf eine Gruppe ansteckend wirkt. Wie wirksam ein Spielleiter ist, hängt sehr von der Gruppe ab und von dem gemeinsamen Lern- und Angleichungsprozess, der mit jeder spielerischen Aktivität verbunden ist« (Fritz 2018, S. 242).

Diese Heterogenität der Anleitenden bringt nicht nur Vorteile mit sich. Vielfältige, zum Teil sehr unterschiedliche, bisweilen gar widersprüchliche Perspektiven, Theorien, Ziele und Qualifikationen erschweren es, Qualitätsstandards zu definieren oder eine berufliche Identität herauszubilden (vgl. Tönnies 1982, S. 33/Arnscheid 1999, S. 19). Vereinbarungen über theoretische Grundlagen sowie soziale und professionelle Praxis sind jedoch wichtig, um den Themenfeldern, ihrer Bedeutung in der Bildungsarbeit und ihrer Weiterentwicklung gerecht zu werden. Ziel des vorliegenden Buches ist daher auch den Dialog unter den Spiel- und Medienpädagog*innen zu fördern. Eine (berufliche) Gemeinschaft »zeichnet sich durch intersubjektiv geteilte Wissens- und Erfahrungsbestände sowie Deutungsmuster aus.« (Marotzki 2002, S. 50). Trotz des Ziels Berufsidentität zu stärken und gemeinsame Grundlagen zu skizzieren, sollen die folgenden Beiträge nicht thematisch eingrenzen, zu sehr vereinheitlichen oder gedanklich einengen. Die zirkulären und nicht isolierten Beiträge und darin dargelegten Erklärungsansätze bieten Anleitenden wichtige Denkprinzipien und wirken sich somit auf eine entsprechende Grundhaltung aus. Die unterschiedlichen Aufgabenfelder und Anforderungen an handlungsorientierte Spiel- und Medienpädagog*innen lassen sich stilisiert in drei zentrale Bereiche zusammenfassen: animieren, begleiten und beflügeln (vgl. Sahm 2011, S. 13). Die Spielvorschläge und Ermutigungen können seitens der Anleitenden didaktisch gezielt eingesetzt werden. Sie können sowohl Vorbereitung für nicht-spielerische Tätigkeiten sein als auch Probe für das gesellschaftliche (Rollen-) Handeln in der sozialen und persönlichen Umwelt. Anleitende beobachten und zeigen Potenziale auf, sie unterstützen dabei, vorhandene Fähigkeiten auf etwas anderes zu übertragen, sie befeuern Spaß, Exploration und Gruppenaktivitäten. Die Verantwortung der Spiel- und Medienpädagog*innen geht weit über das spielerische Anleiten hinaus. Hans-Wolfgang Nickel beschreibt für Anleitende der Theaterpädagogik, dass sie sich vor der Realität verantworten müssen. Sie müssen Aufklärung über die physische und psychische Wirklichkeit bringen sowie Fähigkeiten vermitteln, die für die heutige Welt von Nutzen sind und brauchbar für die Welt von morgen (vgl. Nickel 2019, S. 16). Nickel formuliert dabei die Kritik, dass dieses Konzept ggf. als zu utilitaristisch verstanden werden kann. Er gibt jedoch zu bedenken, dass zu diesen Fähigkeiten auch gehört, Spaß aneinander zu haben (vgl. ebd.). Spiel- und Medienpädagog*innen haben die Aufgabe, gemeinsam mit Teilnehmenden Lebenswelten zu gestalten und somit die Fragen zu bearbeiten, in welcher Welt wir leben und leben möchten. Neben der Berücksichtigung der Axiome von Carl Rogers (1985) (empathische Grundhaltung, authentisches Auftreten, bedingungslos positives Akzeptieren des Gegenübers) ist es ihre Aufgabe ihren Zielgruppen dabei zu helfen, stets kritisch gegenüber gesellschaftlichen, technologischen, ökonomischen, politischen und individuellen Entwicklungen zu bleiben. Dies gilt nicht nur für die Teilnehmenden, sondern muss auch das Handeln und Denken von Anleitenden einschließen. Über diese Grundhaltung hinaus beschreibt Jürgen Fritz vier Fähigkeitsbereiche für Spielleitete. Die animierende Kraft und Spielfreude, die Spielorientierung und Spielerförderung, Einfühlungsvermögen und Verantwortlichkeit sowie Planungs-, Handlungs- und Reflexionsfähigkeiten (vgl. Fritz 2018, S. 245ff).

Spiel- und Medienpädagog*innen sind Rollen- und Vorbilder. Um andere über ein oder zu einem Spiel bzw. Medium zu begeistern, zu seiner kritischen Reflexion aufzurufen und mit diesen Elementen zu gestalten, dürfen, ja sollten sie selbst Spaß an ihrer Arbeit haben und/oder sich vom Spaß anderer mitreißen lassen. (vgl. ebd. S. 242). »Das wichtigste ist, dass du dich in deine Mitspieler einfühlst und selbst Spaß am Spielen hast. Deine eigene Begeisterung wirkt ansteckend, suche also solche« Spiele aus, die du selber gerne spielst« (Lefevre 1985, S. 78). Die Qualitäten von Spiel- und Medienpädagog*innen äußern sich nicht darin, Kinder, Jugendliche oder Erwachsene durch Erfahrungen, Kenntnisse oder Fähigkeiten zu dominieren und ihnen vorzuschreiben, wie Spiele gespielt bzw. Medien genutzt werden sollten. So können sich »Fähigkeiten und Selbstregulationskräfte von Spielenden nicht zur Gänze entfalten« (vgl. Fritz 2018, S. 244). Andererseits darf sich die Anleitung auch nicht völlig zurückziehen und Nutzer*innen in der Orientierungslosigkeit belassen. Aufgabe der Anleitenden ist es, auszubalancieren wie viel Kraft und Energie notwendig ist, damit jene Prozesse in Gang kommen, die Nutzer*innen ermöglichen sich eigenständig zu entfalten (ebd.). Obwohl in der pädagogischen Arbeit mit digitalen Spielen ohne Zweifel innovative Medien, Methoden und Techniken angewendet werden, ist zugleich eine Auseinandersetzung mit bestehenden Haltungen aus der Lerntheorie, der Sozialen Arbeit, der Beratung, der Kulturellen Bildung u. v. a. dienlich und wichtig. Die weitergehende Anerkennung des digitalen Spiels als Instrument in der Bildungslandschaft muss den Fokus erweitern und darf nicht allein das Medium in den Blick nehmen. Vielmehr bleibt das Medium ein Mittler, das seine pädagogischen Potenziale in den Händen geschickter Anleiter*innen entfaltet. Diese richten ihre erste und wesentliche Aufmerksamkeit auf die Teilnehmenden, Lernenden und Spielenden und erst zweitrangig auf das intendierte Lern-, Vermittlungs- oder Bildungsziel. Sie sind Ausgangspunkt, Impulsgebende, Prozesssteuernde und Ergebnisträger*innen aller Bemühungen. In diesem Prozess erlangt das Spielmedium Bedeutung, weil sich in der Interaktion mit ihm Bedürfnisse,

Leidenschaften, Verhaltensweisen, Probleme, Bedarfe, Identitäten, Kommunikations- und Sozialfähigkeiten ausdrücken.

Die pädagogische Arbeit mit (digitalen) Spielen ist daher zugleich hoch komplex, herausfordernd, anstrengend und dennoch lustvoll, eigendynamisch und spaßig. Anleitende müssen zwar ein breites Wissen und Methodenfähigkeiten haben und ihre Arbeit stetig hinterfragen, sie können sich jedoch auch auf ihre Ressourcen verlassen. Zu diesem Selbstbewusstsein gehört, seine eigenen und die Grenzen des Mediums definieren und verorten zu können. Es gilt daher, selbstkritisch zu sein, den Bildungsbegriff, die Dimensionen der Medienpädagogik, die Bereiche des Spiels und viele andere Perspektiven zu kennen und einzuschätzen, wo das Medium mit entsprechender Anleitung wirken kann und wo nicht oder wenig. Die Vereinnahmung von Spiel und Medien unter alleiniger oder priorisierter Sichtweise auf (Lern-)Erfolge, Nutzen und Effektivität birgt das Risiko, dem Spiel (in seinem freiheitlichen Wesen) zu schaden und dem Medium nicht umfassend gerecht zu werden. Kunst, Medien, Kultur und Spiel sind in der Lage zu bewegen, zu befreien, sich zu begegnen, sich über sie mitzuteilen, Kräfte freizusetzen, auf's Spiel zu setzen und sich zu entwickeln. Sie verleihen Bedeutung. Dies gilt auch und zuerst für das unangeleitete Agieren mit Spiel, Kunst, Kultur und Medien. Anleitende können sich ein Stück weit auf diese Kraft verlassen und sind dazu aufgerufen, diesen Dingen Möglichkeits- und Bedeutungsräume zu schaffen. Dies kann sowohl auf theoretischer wie praktischer Basis erfolgen. So ist der abschließende Auftrag an Spiel- und Medienpädagog*innen Sozialsysteme, Gemeinschaft und Gesellschaft mit Kunst, Kultur, Medien und Spiel aufzuladen und Kontrolle an die Dynamiken abzugeben, die Menschen in der Begegnung und Aktivität mit ihnen entfalten.

Quellenverzeichnis

Anklam, S./Meyer, V./Reyer, T. (2018): Didaktik und Methodik in der Theaterpädagogik. Szenisch-Systemisch: Eine Frage der Haltung!? Seelze: Klett Kallmeyer.
Arnscheid, R. (1999): Gemeinsam sind wir stark? Zum Zusammenhang zwischen Gruppenkohäsion und Gruppenleistung. Münster und New York: Waxmann.
Breuer, J. (2010): Spielend lernen? – Eine Bestandsaufnahme zum (Digital) Game-Based Learning. Düsseldorf: LfM-Dokumentation. Band 41/Online. https://www.medienanstalt-nrw.de/fileadmin/lfm-nrw/Publikationen-Download/Doku41-Spielend-Lernen.pdf, Zugriff am 21.03.2019.
Demmler, K./Lutz, K./Ring, S. (Hrsg.) (2014): Computerspiele und Medienpädagogik. Konzepte und Perspektiven. München: kopaed.
Fritz, J. (2018): Wahrnehmung und Spiel. Weinheim Basel: Beltz Juventa.
Ganguin, S. (2010): Computerspiele und lebenslanges Lernen: Eine Synthese von Gegensätzen. Wiesbaden: Springer VS.
Geisler, M. (2019): Digitale Spiele in der Medienpädagogik – Einstellungen, Erfahrungen und Haltungen von Spielleitenden. München: kopaed.
Gilsdorf, R. & Kistner, G. (1995): Kooperative Abenteuerspiele. Seelze-Velber: Kallmeyersche Verlagsbuchhandlung.

Heimlich, U. (2015): Einführung in die Spielpädagogik. 3. Aufl. Stuttgart: Klinkhardt UTB.
Huizinga J. (2001): Homo Ludens. Vom Ursprung von Kultur und Spiel. Hamburg: Reinbek.
Hüther, G./Quarch, C. (2016): Rettet das Spiel! Weil Leben mehr als Funktionieren ist. München: Hanser.
Klimmt, C. (2001): Computer-Spiel: Interaktive Unterhaltungsangebote als Synthese aus Medium und Spielzeug. Zeitschrift für Medienpsychologie, 1(13) (S. 22-32). Göttingen: Hogrefe.
Lefevre, D. (1985): Das kleine Buch der neuen Spiele. Oberbrunn: Ahorn.
Marotzki, W. (2002): Zur Konstitution von Subjektivität im Kontext neuer Informationstechnologie. In: Bauer, W. (Hrsg.): Weltzugänge: Virtualität, Realität, Sozialität. Jahrbuch für Bildungs- und Erziehungsphilosophie 4. (S. 45-61). Hohengehren: Springer.
Mitgutsch, K. (2008): Digital Play-Based Learning. A Philosophical-Pedagogical Perspective on Learning and Playing in Computer Games. HUMAN IT 9.3. S. 18-36. Online: http://etjanst.hb.se/bhs/ith/3-9/km.pdf, Zugriff am 03.11.2019.
Münch, Q. (2013): Spieldidaktik und kognitionspsychologische Aspekte in Computerspielen: Methoden für die Erstellung von didaktisch wertvollen Computerspielen. München: AV Akademikerverlag.
Nickel, H.-W. (2019): Rollenspiel und Interaktionspädagogik. Uckerland: Schibri Verlag.
Sahm, B. (2011): Tanzen, Musizieren, Theater spielen: Spielideen für Menschen mit geistiger Beeinträchtigung. Weinheim und München: Juventa.
Tönnies, F. (1982): Gesellschaft und Gemeinschaft. In: Vierkandt, A. (Hrsg.): Handwörterbuch der Soziologie (S. 27-39). Stuttgart: Enke Ferdinand.

2 Kulturelle Bildung

Martin Geisler & Horst Pohlmann

Das Kapitel legt einerseits Grundlagen für die Auseinandersetzung mit der Spiel- und Medienpädagogik, andererseits bearbeitet es die aktuelle und bisweilen kontroverse Frage nach der strukturellen Verortung der Spiel- und Medienpädagogik. Aufeinander aufbauende und sich ergänzende Prinzipien, dienen der Eröffnung wichtiger theoretischer Perspektiven, dazu vorhandene methodische Ressourcen auszuschöpfen und nicht zuletzt der Identitätsbildung von Tätigen, in, auf den ersten Blick, sehr verschiedenen Arbeitsfeldern. In der pädagogischen Praxis verschwimmen die Grenzen der Arbeitsfelder Kultureller Bildung. Eine grundlegende Auseinandersetzung verschiedener Kunst- und Kulturformen ist daher für Spiel- und Medienpädagog*innen eine wichtige Voraussetzung.

2.1 Brennpunkt Kulturelle Bildung

Die Autoren betrachten die Spiel- und Medienpädagogik als Teil der Kulturellen Bildung. Dies ist keineswegs selbstverständlich. Sowohl Spiel-, Medien- als auch Kulturpädagogik blicken auf eigene Entwicklungen und Konzepte zurück, haben verschiedene Ursprünge, wesentliche Vertreter*innen und entsprechende Institutionen. Ihre Ziele in Bezug auf die erwünschte Wirkung bei Zielgruppen ähneln sich jedoch zu großen Anteilen. Dabei stehen sie kaum im Wettbewerb zueinander. Vielmehr kann ein übergreifendes Denken und Handeln Synergien in Theorie und Praxis aufzeigen. Eine Nachrangigkeit zu definieren, birgt das Risiko Befindlichkeiten zu wecken. Spiel und Medien sind Kulturgüter. Trotz ihrer jeweiligen theoretischen Basis hat die Kulturelle Bildung sie neben vielen weiteren Bereichen seit langer Zeit als Gegenstand ihrer Aktivitäten definiert und integriert. Abgesehen von der Bearbeitung und Entwicklung des jeweiligen Mediums (Spiel, Medien, Tanz, Musik, Literatur, Handwerk usw.) sucht die Kulturelle Bildung nach gemeinsamen Zielen und Kompetenzen im Einsatz dieser Felder. Sie kann daher auch für die Spiel- und Medienpädagogik als strukturelles Dach aufgefasst werden.

So verstanden ist es sinnvoll den Zweck der Kulturellen Bildung näher zu betrachten. Kulturelle Bildung »als Prozess hat zusammengefasst, drei Funktionen: Vorbereitung auf die Berufstätigkeit, Ermöglichung politischer und gesellschaftlicher Teilhabe sowie Persönlichkeitsbildung.« (Ermert 2007, S. 6) Für die Persönlichkeitsentwicklung bedeutet dies, mit Kunst und Kultur Horizonte zu erweitern, eigene Meinungsbildung zu fördern, Haltungen zu entwickeln und zu zeigen sowie damit zu »selbst- und verantwortungsvollen Individuen zu werden, die ihre Stärken und Fähigkeiten kennen« (Bundesvereinigung Kulturelle Kinder- und Jugendbildung 2019).

Die Ziele der Kulturellen Bildung verändern sich mit der gesellschaftlichen Entwicklung, ihren Bedarfen und natürlich den Instrumenten (Medien). Gesellschaftliche Veränderungen vollziehen sich nicht reibungslos. Sie bringen eine Vielzahl von Herausforderungen, Problemen und Orientierungsschwierigkeiten mit sich. So hat sich in den letzten Jahren und Jahrzehnten Alltag ent-traditionalisiert. Der Einzelne gewinnt dabei mehr Freiheit, Deutungs- und Handlungsspielräume. Nachteil ist jedoch eine hohe Orientierungslast (vgl. Ziehe 2005, S. 74). Das Individuum muss aus- und abwählen. Dazu bedarf es Fähigkeiten, die weniger mit Wissen als vielmehr mit eigenen Stärken, mit Mut, Kritikfähigkeit, Vertrauen, Verantwortung etc. zu tun haben (vgl. Fuchs 2000, S. 80).

Gesellschaftliche Veränderungen werden aktuell insbesondere im Kontext des digitalen Wandels deutlich. Dies bekräftigt die Bedeutung, Notwendigkeit aber auch eine breite und offene Auffassung der Medienpädagogik. Bernd Schorb und Jürgen Hüther (2005) beschreiben sie, angelehnt an eine Rede des damaligen Bundespräsidenten Herzog (1998) als Lebenskompetenz. Dabei sind die theoretischen Fundamente der Medienpädagogik, die Kommunikations- und Erziehungswissenschaft zu berücksichtigen. Medienpädagogisches Denken ist innerhalb einer Medien- und Informationsgesellschaft in nahezu sämtlichen Lebensbereichen relevant. Heutzutage befinden sich Jugendliche in einem permanenten Balance-Akt zwischen on- und offline. Bisweilen ist gar die Trennung dieser beiden Bereiche unklar und ohne besondere Bedeutung für die Anwender*innen. Hier greift die Beschreibung einer voranschreitenden Post-Digitalität, in der vor allem Heranwachsende nicht mehr zwischen digital und analog, on- und offline unterscheiden, weil digitale Medien vollends in den Lebensalltag integriert und selbstverständlicher Bestandteil von Kommunikation und auch kulturellen Aktivitäten sind. Die heutige Wirklichkeit ist durch die Erfahrungen medialer Wahrnehmung und dabei insbesondere der Bildwahrnehmung geprägt. Kinder und Jugendliche haben eine dementsprechend andere Disposition zur Wahrnehmung von Welt. »Die sinnliche Erfahrung der ›Welt als Abbild‹ prägt die Wirklichkeitskonstruktion, so dass sich Bezugspunkte für eine Orientierung in der Realität auch aufgrund der Folien medialer Vorerfahrungen herausbilden.« (Röll 1998, S. 35) Die Ästhetisierung des Alltagserlebens zählt zu den Aufgaben und Herausforderungen einer kulturellen Modernisierung und wird insbesondere von Kindern und Jugendlichen forciert und praktiziert. »Je künstlicher ich mir die Welt mache und je künstlicher ich sie wahrnehme, umso mehr ist es eine von mir ›gemachte‹, und insofern dann ›meine Welt‹.« (Ziehe 1994, S. 21) Betrachtet man die schiere Bilderflut, die insbesondere über Soziale Medien geteilt wird, ist es unwahrscheinlich, dass Fotos im Sinne einer Kunst-Rezeption betrachtet und analysiert werden. Dennoch wollen die Fotograf*innen mit ihren Werken Aussagen treffen und haben sich im Zweifel überlegt, wie das Foto gestaltet sein soll. Wie jedoch kann die Bedeutung und aufgeladene Sinngebung eines Bildes auch heute gelingen? In einem studentischen Projekt an der TH Köln (Studiengang Soziale Arbeit) wurde mit Jugendlichen ein Projekt umgesetzt, in dem sie die Aufgabe hatten, »das Foto ihres Lebens« zu erstellen und zwar mit Hilfe einer selbst gebauten Lochkamera. Die intensive Auseinandersetzung mit eher historischen Herangehensweisen und Herausforderungen der Fotografie, führte im Verlauf auch zu einem veränderten Sehverhalten jener Bilder, die die Teilnehmenden von ihren Freund*innen in den Sozialen Netzwerken erhalten. Auch die intendierten Aussagen jener Bilder wurden im Anschluss eingehender reflektiert.

Eine von Bildern dominierte Welt, kann nur mit Hilfe ästhetischen Denkens dechiffriert werden. Ästhetisches Denken entwickelt sich, neben der nicht geringer zu schätzenden Schriftsprache, zu einer wichtigen Kompetenz. So wird offenbar, welche Bedeutung die Kultur- und Medienpädagogik für alltägliche Lebensbereiche hat. »Die Schulung der Wahrnehmung als Basisqualifikation ästhetischer Denkweise könnte dabei eine zentrale Rolle spielen.« (Röll 1998, S. 64) Wahrnehmungskompetenz ist eine wesentliche Fähigkeit für die angemessene Beurteilung von realer und medialer Wirklichkeit. Eine zeitgemäße Medienpädagogik ist daher untrennbar auch mit der Auseinandersetzung von Wahrnehmung, Semiotik, Ästhetik, Kunst und Kultur verbunden. Diese wiederum sind als Grundlagen seit langer Zeit Gegenstandbereiche der Kulturellen Bildung. Sie kennzeichnet sich durch sehr einbeziehende und grundsätzliche Ansätze. Zugleich ist sie innerhalb ihrer Handlungsfelder praxisnah und prozessorientiert. Im Ergebnis bedeutet Kulturelle Bildung die Fähigkeit zur erfolgreichen Teilhabe an kulturbezogener Kommunikation mit positiven Folgen für die gesellschaftliche Teilhabe insgesamt (vgl. Ermert 2009). Wirksamkeit, Entfaltung und Akzeptanz sind wichtige Elemente, um Menschen das Gefühl von Gestaltung, Einfluss, Partizipation sowie Mit- und Selbstbestimmung zu verleihen. So verdeutlichen sich die Nähe zwischen Kultureller Bildung, Sozialer Arbeit und Politischer Bildung.

Je nach speziellem Thema oder Methode erscheint es darüber hinaus sinnvoll weitere Disziplinen zu beachten und einzubeziehen. Die meisten bildlichen Ausdrucksformen sehen sich heute beispielsweise fast zwangsläufig mit einer Auseinandersetzung im Umgang mit Daten konfrontiert. Dies wiederum schließt an die Themen Datensicherheit und »BigData« an. Eine normative, kreative und/oder pädagogische Auseinandersetzung führt auf diese Weise deduktiv von der Kulturellen Bildung, über die Medienpädagogik zu Fragen der Wissenschaft, Informatik, Ethik, Recht usw. hin zur Erstellung eines künstlerischen oder pädagogischen Prozesses oder Produktes. Dabei zeigt sich, dass auch die Medienpädagogik als zugleich allgemeine und spezielle Disziplin wiederum Impulse für die Kulturelle Bildung aufzeigt und bearbeitet. Die Facetten und Bereiche Kultureller Bildung stehen daher in einem Wechselwirkungsprozess zu einander. Dies wiederum wird z. B. dadurch deutlich, dass sich die Bereiche Spiel- und Medienpädagogik über das Medium des Computerspiels zunehmend verknüpfen. Für diese Symbiose ist es zunächst nicht zwangsläufig nötig eine übergeordnete Struktur zu definieren. Für das Durchdringen der Themen, der Hintergründe, der Ziele und der Methoden ist die Kulturelle Bildung als gemeinsame Basis jedoch empfehlenswert und bereichernd.

Kulturelles und pädagogisches Handeln wird bestimmt durch die Anforderungen der Gesellschaft (vgl. Spanhel 2011, S. 107). Dies geht mit der Haltung systemischen Denkens einher, in welcher Menschen stets in der Abhängigkeit ihrer jeweiligen sie umgebenden sozialen Systeme betrachtet werden. In diesem Zusammenhang wird gleichfalls deutlich, dass Menschen nicht nur sich selbst verändern können, sondern auch Einfluss auf die sozialen Systeme haben (vgl. König/Volmer 2016, S. 9). Bereits diese Grundlagen deuten darauf hin, wie komplex und vielschichtig die Themen geworden sind (oder schon immer waren), mit denen sich die Spiel- und Medienpädagogik befassen muss. Eine Medienpädagogik, die klient*innenorientiert agieren will, muss fachübergreifend denken, komplexe Zusammenhänge sehen und die darin für sie wesentlichen Dynamiken erkennen. Natürlich lässt sich dieser Gedanke auch umkehren und induktiv auffassen. Aus einer zunächst spontanen und naiven Idee entspinnt sich nicht selten ein Netzwerk an Professionen, Theorien und anderen zu berücksichtigenden Bereichen. Der ganzheitliche Gedanke beinhaltet auch die Chance sich selbst und seine Wirkungsmöglichkeiten als Teil des Ganzen wahrzunehmen und nicht als isoliert und unabhängig von anderen Belangen. Kulturelle Bildung und alle ihre Facetten können als eine Art Brennpunkt verstanden werden, vom dem aus vielzähligen Aktivitäten und Schnittstellen möglich sind.

Es ist nötig, sich einerseits einer Profession zu widmen und Expertise zu erlangen, andererseits den Blick für naheliegende Bereiche offen zu halten, diese zu berücksichtigen oder gar einzubeziehen. Dann, ggf. im Teamteaching, fachübergreifend zu denken, auch in dem Bewusstsein, nicht für alle Themenbereiche umfassende Kenntnisse zu besitzen und mit anderen zu kooperieren, die entsprechende Expertise mitbringen. Diese an sich recht einfache Logik, stellt sich in der Praxis teils herausfordernd dar. Die Bereitschaft über den »Tellerrand« zu blicken, die in einer zunehmend komplexeren, globalen und digitalen Welt unentbehrlich ist, bedeutet auch das Verlassen von Komfortzonen. Lehrende galten lange Zeit als Expert*innen für ihre jeweiligen Fachdisziplinen. Eingehend mit dem Wandel von der Gutenberg-Galaxie zur Internet-Galaxie (vgl. Geisler 2019, S. 13f.) stehen sie nun vor der Herausforderung, ihre Arbeit zunehmend als Coaches, Navigator*innen und Lehrbeleiter*innen zu verstehen (vgl. Röll 2003, S. 216ff.). Darin liegt jedoch in der Übergangsphase das Risiko einen Anteil der Berufsidentität aufzugeben. So wird der Lehrende zum Lernenden. Allerdings mit einem umso breiteren Verständnis über Zusammenhänge, Prozesse und Synergien.

2.2   Entwicklungsaufgaben

Betrachtet man das Spiel als Methode oder Mittel zur Aneignung von Welt (vgl. Piaget 1992, S. 139ff) wird schnell deutlich, welchen Stellenwert es in der kindlichen Entwicklung und weiterführend in der Entwicklung vom Kind zum Erwachsenen einnimmt. Die spielerische und von Motivation und Neugier geprägte Exploration des Selbst in einer von Erwachsenen dominierten Gesellschaft hat entscheidende Wirkungen auf den Entwicklungsprozess des Menschen und das sich Zurechtfinden in einer immer komplexer werdenden Umwelt. Ergänzend können Planspiele oder Simulationen als spielerische Vermittlungsmethoden auch bei Erwachsenen die Komplexität des Alltags auf ein einfacheres Maß reduzieren und Wechselwirkungsprozesse sowie Abhängigkeitsfaktoren in Systemen transparent vermitteln. In Simulationsspielen wie »Ecopolicy« (Brett- und Computerspiel) oder »Democracy« (Computerspiel) agieren Spieler*innen als Entscheidungsträger*innen, um einen Staat zu lenken. Dabei werden die Auswirkungen dieser Entscheidungen nach jeder Runde transparent dargestellt, ausgewertet und dienen den Spielenden dazu, ihre nächsten Züge und Eingaben entsprechend anzupassen und aus Erfolgen sowie Misserfolgen zu lernen. Zufällige Spielereignisse bieten zusätzliche Herausforderungen, auf die reagiert werden muss und die wiederum Auswirkungen auf die nächsten Entscheidungen haben. Auch für Gruppen konzipierte Planspiele verfolgen diesen Zweck, nur dass hier ein weiterer Aspekt hinzukommt, nämlich das Interagieren mit anderen in (gruppen-)dynamischen Prozessen. Diese soziale Interaktion in Spiel- und Lernumgebungen erfordert seitens der Spielenden eine Übernahme und Aneignung von vorgegebenen Rollen im Wettbewerb oder Zusammenarbeit mit anderen Spiel-Identitäten, die oft eigene Ziele innerhalb des Settings verfolgen. Hierzu schlüpfen sie in die jeweilige Rolle und schau-*spielern* entsprechend. Dabei bringen sie zwar ihre eigenen Erfahrungen und ihre Persönlichkeit in das (Schau-)Spiel mit ein, agieren aber rollenbezogen und als anderer Charakter. Dies gelingt mit Kreativität sowie der Fähigkeit des Menschen, sich in andere hineinzuversetzen und aus sich selbst herausgehen zu können. Der Psychologe Donald W. Winnicott bescheinigt dem Spiel mit Identitäten eine schöpferische Kraft, die es ermöglicht, aus den Spielerfahrungen wiederum Rückschlüsse auf das Selbst zu ziehen und Veränderungsprozesse in Gang zu setzen (vgl. Winnicott 1973). Allen Spielformen gemein ist, dass Spieler*innen im Spiel an sich aufgehen, die Umgebung oder Zeit vergessen und sich ganz auf die Anforderungen und das Agieren konzentrieren. Die skizzierten Beispiele belegen die von Roger Caillois in seinem Werk »Les jeux et les hommes« (Caillois 1958) vorgenommene Unterteilung von Spielen in vier Kategorien: *agon* (Wettkampf), *alea* (Zufall), *illinx* (Rausch) und *mimikry* (Maskierung), die einzeln oder auch kombiniert vorkommen können.

An den Beispielen wird zusätzlich deutlich, dass die Grenzen von Fachdisziplinen, vor allem der Kulturellen Bildung, verschwimmen. Es finden sich Elemente von Theater, Spielpädagogik, Games-Studies, Human- und Sozialwissenschaften bis hin zu Psychologie oder allgemeiner Pädagogik. Wissenschaftler*innen unterschiedlicher Disziplinen haben, die von Caillois skizzierten, Merkmale weiterentwickelt und im jeweiligen Fachdiskurs erweitert. Interessant erscheint in diesem Zusammenhang die offensichtliche Nähe von Spiel und Computerspiel. Der ungarische Psychologe Mihály Csíkszentmihályi entwickelte das Prinzip des *Flow* (Csíkszentmihályi 1995) als Beschreibung des Aufgehens in einer Tätigkeit im Sinne eines Schaffensrauschs, der sowohl in der Spielpädagogik als auch den Game-Studies zentrales Element für die Bindung von Spieler*innen in einem

Spiel-Setting darstellt und entsprechend auch in der Ausbildung von Game-Designer*innen vermittelt wird. Katie Salen und Eric Zimmermann haben den von Huizinga im »Homo Ludens« (Huizinga 1938) beschriebenen »Magic Circle« in ihrem Buch »Rules of Play: Game Design Fundamentals« (Salen & Zimmermann 2003) auf virtuelle Spielwelten übertragen. Der »Magic Circle« beschreibt die Abgrenzung von einem Spiel-Setting zur realen Welt. Spieler*innen agieren innerhalb des Spiels und eine Verbindung zur Außenwelt ist während des Spielens nicht gegeben. Eine Durchlässigkeit ergibt sich in der Regel erst nach dem Spiel, wenn Erfahrungen auf reale Lebenskontexte übertragen werden oder vor dem Spiel, wenn reale Settings im Spiel simuliert oder nachgestellt werden sollen. Mit einer Ausnahme: Moderne Spielformen, die sich mittels Smartphones und »Augmented Reality« genau an der Grenze des Magic Circles bewegen und bewusst damit spielen, Virtuelles und Analoges verschwimmen zu lassen. Prominentes Beispiel ist »Pokemon Go«, in dem die Spielfiguren über den Handy-Bildschirm in der realen Umgebung eingeblendet werden und mit ihnen interagiert wird.

Wie bereits beschrieben, unterscheiden heute Kinder und Jugendliche nicht mehr zwischen digital und analog oder online und offline. Für sie ist der Magic Circle zwischen Medienwelten und Realität in beide Richtungen durchlässig geworden. Soziale Netzwerke und Messenger sind integraler Bestandteil ihrer Kommunikation, Online-Videoplattformen und Streaming-Dienste zentrale Elemente der Informationsbeschaffung und Unterhaltung und das Smartphone als multimediale Universalmaschine vereint Computer, Internet, Fernseher, Telefon und viele weitere Gerätschaften, die für die Generationen vor ihnen als voneinander getrennt betrachtet wurden und mitunter bis heute werden. Der Pädagoge und Manager Mark Prensky beschrieb mit der Einführung der Begriffe »Digital Native« und »Digital Immigrant« (Prensky 2001) die Herausforderung, neue Technologie adaptieren zu können. Während es für Personen, die schon mit der Technik aufwachsen, einfach und selbstverständlich ist, mit ihr klar zu kommen und sie zu nutzen, stellt es für die »nicht-digital-geborenen« eine Herausforderung dar, da sie sich deren Nutzung erst mühsam aneignen müssen. Mit entsprechenden Auswirkungen auf den Dialog der Generationen, auf das Aufwachsen, den Entwicklungsprozess und auch auf Erziehung und Bildung. Inzwischen ist die Kluft aber deutlich spürbarer. Die post-digital lebende Generation (Negroponte 1998) kann mit der Unterscheidung zwischen analog und digital oder real und virtuell schlicht nichts mehr anfangen. Sie beziehen ihr Wissen aus dem omnipräsenten Internet, den Video-Plattformen und präferieren multimediale Darstellungsformen. Aktuell ist daher unter Umständen die Differenzierung zwischen »digital residents« und »digital visitors« dienlicher.

Wenn digitale Medien essenzieller und selbstverständlicher Bestandteil des Lebens von Heranwachsenden sind, kommt ihnen im Rahmen der Entwicklungsaufgaben auf dem Weg zum Erwachsenwerden eine zentrale Bedeutung zu. Auch das Spiel fördert Kompetenzen, die den Entwicklungsprozess unterstützen können. Der Sozialwissenschaftler Klaus Hurrelmann benennt vier zentrale Entwicklungsaufgaben (vgl. Hurrelmann & Quenzel 2016):

- Qualifikation durch Schulung von intellektuellen und sozialen Kompetenzen.
- Bindung durch den Aufbau von Selbstbild, Identität und Kontakten zu anderen Menschen, wie auch der emotionalen Loslösung von den Eltern.
- Konsum mit der Ausbildung von Strategien zur Entspannung und Regeneration durch die Nutzung entsprechender Angebote der Konsumgesellschaft.
- Partizipation mit der Fähigkeit der aktiven Mitgestaltung von Gesellschaft und ihren Regeln, Werten und Normen.

Somit erfolgt ein Übergang in die Berufswelt (Qualifikation), in eine Partner- und Familienrolle (Bindung), zum Konsumenten (Konsum) und zum Bürger (Partizipation). All diese Entwicklungsaufgaben lassen sich in Spielszenarien abbilden, erproben, bewerten und mittels Rückschlüssen aus den gewonnenen Erfahrungen für den weiteren individuellen Entwicklungsprozess nutzen. Spiel kann emotionale, soziale, motorische und kognitive Kompetenzen fördern und somit entsprechend in Entwicklungs- und Lernprozessen zielorientiert eingesetzt werden, sofern bestimmte Voraussetzungen gegeben sind.

Die Programmierumgebung »Scratch«, die am MIT in Boston entwickelt wurde, um Kinder in die Welt der Programmierung einzuführen, verfolgt einen spielerischen und kreativen Ansatz. Mitchel Resnick benennt vier »P« zur Realisierung eines auf Kreativität bauenden Lernprozesses (Resnick 2017, S. 2f): Die Realisierung von Projekten in einer interagierenden Community (Projects), die Möglichkeit zur Verfolgung eigener Interessen und Leidenschaften (Passion), den sozialen Prozess im Austausch und der gegenseitigen Unterstützung im Lernprozess (Peers) sowie den spielerischen Umgang mit einer komplexen Thematik inklusive der Möglichkeit, aus Fehlern zu lernen (Play). In seinen Forschungsarbeiten ist Resnick zu dem Ergebnis gekommen, dass genau diese Mischung in einem auf Selbstlernen und wechselseitiger Unterstützung mit anderen aufbauenden Lernumgebung in einem spielerischen Setting im Sinne einer Selbstoptimierung für die notwendige Motivation sorgt, auch dranzubleiben und gemeinsame Ziele zu verfolgen. Eine ähnliche Herangehensweise verfolgen in Deutschland Projekte wie »Jugend hackt«[1], »hello world«[2] oder »Gamescamp«[3], die von der Gesellschaft für Medienpädagogik und Kommunikationskultur (GMK) als innovative Medienprojekte mit dem Dieter-Baacke-Preis ausgezeichnet wurden oder nominiert waren[4]. Einen anderen Ansatz verfolgt der Lehrer und Musiker John Hunter mit dem »World Peace Game«[5]. In dem analogen Planspiel wirft er Kinder in eine hoch-komplexe Simulation, in der sie ökonomischen, politischen und globalen Krisensituationen ausgesetzt sind, die sie gemeinschaftlich lösen müssen, um das Spiel zu meistern. Die Kinder sind je Teil eines fiktiven Landes und müssen in unterschiedlichen Rollen agieren. Das Setting ist vorgegeben, Lösungswege nicht. Hunter folgt mit dem Projekt der

---

1 https://jugendhackt.org
2 https://www.hellohelloworld.org
3 https://games.jff.de/category/gamescamp
4 https://dieter-baacke-preis.de/preistraegerinnen
5 https://worldpeacegame.org

Annahme, dass auch – oder sogar vor allem – Kinder in der Lage sind, gemeinsam die großen Probleme der Welt zu lösen, wenn sie in einem offenen und auf Zusammenarbeit basierenden Lernsetting selbst und intrinsisch motiviert agieren und ihre individuellen Fähigkeiten und Kompetenzen einbringen können. Die Rolle des Pädagogen/der Pädagogin besteht darin, ein Setting und einen Spielraum zur Verfügung zu stellen und durch Wertschätzung und Vertrauen in die Fähigkeiten der Kinder ein menschliches und positives Lernklima zu schaffen. Hunter vertritt die Ansicht, dass solche Projektformen einen prägenden Einfluss auf den Entwicklungsprozess von Kindern haben und in der Lage sind, Persönlichkeiten auszubilden, die zukünftig auch als potenzielle Entscheidungsträger in Politik und Gesellschaft agieren können. In einem unterhaltsamen und inspirierenden TED-Talk stellt er die Hintergründe, das Rollen- und Planspiel, die innovative pädagogische Herangehensweise und die Erfahrungen im Einsatz mit Kindern vor[6].

Blickt man auf die Bedürfnisse, die Jugendliche haben und ihren Entwicklungsprozess prägen, wird deutlich, dass digitale Medien im Sinne der Post-Digitalität inzwischen entscheidenden Einfluss nehmen oder zumindest zu den früheren Formen der Bedürfnisbefriedigung hinzukommen. Das Bedürfnis nach a) Erlebnis wurde durch Unternehmungen mit Freund*innen und medialen Erlebnissen in Film und Fernsehen gedeckt, heute kommen Internet, Soziale Netzwerke, Video-Plattformen und virtuelle Spielwelten hinzu. Der Wunsch nach b) Zugehörigkeit erfolgte über Freund*innen, Vereine und Familie, deren Funktion durch (Online-) Communities und die Kommunikation über Soziale Netzwerke teils sogar ersetzt wird. Die eigene c) Identitätsentwicklung wurde durch die Auseinandersetzung mit Gleichaltrigen und im Dialog der Generationen voran getrieben, heute geschieht dies auch in Communities und virtuellen Spielformen, wie MMORPGs (Massive Multiplayer Online Roleplaying Games), die eine spielerische und experimentelle Form des Ausprobierens unterschiedlicher Persönlichkeitsdarstellung gegenüber Dritten ermöglichen, ohne negative Konsequenzen im realen Leben befürchten zu müssen. Das d) Streben nach Freiheit und Unabhängigkeit erfolgte durch das Rebellieren gegen Autoritäten, sei es im Elternhaus oder gegen Obrigkeiten, heute vollzieht sich die Abgrenzung von Erwachsenen vor allem in digitalen Medien, wenn die digitalen Räume exklusiv von Jugendlichen genutzt werden und Erwachsene sie gar nicht erst nutzen. Facebook z. B. wurde in dem Moment für Jugendliche uninteressant, als ihre Eltern sich entsprechende Accounts eingerichtet hatten und es fand eine Migrationsbewegung zu anderen Diensten statt. Auch die Tatsache, dass Eltern den Plattformen kritisch gegenüberstehen, ermutigt Jugendliche erst recht, sie zu nutzen. Das verständliche Bedürfnis nach Abgrenzung von Erwachsenen im digitalen Raum hat allerdings auch zur Folge, dass die Aktivitäten oft unter Ausschluss pädagogischer Einflussnahme stattfinden, was bezogen auf den Kinder- und Jugendschutz entsprechende Herausforderungen mit sich bringt. E) Orientierung und Sicherheit gaben gemeinsam mit anderen Jugendlichen konsumierte Medien

---

6 https://www.ted.com/talks/john_hunter_teaching_with_the_world_peace_game/up-next?referrer=playlist-talks_on_how_games_can_improve, Zugriff am 14.05.2020.

mit ihren Vorbildern sowie sichtbare Zugehörigkeitsmerkmale, wie Bekleidung oder bestimmte Marken. Smartphone, Computerspiele und Internetplattformen erweitern diese Bedürfnisbefriedigung entsprechend, auch ohne, dass Zugehörigkeiten außerhalb der Mediennutzung wahrgenommen werden können. Die f) sexuelle Orientierung wurde von Jugendzeitschriften und in Interaktion mit Gleichaltrigen beiderlei Geschlechts bedient, heute konsumieren schon Kinder Hardcore-Pornografie über einschlägige und frei verfügbare Internetseiten. Und das Bedürfnis nach g) Status wurde mit sportlichen Aktivitäten und Marken-Bekleidung gedeckt, zu denen sich inzwischen die Anzahl von Likes in den Sozialen Netzwerken, Aufmerksamkeit-generierende Posts oder Erfolge in Online-Games hinzugesellen.

Pädagogik und Kulturelle Bildung agieren schon immer mit Lebensweltbezug. Entsprechende Angebote für eine digital lebende Generation kommen nicht umhin, auch digitale Medien aufzugreifen und Zielgruppe entsprechend in ihrer Lebenswelt abzuholen. Der Medienpädagogik fällt hier eine Schlüsselrolle zu, nämlich zwischen digital und analog zu vermitteln, Anschlussmöglichkeiten offen zu legen und auf mögliche Schnittstellen hinzuweisen. Das kann ein im virtuellen Raum umgesetztes Theaterstück sein, die Bearbeitung von Film- oder Computerspielmusik im Rahmen der Musikvermittlung, das Schreiben von Geschichten in Hypertext-Formaten oder das Aufgreifen von medialen Unterhaltungsformen, wie Serien und Filmen in der Bildenden Kunst als Basis für einen kreativen Schaffensprozess nutzbar zu machen. Dabei nimmt Medienpädagogik im Sinne einer ganzheitlichen Kulturellen Bildung nur einen Teil in einem sich wechselseitig befruchtenden Fächerkanon ein.

2.3 Handlungsfelder und Qualifikation

Eingangs wurde bereits angedeutet, wie vielschichtig die Handlungsfelder der Kulturellen Bildung sind. Vielleicht liegt es an dieser Vielfalt, dass es mitunter schwer fällt, Kulturelle Bildung zu beschreiben oder zu definieren. In Malerei, Fotografie, Musik, Tanz, Zirkus, Literatur, Handwerk, Bildhauerei, Theater, Museen und vielen anderen Bereichen engagieren sich Menschen und versuchen mit ihren Mitteln etwas zur Entwicklung der Gesellschaft oder des Einzelnen beizutragen. Berthold Brecht sieht in jeder künstlerischen Betätigung die Freisetzung aller Produktivität zur Gestaltung eines freieren Lebens der Menschen (vgl. Brauneck 1993, S. 339). Er beschreibt, sicherlich nicht zuletzt geprägt durch die marxistische Gesellschaftslehre, den gesellschaftlichen Zustand als Produkt seiner eigenen Praxis. Folglich ist die Gesellschaftslage durch gesellschaftliche Praxis zu verändern (vgl. Krabiel 1993, S. 128). »Die heutige Welt ist dem Menschen nur beschreibbar, wenn sie als eine veränderbare Welt beschrieben wird.« (Brauneck 1993, S. 334) Derartige Veränderungen vollziehen sich permanent und aktuell insb. durch den Wandel zur Informationsgesellschaft. Lernende anzuregen und zu begleiten, die eigene Lebenswelt zu verändern, ist grundlegendes Ziel jedes pädagogischen Handelns.

Über die theoretischen, strukturellen und politischen Rahmenbedingungen stellt die Auseinandersetzung mit den Handlungsfeldern der Kulturellen Bildung die Praxis in den Vordergrund. Dennoch ist es unerlässlich, dass Theorie und Praxis einen Transfer bilden. Die Theorie muss sich an der Praxis orientieren. Aber auch die Praktiker*innen sind gut beraten, sich mit den Hintergründen ihres Handelns zu befassen. Erst auf diese Weise können z. B. Spiel- und Medienpädagog*innen erkennen, dass sich trotz der augenscheinlichen Vielfalt zahlreiche Gemeinsamkeiten aufzeigen, dass wichtige Überlegungen an anderer Stelle bereits vollzogen wurden, dass eine Kombination der Handlungsfelder methodisch und didaktisch bereichern und dass sie nicht nur den Horizont der Zielgruppen erweitern. Natürlich dürfen und sollen Anleitende leidenschaftlich für ihren Fokus werben und begeistern. Für die Entfaltung von Kompetenzen, für die persönliche Begeisterung und für Langzeitmotivation ist es jedoch wichtiger, Angebote für Klient*innen bereitzustellen und diesen die Wahl des rezeptiven oder produktiven Mediums zu überlassen.

Die Handlungsfelder der Kulturellen Bildung stellen in der Summe zugleich eine gute Definition dar. Kulturelle Bildungsprozesse werden in ihrer Wahrnehmungs-, Handlungs-, Wissens- und Erkenntnismöglichkeit erst verständlich, wenn sie konkret und in Abhängigkeit zu den verschiedenen Künsten beschrieben werden. (vgl. Bockhorst 2012, S. 426). »Die Reflexion über die Besonderheiten des sich Bildens in den Sprachen der Kunst, des Spiels und der Medien, die Auseinandersetzung mit den komplexen Prozessen des ästhetischen Lernens und der Unterstützung künstlerischer und kultureller Kompetenz, muss im Feld der Akteure und Anbieter Kultureller Bildung stets im Fokus stehen« (ebd.). Im Verlauf soll dies zumindest für Spiel und Medien erfolgen. Diese vertiefte Auseinandersetzung darf jedoch nicht dazu führen, andere Sparten zu ignorieren. In zahlreichen spiel- und medienpädagogischen Projekten finden sich bereits Schnittmengen zur Kunst, zum Theater, zur Literatur usw. Computerspielpädagogische Projekte wie »Mein Avatar und ich«, welches im Verlauf Techniken des Improvisationstheaters einbezieht, »Pic your Game life« oder die In-Game-Photography, die Screenshots als Kunstwerke ansieht, die Verbindung zur Literatur im Projekt »Digitale Spiele und Lesen«, zum Sport im Projekt »RealLife Jumper«, zahlreiche Projekte die Architektur im Spiel »Minecraft« betonen u. v. a. finden sich inzwischen in entsprechenden Projektsammlungen. Sie alle demonstrieren die bereits bestehende praktische Vermischung der Handlungsfelder. Es ist an der Zeit diese auch theoretisch und im Selbstverständnis zu untersetzen. Die Bedeutung der Vielfalt von Kunst- und Ausdrucksformen wird auch offenbar, wenn der Blick auf die unangeleiteten Aktivitäten gerichtet wird. Die alltägliche und häusliche Spiel- und Mediennutzung vieler Kinder und Jugendlicher finden allerdings überwiegend konsumierend statt. Nur relativ wenigen Kindern, Jugendlichen, aber auch Erwachsenen gelingt der Sprung von »Consumer« zum »Prosumer«, bei dem sie selbst aktiv werden. Formelle Bildungseinrichtungen können dazu nur bedingt beitragen. Die Kulturelle Bildung, mit ihrem interdisziplinären Wesen, kann entsprechende ergänzende Anregungen geben.

Gemeinsam haben die Bereiche der Kulturellen Bildung, dass es in ihrer Umsetzung meist nicht zuerst darum geht, großartige Produkte mit Kindern, Jugendlichen oder anderen Teilnehmenden zu erstellen, sondern darum, Wirksamkeit zu vermitteln, was mit dem Schaffensprozess einhergeht. Damit steht in pädagogisch ausgerichteten Projektformen selten ein Produkt, sondern vielmehr eine Prozessorientierung im Mittelpunkt. Die Diskussion um das Wesen, die Inhalte und die Relevanz der Ästhetischen oder Kulturellen Bildung haben bereits die großen Denker der Antike wie Platon und Aristoteles geführt. Seitdem werden die komplexen und vielfältigen Sinngehalte in Bezug auf eine Erziehung mit und durch die Künste erörtert (vgl. Bilstein et al. 2009/Zirfas & Klepacki 2011). Die Forderung nach Kenntnis und Berücksichtigung einer Vielzahl von Handlungsfeldern Kultureller Bildung sowie die damit verbundenen Bezugswissenschaften sollten jedoch nicht zu einem Überlastungs- oder Orientierungsproblem für Anleitende führen. »Die Dynamik in einzelnen Handlungsfeldern, (wie im Bereich Medien), unterschiedliche Traditionen und Verortungen (beispielsweise haben nicht alle Künste gleichermaßen einen Schwerpunkt in der allgemeinbildenden Schule), verbietet es, ein zu starres Binnenraster zur Feldvermessung anzulegen.« (Bockhorst 2012, S. 427) Hildegard Bockhorst fordert angesichts der Bedeutung ästhetischen Lernens zudem ein Umdenken in der Bildungsdebatte und ein Ende der Marginalisierung von Bildungsprozessen in und durch die Künste (vgl. ebd.). Tatsächlich erscheinen die Sparten der Kulturellen Bildung in der breiten Öffentlichkeit oft als eigenwillig, gesondert und eher einem kleinen Publikum zugeschrieben. Wenn es gelänge sie in ihrer Individualität und Besonderheit beizubehalten und dennoch unter einem gemeinsamen Prinzip zu verstehen, würde dies auch den einzelnen Bereichen und ihrem gemeinsamen Ansinnen helfen. Spiel- und Medienpädagogik ist daher dazu aufgerufen, sich in diesem Sinn zu verorten, für sich neue Felder zu eröffnen und dies im Gesamtspektrum zu kommunizieren. Dies bedeutet ggf. nicht nur medienpädagogisch, sondern kulturpädagogisch zu denken und zu handeln.

2.4 Spiel- und Medienkultur

Bevor in späteren Kapiteln vertiefend auf die Spiel- und Medientheorie bzw. -pädagogik eingegangen wird, ist es zunächst dienlich sich Spiel und Medien aus kultureller Sichtweise anzunähern.

2.4.1 Spielkultur

Schönheit, Ästhetik, aber auch Bildung sind eng verbunden mit dem Spiel. Bei der Suche nach den Brücken zwischen Spiel, Kunst und Bildung fällt auf, dass es ohne die Möglichkeit des spielerischen Ausprobierens gar keine Entwicklung,

Kreativität oder Gestaltung gäbe (vgl. Hüther & Quarch 2016, S. 12). »Im Spiel werden die bekannten Strukturen und Ordnungen des Lebens porös. Im Spiel tauchen wir ein in jene Potenziale, die zu entfalten uns lebendig macht. Im Spiel eröffnen sich uns neue Perspektiven« (ebd. S. 72). Friedrich Nietzsche formulierte: »Ich kenne keine andere Art, mit großen Aufgaben zu verkehren, als das Spiel« (Nietzsche KSA 6 1988, S. 297).

Nicht zufällig ist z. B. die Rede davon Musikinstrumente oder Theaterstücke zu *spielen*. Spielen beginnt damit, alle vorstellbaren Möglichkeiten zur Lösung eines Problems, zur Erreichung eines Ziels oder zur Realisierung einer Absicht durchzu*spielen*. Gedanken*spiele* sind ein Grundsatz unseres Seins. Die Fähigkeit, flexibel und kreativ zu denken, ist eng mit dem Spiel verknüpft und lässt sich durch Spiele fördern. Spielen und Lernen sind in der menschlichen Entwicklung seit jeher eng miteinander verbunden (vgl. Eibl-Eibesfeldt 1987; Müller-Schwarze 1978; Malo/Diener/Hambach 2009).

Als anthropologischer Gegenbegriff zum Homo faber wurde der Homo ludens, der spielende Mensch, vor allem durch Johan Huizinga und sein Buch mit gleichlautendem Titel (1938) bekannt. Er beschreibt darin, dass der Mensch seine kulturellen Fähigkeiten vor allem über das Spiel entwickelt. Wichtig ist in diesem Kontext, die Wesensmerkmale des Spiels zu beachten. Es wird als (zweck-)frei, als-ob, abgeschlossen und begrenzt, mit eigenen Regeln, als Wagnis, wiederholbar und als etwas beschrieben, das bindet und löst (vgl. Huizinga 1956, S. 16ff.). Spiel ist dabei weit mehr als viele vermuten. Als Spiele »in vitro« werden klar erkennbare Spiele mit entsprechender Rahmung (Kartenspiele, Brettspiele usw.) definiert. Spiele »in silico« sind alle Spiele, welche innerhalb von Computerprozessen ablaufen. Spiele »in vivo« werden beschrieben als das Spielverhalten im Alltag (vgl. Goffman 2003). So stellt sich nicht nur die Frage, was wir spielen, sondern wie wir spielen und spielerische Aspekte in den Alltag einflechten. Bei genauerer Betrachtung zeigt sich, wie eng Spiel mit Kunst, Kultur und Entwicklung verknüpft ist. Weltaneignung erfolgt durch (Symbol-)Spiel (Piaget 1992, S. 139ff). Spiel und Spielweisen sind dabei nicht unkritisch zu bejahen, sondern können einer Art Qualitätsfrage unterstellt werden. Das Spiel selbst neigt gar in seiner Dynamik dazu, in steigender Form vom Element »paidia« (Ausgelassenheit) zum Element »ludus« (Regelhaftigkeit) zu verlaufen (vgl. Caillois 1958, S. 9ff.). Spielregeln sind jedoch kein Widerspruch zum lustvollen Spiel. Problematisch können Spielregeln dann werden, wenn sie mit Befehlen verwechselt werden. Obwohl uns heute viele Spiele umgeben, finden wir in unserer Alltagswelt selten den Homo ludens. Vielmehr ist beinahe jeder Anteil unseres Lebens und Denkens (Schule, Arbeit, Freizeit etc.) durchzogen von Nutzen, Zweckmäßigkeit und Mehrwert, also dem Grundprinzip des Homo oeconomicus.

Spiel innerhalb der Kulturellen Bildung ist auch ein Medium, dass verwendet wird, um bestimmte Ziele zu erreichen. Wenn es jedoch als frei, freiwillig, zweckbefreit und als-ob beschrieben wird, wie deckt sich das mit dem Anspruch, Spiel zur Entwicklung von Persönlichkeit einzusetzen? Johan Huizinga beschreibt das Zusammenwirken von Spiel und Bildung als »eine sinnvolle Funktion« (Huizinga 1956, S. 9). Und zwar unabhängig davon, ob wir dahinter eine pädagogische Absicht interpretieren oder nicht. »Jedes Spiel bedeutet etwas«

(ebd.). Dem Spiel ist in mehrfacher Hinsicht ein ruheloser und bisweilen autonomer Geist inne. Spiel ist in gewisser Weise für jede Art konservativer Struktur eine Gefahr, ist subversiv. Insbesondere weil es den einzelnen oder gar einer Gruppe, die Möglichkeiten der Gestaltung, Veränderung und des Ausprobierens aufzeigt. Ebenso wie es die Kulturelle Bildung beabsichtigt. Spielen heißt beweglich sein, heißt über den rationalen Anteil, den Nutzen hinaus zu wirken, egal ob mit Bildern, Schauspiel, Musik, Tanz etc. »Spiel ist immer »Schnörkelei«: Kleidung, Möbel, Schmuck, Handschrift etc. überall drückt sich das Wesen und die Kultur des Spiels aus. Gerade an diesen Kleinigkeiten lässt sich ablesen, was das Spiel ist: Mehr als reines Sein, mehr als das Notwendige. Es ist Sinn, Kultur und die Überladung des Einfachen mit dem Besonderen. Spiel ist Luxus – notwendiger Luxus!« (Geisler 2018, S. 28).

Obgleich Spiele heutzutage in vielfältiger Form zu finden sind, ist der Homo ludens und das Spiel in vivo in gewisser Hinsicht in Bedrängnis geraten. Viele Muster unseres Denkens und Handelns werden bestimmt von dem Streben nach Effektivität, Gewinn und Nutzenmaximierung. Was das Spiel und somit die Spielenden jedoch insbesondere brauchen und zugleich im Spiel erschaffen, ist Freiraum und die Möglichkeit diesen Freiraum zu besetzen und nach eigenen Wünschen zu gestalten. Gerade im Streben der digitalen Spiele kulturell gänzlich anerkannt zu werden, sinnvoll, nützlich und auch noch wirtschaftlich bedeutend zu sein, entziehen sie sich bisweilen ihrem spielerischen Potenzial. Und dennoch sind insbesondere jene Spiele in denen man eigene Spielelemente entwickeln kann dienliche (Frei-)Räume. Die Förderung des Spiels geht demnach weit über die Bedeutung einzelner Spieltitel und Individuen hinaus. Sie ist zugleich das Streben nach einer Gesellschaft in der Kunst und Kultur mehr Bedeutung erlangen und Menschen diese als sinnstiftend erfahren.

»Kreative Spielhandlungen in einer Spielwelt sind vom Ernstcharakter der realen Welt weitgehend entlastet. Die Ergebnisse der Kreativität werden nicht dem Prüfstein der realen Welt unterworfen. Vielmehr darf unbekümmert mit den Bausteinen der realen Welt umgegangen werden.« (Fritz 2018, S. 65) Ein Beispiel, dass insbesondere für die Bildung von Bedeutung sein kann, ist Umgang mit dem Fehler (vgl. Geisler 2019, S. 208). Spielen heißt, nicht nur für Kleinkinder und Tiere, experimentelles Erproben der Umwelt (vgl. Pranz 2009, S. 181ff.). Schule und Studium und alle anderen Bildungsräume können/sollten als Proberäume verstanden werden. Fehler sind, im Sinne des Spiels, Angebote und Anlass zur Veränderung. Ein Bildungsverständnis, welches dies berücksichtigt, kann Lernende zu einem großen Teil von Gefühlen der Überforderung und Unzulänglichkeit entlasten. Fehler werden von Lernenden heute jedoch oft gefürchtet und sind nicht selten mit Zukunftsängsten und Krisen verbunden. Diese Dynamik ist sozialisiert. Positive Fehler, sind Fehler, die den Lernprozess voranbringen und von denen die Lernenden Vorteile haben (vgl. Kobi 1994, S. 5).

Spiel- und Medienpädagog*innen haben neben dem Fokus auf ihre Zielgruppen auch den Auftrag, eine Kultur des Spiels zu fördern. Johan Huizinga weißt gleich auf der ersten Seite seines Buches »Homo ludens – Vom Ursprung der Kultur im Spiel« darauf hin, dass es für ihn nicht darum geht, »welchen Platz das Spielen mitten unter den übrigen Kulturerscheinungen einnimmt, sondern inwieweit die Kultur selbst Spielcharakter hat« (Huizinga 1956, S. 7).

2.4.2 Medienkultur

Beobachtet man Kinder und Jugendliche, wie sie mit digitalen Geräten umgehen, geschieht die Aneignung von Technik spielerisch. Sie experimentieren und probieren aus, greifen aber in der Regel nicht zu Anleitungen oder implementierten Hilfefunktionen. Kommen sie an bestimmten Stellen nicht weiter, beziehen sie die Informationen aus Tutorials anderer Nutzer*innen über Videoplattformen oder holen sich Hilfe aus der Community über Soziale Netzwerke und Foren. Auch die Spielwelten von Kindern und Jugendlichen sind mediatisiert. Eine Rolle spielt hier beispielsweise die cross-mediale Vermarktung von Franchises durch die großen Medienkonzerne: Zum Kinderbuch gibt es die passende App, das Comic, die Zeichentrickserie, den Kinofilm und das Computerspiel. Aber auch klassisches Kinderspielzeug, wie Lego, bedient sich beliebter Marken, wie StarWars oder Harry Potter, um die Medienwelten ins Kinderzimmer zu transportieren. Auch das »Internet der Dinge« macht vor dem Kinderzimmer nicht Halt und zunehmend kommt Spielzeug auf den Markt, das mit dem Internet vernetzt ist. Hinzu kommt, dass Spiel- und Medienwelten von Nutzenden auf kreative Weise über das Internet weiter ausgebaut werden, indem neue Geschichten erfunden und über Social-Media, Videoplattformen oder Internetseiten veröffentlicht werden. Dieser »user-generated content« in Form von Fan-Fiction erweitert eine Franchise aus Sicht der Fans und wird so wiederum selbst Teil der jeweiligen Erzähl- und Medienwelt. Die zunehmende Digitalisierung und Verschmelzung unterschiedlicher Medienformate und ihrer parallelen Nutzung beschreibt der Begriff der Medienkonvergenz (vgl. Wagner 2017, S. 262ff/Theunert & Wagner 2002).

Das Aufwachsen vollzieht sich heute also grundsätzlich in einer mediatisierten Lebenswelt. Digitale Medien sind dabei Spiel- und Unterhaltungsmittel, Werkzeuge zur kreativen Auseinandersetzung mit Medienwelten, dienen der Informationsbeschaffung und Kommunikation, bilden Sozialräume und nehmen auch im familiären Alltag einen hohen Stellenwert ein. (vgl. Hugger & Tillmann 2014, S. 31ff) Damit geht einher, dass Medien auch prägenden Einfluss auf die Sozialisation, Biografie und Identität des Menschen haben. Das trifft nicht nur auf Heranwachsende, sondern auch auf Erwachsene zu. Ein Ansatz in der medienpädagogischen Elternbildung ist z. B. die Medienbiografie aufzugreifen: Was war das Lieblingsbuch, die Lieblingsserie, der erste Kinofilm und welche sind es heute? Nicht selten sind Erwachsene überrascht, welchen Einfluss kindliche Medienerlebnisse auf heutige kulturelle und mediale Vorlieben genommen haben. Medien hatten und haben also Einfluss auf Kultur und die Kulturelle Bildung.

Von der anderen Seite betrachtet, ist Kultur der Ausgangspunkt für mediale Bearbeitungen. Sei es Geschichte, Literatur, Musik oder Kunst. Die Werke von Shakespeare werden auf der Kinoleinwand auf die heutige Zeit übertragen und opulent in Szene gesetzt. Römer und Wikinger bilden die Basis epischer Serien und Handlungsfelder im Videospiel, auf Gemälden der großen Meister und sind integraler Bestandteil in Filmen. Orchestrale Musik ist Stil- und Stimmungsmittel in fast allen Medienformaten. Komponist*innen und Künstler*innen werden zu Protagonist*innen in Songs, Serien, Hörspielen und Games. Das bleibt nicht nur der Unterhaltungsindustrie vorbehalten. Kultur wird aufgegriffen, um etwas neues Mediales zu schaffen, sei es die Verarbeitung von Kunstwerken zu digitaler Kunst, die Umsetzung von Literatur in Filmen, Hörspielen oder ihre Weiterentwicklung in Fan-Fiction. Medien kommen darüber hinaus auch in anderen Kulturdisziplinen zum Einsatz. So z. B. als Teil der Inszenierung in Theaterstücken, Instrumente in der Musik, Ausdrucksmittel in der Bildenden Kunst, Darstellungsmittel zur Visualisierung literarischer Texte oder in Museen als didaktisches Mittel zur Vermittlung von Kunst und Kultur.

Auch die Nutzung digitaler Technik gewinnt zunehmend an Bedeutung: Computer werden programmiert, um gegen Menschen in Spielen wie Schach oder dem strategischen Brettspiel »Go« anzutreten, Kunstwerke wie Beethovens Neunte Symphonie zu vollenden und Roboter kommen an der Schnittstelle zwischen Mensch und Maschine als Spielzeug und im Pflegebereich zum Einsatz. Digitale Technologie ist in Subkulturen auch Gegenstand von Selbstoptimierung, wie durch Implantation von Chips unter der Haut, dem sogenannten Body-Hacking, deren Ursprünge wiederum im Cyberpunk, also der Science-Fiction-Literatur zu finden sind. Science-Fiction hat auch in die Alltagskultur und Wissenschaft Einzug gehalten: Das erste Space-Shuttle der NASA trug den Namen des Raumschiffs Enterprise aus der gleichnamigen Fernsehserie, die Literaturwissenschaftlerin Janet H. Murray greift Technologie in »Hamlet on the Holodeck« auf, um über die Zukunft von Erzählformen im Cyberspace zu diskutieren (vgl. Murray 1997). Derartige Züge werden aktuell im Rahmen der VR-Technologie in virtuellen Spielwelten wieder aufgegriffen. Begriffe wie »Beamen« und »Warp-Antrieb« sind selbstverständlicher Teil von Alltagssprache geworden. Die Fernsehserie StarTrek und ihre Ableger gelten als Paradebeispiel der Auflösung zwischen Pop- und Hochkultur (vgl. Rauscher 2004, S. 11). Kulturgut wurde in einzelnen Folgen als Ausgangsbasis für neue Geschichten aufgegriffen oder es wurden Bezüge zu Kunstwerken und Kulturräumen hergestellt. Zitate aus Werken großer Literaten gehörten ebenso dazu, wie auch Persönlichkeiten, die als Figuren vorkamen oder sogar sich selbst als Schauspieler*innen verkörperten, wie bspw. der Wissenschaftler Stephen Hawking.

Medien nehmen aber nicht nur Einfluss auf Kultur und umgekehrt, sie sind auch eine zentrale Sozialisationsinstanz, Vermittler von Lebensentwürfen und tragen zur Identitätsbildung bei (vgl. Buck 2009, S 36). Darüber hinaus sind sie Transporteur von Normen, Werten, gesellschaftlichen Ansichten sowie politischen und wirtschaftlichen Weltbildern. Manche sind offensichtlich intendiert, andere werden unterschwellig vermittelt. Die Unterhaltungsindustrie agiert global. Hierzulande beliebte Filme, Serien oder Computerspiele werden vorwiegend in den USA oder Asien produziert. Durch das Internet rücken Kulturräume näher zusammen (vgl. Pohlmann/Waschk 2015, S. 205). Es ist logisch, dass die jeweilige Kultur des Herkunftslandes als prägende Sozialisationsinstanz der Kulturschaffenden sich auch im jeweiligen Medium widerspiegelt. Medienkultur ist somit Teil der globalen Kultur.

Die Nutzung von Medien aller Art geschieht im Lebensalltag des Menschen, oft sogar unbewusst. Eine medienpädagogische Methode, um den Stellenwert von Medien im Alltag zu verdeutlichen, ist das Führen eines Tagebuchs: Wann wird welches Medium wozu benutzt? Das beginnt für viele schon mit dem Radiowecker beim Aufstehen, vollzieht sich über die Nachrichten aus Tageszeitung, dem Internet oder Frühstücksfernsehen. Smartphones werden zur Kommunikation oder Unterhaltung in Bus, Bahn und zu Leerzeiten genutzt. Computer finden sich in allen Arbeitsbereichen oder in der Schule, dienen dem gemeinsamen Spielen von Games mit Freunden nach den Hausaufgaben. Der Tag endet mit der Serienfolge, dem Fernsehfilm oder Videos aus YouTube & Co. als abendliches Unterhaltungsformat. Diese »Allgegenwart der Medien« (Krotz & Hepp 2012, S. 10) beeinflusst nicht nur das Alltagshandeln des Menschen, sondern ist gleichzeitig auch wiederum zu einem Teil der Medienkultur an sich geworden. Medienkultur ist also auch essenzieller Bestandteil der Alltagskultur.

Anhand der Beispiele wird deutlich, dass Kultur und Medien sich wechselseitig beeinflussen. »Kulturalität und Medialität fallen zunehmend zusammen« (Zacharias 2010, S. 56) mit entsprechenden Wirkungen auf Kunst, Kultur und Medien selbst, aber auch auf die Kulturelle Bildung und Pädagogik. »Und Bildung auch als Kultur, kulturelle Kompetenz auch als Medienkompetenz, kulturelle Praxis auch als mediale Praxis zu sehen und zu werten, erweitert notwendigerweise den pädagogischen Horizont in Sachen Medienbildung eben als kulturelle Bildung auch über das eher funktionale Kompetenzmodell hinaus« (ebd.). Kulturelle und Medienbildung bilden also gleichermaßen die Voraussetzungen, um in einer mediatisierten und zunehmend digitalisierten Gesellschaft bestehen zu können. Auch Pädagogik und Soziale Arbeit müssen sich auf die mediatisierte Welt einstellen, mit individuellen Lebenslagen, Persönlichkeitsstrukturen und strukturellen Gegebenheiten im Leben der Menschen zusammenführen, um einen lebensweltorientierten Ansatz verfolgen zu können (vgl. Helbig 2014, S. 115).

2.5 Schlüsselkompetenzen in der Kulturellen Bildung

Die Subjektorientierung in der Sozialen Arbeit korrespondiert mit der Medienpädagogik und Kulturellen Bildung. »Die Gründe für die ausgeprägten kulturellen Interessen von Kindern und Jugendlichen liegen buchstäblich ›auf der Hand‹ und ›springen ins Auge‹: Spaß, Aktivität mit allen Sinnen, selbstwertsteigernde Erfahrungen, neue Selbst- und Welt-Sichten, gestaltete Utopien, Lernumgebungen, um anderes auszuprobieren und bekannte Denk- und Verhaltensmuster zu durchbrechen. Kulturelle Bildungsangebote eröffnen Wege, die Welt erlebbar und begreifbar zu machen.« (Bundesvereinigung Kulturelle Jugendbildung 2001, S. 199) Es geht insbesondere um die Förderung der Selbstbildungspotenziale. Ästhetische Bildung in der Sozialen Arbeit hat vor allem Alltagsrelevanz (vgl. Meis, Mies, Bieker 2012, S. 27). »Zentrale Aspekte von Identitätsarbeit heute, wie Selbstreflexivität, Authentizität, Empowerment-Perspektive, die Bewusstheit der eigenen Produktivität und Selbstwirksamkeit, gelingen erfolgreich im Tanz, in der Musik, in der Bildenden und Darstellenden Kunst, in der Literatur und in den Medien. Der junge Mensch gewinnt an Wahrnehmungs-, Kommunikations- und Gestaltungsvermögen, aber auch an wichtigen Qualifikationen, wie Durchhaltevermögen, Anstrengungsbereitschaft, Teamfähigkeit. Kulturelle Bildung vermittelt Schlüsselkompetenzen für eine gelingende Lebensführung und wird – gerade unter Berücksichtigung gesellschaftlicher Modernisierung – als Sinn- und Orientierungsangebot immer wichtiger« (Bundesvereinigung Kulturelle Jugendbildung 2001, S. 199).

Obwohl eine Differenzierung der Schlüsselkompetenzen in Praxisprojekten nicht immer sinnvoll erscheint, mag es für die Zielstellung, Argumentation und Legitimierung der Felder Kultureller Bildung dienlich erscheinen zu beschreiben, um welche Kompetenzen es sich handelt. Das Bewusstsein darüber, welche Ziele verfolgt werden, ist nicht nur zwingende Voraussetzung für ein absichtsvolles Handeln von Anleitenden. Es dient auch Lernenden dazu, sich über Entwicklungen bewusst zu werden, Bedarfe zu verorten und letztlich selbstgesteuert zu agieren. Zudem werden bei der Auseinandersetzung auch Unterschiede zwischen formalen, non-formalen und informellen Bildungskontexten offenbar. Das Deutsche Jugendinstitut differenziert Schlüsselkompetenzen in die Kategorien *personale Kompetenzen* (1), *sozial-kommunikative Kompetenzen* (2), *aktivitäts- und umsetzungsorientierte Kompetenzen* (3), *sowie fachlich-methodische Kompetenzen* (4) (vgl. Deutsches Jugendinstitut, 2006). Teils mehr als 20 einzelne Kompetenzen werden unter den jeweiligen Kategorien beschrieben.[7]

»Vieles von dem, wie und was in der Kulturpädagogik gelernt wird, könnte man auch als die Lernkultur der Zukunft bezeichnen. Denn hier ist das Lernen nur in geringem Maße ein Belehrtwerden, sondern ein interessengeleitetes, experimentierendes, selbst mitsteuerndes, partizipatives Lernen. Es ist – trotz aller Offenheit – ein umfassendes, ganzheitliches Lernen und Sich-Bilden, orientiert am Subjekt und bestimmt durch die Aufgaben- und Themenstellungen des privaten und beruflichen Alltags. Es gibt die Gelegenheit, die Sinnhaftigkeit des Lebens auf besondere Weise zu reflektieren und regt mittels der Künste den Diskurs über individuelle und gesellschaftliche Herausforderungen, Widersprüche und Zukunftsentwicklungen an. Es unterstützt eine Identitäts- und Persönlichkeitsbildung im Orientierungs-, Reflexions- und Urteilsvermögen, mit sozialer und moralischer Kompetenz, mit Wissbegier und Leistungsbereitschaft« (Bundesvereinigung Kulturelle Jugendbildung 2001, S. 201).

---

7 Die OECD führt alternativ drei Kompetenzkategorien an: Interaktive Anwendung von Medien und Mitteln (1), Interagieren in heterogenen Gruppen (2) und Eigenständiges Handeln (3) (siehe: OECD 2003, DeSeCo).

So werden abermals Schnittstellen zu den Zielen der Medienpädagogik deutlich. Auch die Medienpädagogik stand und steht dauerhaft vor der Aufgabe, neue Entwicklungen der Gesellschaft und der Medien zu betrachten und eigene Positionen darzustellen (vgl. Süss, Lampert, Wijnen 2010, S. 60). Ihre Dimensionen mit der normativen, kritisch-emanzipativen, bildungstechnologischen und handlungsorientierten Medienpädagogik (vgl. Fleischer & Hajok 2016, S. 117f) berücksichtigen sowohl die konkrete Auseinandersetzung mit dem jeweiligen Medium, die Bedeutung für das Individuum, als auch deren Einflüsse auf die Gesellschaft. Klientinnen und Klienten der Medienbildung werden gleichfalls als gesellschaftliche Individuen gesehen, die ihre Lebenswelt mit Hilfe von Medien aktiv gestalten, ihre eigenen Positionen ausdrücken und von anderen Entwürfen profitieren bzw. partizipieren. Die Dimensionen der Medienpädagogik erinnern an die Medienkompetenzbegriffe. Aufenanger (1997), Groeben (2002), Moser (2000) und Tulodeziecki (1998) und Dieter Baacke (1997) haben die zu fördernden Medienkompetenzen ausdifferenziert. Michael Wagner hat, basierend auf Henry Jenkins (Jenkins et al. 2006) elf Kernkompetenzen der Medienpartizipation skizziert, welche insbesondere für die Arbeit mit digitalen Spielen in der Kulturellen Bildung relevant sein können:

1. Experimentelles Spiel – Die Fähigkeit, spielerisch mit Problemlösungsstrategien experimentieren zu können.
2. Spiel mit Identitäten – Die Fähigkeit, alternative Identitäten annehmen und erforschen zu können.
3. Modellbildung und Simulation – Die Fähigkeit, dynamische Modelle realer Prozesse konstruieren, anwenden und analysieren zu können.
4. Wiederverwendung von Inhalten – Die Fähigkeit, Medieninhalte auf kreative Weise wiederverwenden zu können.
5. Adaptives Multitasking – Die Fähigkeit, die Umgebung global erfassen und bei Bedarf jederzeit auf einzelne Details fokussieren zu können.
6. Verteilte Wahrnehmung – Die Fähigkeit, kreativ mit Systemen interagieren zu können, die die Erweiterung kognitiver Kompetenzen ermöglicht.
7. Kollektive Intelligenz – Die Fähigkeit, kollektiv Wissen zur Verfolgung eines gemeinsamen Ziels produzieren zu können.
8. Bewertung von Medieninhalten – Die Fähigkeit, Glaubwürdigkeit und ethische Vertretbarkeit von Medieninhalten beurteilen zu können.
9. Transmediale Navigation – Die Fähigkeit, Erzählwelten über mediale Systemgrenzen hinweg multimedial verfolgen zu können.
10. Informationsvernetzung – Die Fähigkeit, über Netzwerke Informationen und Wissen suchen, analysieren und publizieren zu können.
11. Umgang mit alternativen Normen – Die Fähigkeit, unterschiedliche gesellschaftliche Wertesysteme verstehen und sich alternativen Normen anpassen zu können. (vgl.: Wagner 2008)

2.6 User generated content (UGC) und Schnittmengen zur Kulturellen Bildung

Nach dem Grundprinzip der Lebensweltorientierung agierend, greifen Sozial-, Kultur-, Spiel- und Medienpädagog*innen die Interessen von Kindern, Jugendlichen sowie allen anderen Zielgruppen auf, betrachten, analysieren und konzipieren Umgangsweisen, fügen nicht selten zusätzliche Aspekte ein bzw. betonen vorhandene oder forcieren Reflexionen. Bei der Förderung von Kompetenzen und der Vermittlung von Kultureller Bildung müssen Anleitende keineswegs davon ausgehen, dass Fähigkeiten bei Teilnehmenden noch nicht vorhanden sind. Nicht selten haben Kinder und Jugendliche längst Methoden gefunden, sich auszudrücken, ihr Umfeld zu gestalten, teilzuhaben und auf diese Weise entsprechende Kompetenzen entwickelt. »Digitale Medien stellen einen wesentlichen Faktor heutiger kultureller und gesellschaftlicher Teilhabe dar. Dies gilt insbesondere für Jugendliche, da sie ihre kulturellen Praktiken vor allem in Bezug auf oder in Medien ausleben. [...] In ihrem mobilen und vernetzten Medienhandeln pflegen Jugendliche nicht nur Beziehungen, agieren in Communities, demonstrieren ihre Zugehörigkeit zu Szenen und inszenieren sich in verschiedenen Formen, sondern sie beteiligen sich auch aktiv an der Gestaltung der Medienkultur bzw. an dem Prozess der Mediatisierung« (Helbig 2016, S. 2).

Im Bereich der Arbeit mit digitalen Spielen ist dabei der »user generated content« (nutzergenerierter Inhalt) von großer Bedeutung. Let's Plays, Cosplaying, Casemodding, Parcours, Fan-Fiction oder viele weitere Formen sind keine Ergebnisse pädagogischer Intentionen und tragen doch enormes Bildungs- und kulturell wertvolles Potenzial in sich. Bei entsprechender Neugier, Offenheit und Vorerfahrung werden Anleitenden schnell vielfältige Schnittmengen zu Bereichen der Kulturellen Bildung offenbar. So ergeben sich beispielsweise allein für Cosplaying methodische Brücken zur Kunst, zum Theater, Handwerk, Zirkus, dem Spiel und den Medien. Die Haltung, die sich ergibt, wenn Anleitende diese Bereiche erkennen, akzeptieren, berücksichtigen, aufgreifen und ggf. für ihre Kontexte modifizieren, beruht auf drei Schritten: Zunächst gilt es, durch Lebenswelt- und Ressourcenorientierung kreative Aktivitäten von Kindern und Jugendlichen wahrzunehmen (1). Die Aktivitäten sollten dann, ohne sie dabei in ihrem Mehrwert zu fragmentieren, mit fachlichen Methoden aus Bereichen der Kulturellen Bildung verknüpft und mit einem didaktischen Modell bzw. einer Zielstellung versehen werden (2). Schließlich soll Transfer und Mehrwert im Sinne der Förderung von (Schlüssel-) Kompetenzen erzielt werden. Zudem sollten Anleitende ggf. eine qualitative Überprüfung ihrer Methoden und der erreichten Ziele ergänzen (3).

Digitale Spiele haben einen künstlerischen und ästhetischen Wert. Dennoch dürfen und sollen sie, ganz im Sinne der Definition von Johan Huizinga, auch nutzlos, zweckfrei und zum Spaß da sein. In der Kulturellen Bildung, der Spiel- und Medienpädagogik werden sie, neben ihrem unterhaltenden und informellen Wert, zu pädagogischen Instrumenten. Anleitende fordern Nutzer*innen dazu auf, sich über sie auszudrücken, sich zu entwickeln, etwas zu interpretieren oder etwas neu zu erschaffen. Darin liegt sowohl eine große Chance als auch ein gewisses Risiko. Spiel-, Erlebnis- und Entfaltungsräume sind auch Rückzugsorte. Jugendliche nutzen sie auch als Abgrenzungsmechanismen. Diese wichtige Funktion im Kontext von Identitätsprozessen, sollte nicht durch zu starkes Eindringen, Unterwandern oder gar Instrumentalisieren seitens der Pädagog*innen aufgehoben werden. Es gilt demnach zwar Interessen, Lebenswelten und nutzergenerierte Inhalte aufzugreifen, die Hoheit über diese Räume jedoch nicht an sich zu ziehen. Anleitende müssen ihre »Tools« gut auswählen und sie nutzen, um ihre jeweilige Zielgruppe zu aktivieren und zu motivieren.

2.7 Aktivierung von Zielgruppen

Mit Blick auf die mediatisierte Lebenswelt von post-digital aufwachsenden Kindern und Jugendlichen stellt sich die Frage, wie sie motiviert werden können, sich auch auf Aktivitäten in anderen Kulturbereichen einzulassen. Eine Möglichkeit kann sein, das Interesse an Medien aufzugreifen und es mit anderen Kulturdisziplinen zu verknüpfen. »Getreu dem pädagogischen Leitspruch »Kinder dort abzuholen, wo sie stehen«, können sich in fachübergreifenden Ansätzen neue Möglichkeiten auftun, Kinder für andere Inhalte und Beschäftigungen jenseits des Bildschirms zu begeistern, die sie vielleicht sonst gar nicht erst kennengelernt hätten (Pohlmann & Waschk 2015, S. 206). Dabei können digitale Medien und Medienerlebnisse einen Ausgangspunkt bilden, um Kinder und Jugendliche zu einer kreativen Auseinandersetzung mit Medienwelten zu führen, sie auf dem Weg aus fachlicher Perspektive zu begleiten und kulturelle Praktiken zu vermitteln. Ein Ansatz könnte beispielsweise sein, mit Medienheld*innen neue Geschichten in Text, Bild, (Impro-)Theater oder Trickfilm zu erzählen und auf die Fantasie zu bauen. Sie könnten der Frage nachgehen: Was machen Mario, Bibi Blocksberg oder Harry Potter eigentlich in ihrer Freizeit? »Medien können die Fantasie anregen, wenn die Rezipient*innen an ihre individuellen Erfahrungen und Handlungswünsche konkret anknüpfen können und das Medium attraktive Freiräume zum Imaginieren lässt und zur Fantasietätigkeit in oder nach der Rezeption anregt« (Götz 2006, S. 404). Die Aufgabe für Anleitende besteht darin, einen Raum oder ein offenes Setting zu gestalten, in denen Kinder und Jugendliche ihre Fantasie in einem kreativen Schaffensprozess ausleben können. Medien können, müssen aber nicht weiterer Teil dieses Prozesses sein, das gelingt auch mit Stift, Pinsel, Papier oder auf der Bühne. Auch die Vermittlung kultureller Bildungsinhalte lässt sich mit einer solchen Methode verknüpfen, wie eine Erzählung, über die von Campbell skizzierten Stationen einer Heldenreise (vgl. Campbell 1999) umzusetzen oder eine vorangehende Filmanalyse zu bestimmten Merkmalen von Erzählung, Charakterentwicklung und Dramaturgie.

Ein anderer Ansatz kann es sein, z. B. die in Medien dargestellten Erzähl-Welten in Spielformen mit Rollenspiel- und erlebnispädagogischen Elementen zu überführen. Die Zauberwelt von »Harry Potter«, die Fantasy-Welt aus »Der Herr der Ringe« oder die Geschichten aus Computer-Rollenspielen bilden die mediale Basis für ein Pen-&-Paper-Rollenspiel oder ein Live-Action-Roleplaying-Game (LARP). Kinder und Jugendliche gestalten ihre eigenen Held*innenfiguren, denken sich eine Hintergrundstory des Charakters aus, schneidern Kostüme und agieren schauspielerisch in dieser Rolle in einem Spielsetting. Ein solches Projekt auf Basis von Games wurde vom Computerprojekt Köln e. V., vom Institut Spielraum und Student*innen der Sozialen Arbeit an der TH Köln in Kooperation mit dem Amt für Kinder, Jugend und Schule in Mülheim an der Ruhr als Ferienangebot umgesetzt und ist auf dem Spieleratgeber-NRW dokumentiert[8]. Motivation für die Jugendlichen am Projekt teilzunehmen, war vielfach der Bezug zu Computerspielen, welche aber nur einen kleinen Raum am ersten Tag einnahmen. Durch die vielfältigen anderen kulturellen Aktivitäten im Verlauf der Woche geriet dieses Bedürfnis schnell in den Hintergrund. Einige waren sogar derart begeistert von den neu entdeckten Möglichkeiten, dass sie sich auch im Nachgang anderen kulturellen Beschäftigungen zuwandten: »Mama, zu Weihnachten wünsche ich mir eine Nähmaschine!« war die Ansprache an die Mutter, die ihren vierzehnjährigen Sohn abends aus dem Jugendzentrum abholte.

Die Verwendung von digitaler Technik kann auch ein Motivator und Aktivator für hybride Nutzungsformen in der Kulturellen Medienbildung sein. In Filmprojekten wird die Faszination für das Medium aufgegriffen, um eigene Filme zu realisieren. Nicht selten bilden Filme und Serien die Basis für eigene Storyentwicklung und Realisierung. Die Projekte drehen sich nicht nur um medienbezogene Inhalte, wie Kamera, Licht, Ton, Tricktechnik, Schnitt usw., sondern auch um Elemente anderer Fachdisziplinen, wie Werkpädagogik und Bildende Kunst beim Kulissenbau oder der Anfertigung von Kostümen und Requisite. Es finden sich Bezüge zu Literatur und Storytelling bei der Drehbuchentwicklung, die Verknüpfung zu Schauspiel und Theater beim Agieren vor der Kamera und die Verwendung von Musik und Geräuschen als Gestaltungsmittel. Nicht selten gibt es aber gerade bei aufwendigen Projekten, wie der Filmproduktion, motivationale Stolpersteine im Verlauf, wie den zeitraubenden und aufwendigen Schnitt oder nötige Nachvertonung und manche Anleitende finden sich dann nach Feierabend selbst am Rechner wieder, um den Film zu vollenden, da der Zielgruppe die Lust vergangen ist. »Der Erfolg eines Peer-to-Peer-Filmprojektes hängt besonders stark von der Einstellung und Motivation der Teilnehmer ab. Die Motivation der Teilnehmer wird insbesondere dann als hervorragend beschrieben, wenn die Teilnehmer das Projekt für sich adaptieren und möglichst frei »ihren eigenen Film« drehen.« (Kempa 2010, S. 84f) Hier muss darauf geachtet werden, dass die Akteure selbst von der Idee und dem zu erwartenden Ergebnis begeistert sind und im Prozess dabei bleiben. Ein solches Projekt von oben überzustülpen, wäre kontraproduktiv – Partizipation ist das Zauberwort

---

8 Heinz, D. & Kohring, T.: »Quest in Mittelmülheim«, https://www.spieleratgeber-nrw.de/site.2617.de.1.html, Zugriff am 24.05.2020

Die Nutzung von Smartphones als multimediale Universalmaschine in den Hosentaschen von Kindern und Jugendlichen kann eine weitere Motivationsquelle für Projekte sein, die Kunst, Kultur und Medien miteinander verbinden. Jedes Gerät ist mit Sensoren und Funktionen ausgestattet, die eine Vielzahl von Möglichkeiten zur Verfügung stellen. So können im Rahmen der Kunstvermittlung kreative Foto-Projekte oder Stop-Motion-Filme mit der eingebauten Kamera realisiert werden, in der Musikpädagogik Mikrofon und Lautsprecher zum Einsatz kommen oder die GPS-Anbindung für mobile Spielformen genutzt werden. Auch experimentelle Ansätze mit der eingebauten Sensorik sind möglich, wenn physikalische Gesetzmäßigkeiten zum Zuge kommen oder ausgelesen werden können. Den kreativen Nutzungsmöglichkeiten sind hier kaum Grenzen gesetzt. Die wenigsten Kinder und Jugendlichen sind sich aber dessen bewusst, was sie mit dem Gerät alles anstellen könnten, und die Verwendung dient meist nur der Unterhaltung und Kommunikation. Hier gilt es also im Sinne der Kulturellen Bildung ein technisches Gerät für den kreativen und künstlerischen Einsatz und Bildungsprozesse erst nutzbar zu machen und es als Werkzeug zur Auseinandersetzung mit Welt zu erkennen.

Oft lohnt zur Ideenfindung auch ein Blick auf die medialen Nutzungsgewohnheiten, die Kinder und Jugendliche an den Tag legen. In den letzten Jahren erlebt beispielsweise die Fotografie in medienpädagogischen Projekten eine Renaissance. Das hat mit der Beobachtung zu tun, dass Kinder und Jugendliche mit dem Smartphone ständig Fotos machen und sie über Soziale Medien wie Instagram verbreiten. Sie sind wichtiger Bestandteil von Jugendkultur und dienen hier vornehmlich der Kommunikation und Beziehungsarbeit. Das Interesse an Fotografie kann im Sinne künstlerischer Auseinandersetzung und ästhetischer Bildung nutzbar gemacht werden. »Dabei bieten Fotografie-Projekte mit Kindern und Jugendlichen sowohl aus pädagogischer wie auch aus künstlerischer Perspektive sehr gute Voraussetzungen und Möglichkeiten, wesentliche Prinzipien und Methoden der kulturellen Bildung wie Partizipation, Interessenorientierung, Stärkenorientierung, Selbstwirksamkeit oder künstlerischen Eigenwert umzusetzen« (Arbeitsstelle »Kulturelle Bildung in Schule und Jugendarbeit NRW« 2015, S. 7). Ähnliche Anknüpfungspunkte ergeben sich für Filmprojekte mit Blick auf die Nutzung von Videoplattformen, für das Geschichten-Erzählen auf Basis von Social-Media- und Messenger-Postings, für die Werkpädagogik bei der Ausgestaltung von Making-Projekten unter Einbeziehung digitaler Technologie oder für Tanz-Projekte, die das Interesse an Games aufgreifen, die die Spielenden zum Tanz-Karaoke animieren. Es muss aber berücksichtigt werden, dass Kinder und Jugendliche verständlicherweise kein Interesse daran haben, dass ihre Vorlieben, Aktivitäten und Kulturräume pädagogisiert werden und Zielen Dritter dienen. Auf Partizipation und Berücksichtigung der intrinsischen Motivation der Zielgruppe kann jedoch aufgebaut werden.

Kinder und Jugendliche sind Expert*innen bei der Nutzung digitaler Geräte und Medien und diese Kompetenz können sie in Projekte miteinbringen. Allerdings bedeutet die Wahrnehmung, Achtung und der Einbezug kreativer Ausdrucksformen von Nutzenden nicht automatisch, dass diese einen reflektierten Umgang mit neuen Medien betreiben. Die Zahl derer, die innovativ und kreativ

Medien gestalten, bleibt ausbaufähig. Die Mehrheit der Kinder und Jugendlichen kann eine medienpädagogische Anleitung gut gebrauchen, um über den Tellerrand zu schauen, sich selbst zu hinterfragen, aktiv zu werden und etwas Neues auszuprobieren. Dabei ist durchaus zu berücksichtigen, dass viele Medien zunächst einmal den »Konsumenten« suchen und nicht etwa von sich aus zur Kreativität aufrufen. Hier sind (Medien)Pädagog*innen, Künstler*innen und Kulturschaffende gefragt, diese Vermittlungsarbeit zu leisten. Die Frage ist allerdings, ob sie die Kenntnisse und Kompetenzen mitbringen, Medien, das jeweilige Kulturfeld und Pädagogik gleichermaßen in Projekten abdecken zu können. An der Akademie der Kulturellen Bildung in Remscheid wurde in Zusammenarbeit mit der TH Köln ein Weiterbildungsformat »Kulturelle Bildung und Medienkompetenzen« KuBiMedia[9] entwickelt, erprobt und evaluiert. Dieses Projekt hat das Ziel, Künstler*innen und Kulturschaffenden sowohl Medienkompetenzen zu vermitteln, die sie wiederum in ihre künstlerische und kulturelle Arbeit mit einfließen lassen können, wie auch grundlegende pädagogische Konzepte und Methoden an die Hand zu geben. Motiv der Weiterbildungsteilnehmer*innen war, im Sinne einer Lebensweltorientierung, digitale Medien als Motivationsbasis ihrer Kultur- und Kunstvermittlung nutzbar zu machen. Auch wenn viele Künstler*innen und Kulturschaffende haupt- oder nebenberuflich in der Kulturellen Bildung tätig sind, fehlt ihnen meist eine pädagogische Ausbildung. Diese kann durch ein Weiterbildungsformat sicherlich nicht ersetzt werden und so erweist sich letztlich eine intensive Zusammenarbeit der Disziplinen als Königsweg, wenn Tandem-Teams gebildet werden, in denen sich die jeweiligen Kompetenzen wunderbar ergänzen. Das Weiterbildungsformat ist in diesem Sinne inzwischen an der Akademie verstetigt worden. Das Zusammenspiel von (Medien)Pädagogik, Kultureller Bildung und Kunstvermittlung in interdisziplinären Ansätzen und Projekten kann die Zielgruppenarbeit enorm bereichern und ermöglicht allen Beteiligten gleichermaßen den Blick über den Tellerrand.

Quellenverzeichnis

Arbeitsstelle »Kulturelle Bildung in Schule und Jugendarbeit NRW« (2015): Merkheft 5 – Fotografie in Schule und Jugendarbeit. Schriftenreihe der Arbeitsstelle »Kulturelle Bildung in Schule und Jugendarbeit NRW«: Remscheid.
Bilstein, J./Ecarius, J./Keiner, E. (Hrsg.) (2011): Kulturelle Differenzen und Globalisierung: Herausforderungen für Erziehung und Bildung. Wiesbaden: Springer.
Bockhorst, H. (2012): Handlungsfelder Kultureller Bildung. In: Bockhorst, H./Reinwand, V.-I./Zacharias, W. (Hrsg.): Handbuch Kulturelle Bildung. München: kopaed.

---

9 Die Dokumentation des Forschungs- und Entwicklungsprojekts KuBiMedia wurde im Magazin für Kulturelle Bildung der BKJ »Kulturelle Medienbildung« veröffentlicht und steht zum Download zur Verfügung: https://www.bkj.de/publikation/kulturelle-medien-bildung, Zugriff am 24.05.2020.

Buck, A. (2009): Die zentrale Rolle der Medienpädagogik in den Geisteswissenschaften. In: Palme, H.-J./Deibele, E./Fußmann, A. (Hrsg.): Von den Computerfreaks zur Mediengeneration. München: kopaed.

Brauneck, M. (1993): Theaterlexikon. Begriffe, Epochen, Bühnen und Ensembles. Hamburg: Reinbek.

Bundesvereinigung Kulturelle Jugendbildung (Hrsg.) (2001): Kulturelle Bildung und Lebenskunst. Ergebnisse und Konsequenzen aus dem Modellprojekt »Lernziel Lebenskunst«. Remscheid: BKJ-Verlag.

Bundesvereinigung Kulturelle Kinder- und Jugendbildung (BKJ) (2019): Kulturelle Bildung – Was ist das? https://www.bkj.de/weitere-themen/wissensbasis/beitrag/kulturelle-bildung-was-ist-das, Zugriff am 03.05.2020.

Caillois, R. (1958): Man, Play and Games. Chicago: University of Illinois Press.

Campbell, J. (1999): Der Heros in tausend Gestalten. Frankfurt a. M.: Insel.

Csíkszentmihályi, M. (1995): Das Flow-Erlebnis. Stuttgart: Klett-Cotta.

Deutsches Jugendinstitut (2006): Kompetenznachweis Lernen im sozialen Umfeld. https://www.dji.de/fileadmin/user_upload/5_kompetenznachweis/KB_Kompetenzliste_281206.pdf, Zugriff am 03.04.2015.

Eibl-Eibesfeldt, I. (1987). Grundriß der vergleichenden Verhaltensforschung. München: Piper.

Ermert, K. (2009): Was ist kulturelle Bildung. Bundeszentrale für politische Bildung. http://www.bpb.de/gesellschaft/bildung/kulturelle-bildung/59910/was-ist-kulturelle-bildung, Zugriff am 15.03.2019.

Ermert, K. (Hrsg.) (2007): Kulturelle Bildung und Schule. Netzwerke oder Inseln? Herausforderung für Praxis, Theorie und Politik. Wolfenbüttel.

Fleischer, S. & Hajok, D. (2016): Einführung in die medienpädagogische Praxis und Forschung. Kinder und Jugendliche im Spannungsfeld der Medien. Weinheim und Basel: Beltz Juventa.

Fritz, J. (2018): Wahrnehmung und Spiel. Weinheim und Basel: Beltz Juventa.

Fuchs, M. (2000): Bildung, Kunst, Gesellschaft. Beiträge zur Theorie und Geschichte der kulturellen Bildung. Bundesvereinigung Kulturelle Jugendbildung (Hrsg.): Band 55. Bundesvereinigung kulturelle Kinder- und Jugendbildung: Remscheid.

Geisler, M. (2018): Entfaltung und Wirksamkeit – Brücken zwischen Spieltheorie, kultureller Bildung und digitalem Spiel. In: von Gross, F. & Röllecke, R. (Hrsg.): Create & Play – Making, Coding und Mobile Gaming in Pädagogik und Bildung. Band 13 (S. 25 – 31). München: kopad.

Geisler, M. (2019): Digitale Spiele in der Medienpädagogik – Einstellungen, Erfahrungen und Haltungen von Spielleitenden. München: kopaed.

Götz, M. (2006): Mit Pokémon in Harry Potters Welt – Medien in den Fantasien von Kindern. München: kopaed.

Goffman, E. (1956): Wir alle spielen Theater. New York: Doubleday.

Helbig, C. (2014): Medienpädagogik in der Sozialen Arbeit – Konsequenzen aus der Mediatisierung für Theorie und Praxis. München: kopaed.

Helbig, C. (2016): Partizipation und Kulturelle Medienbildung in einer digitalen Medienwelt. In: KULTURELLE BILDUNG ONLINE: https://www.kubi-online.de/artikel/partizipation-kulturelle-medienbildung-einer-digitalen-medienwelt, Zugriff am 26.09.2018.

Hugger, K.-U. & Tillmann, A. (2014): Mediatisierte Kindheit – Aufwachsen in mediatisierten Lebenswelten. In: Hugger, K.-U./Fleischer, S./Tillmann, A. (Hrsg.): Handbuch Kinder und Medien (S. 31 – 45). Wiesbaden: Springer VS.

Huizinga, J. (1956): Homo Ludens. Vom Ursprung von Kultur und Spiel. Hamburg: Reinbek.

Hüther, G. & Quarch, C. (2016): Rettet das Spiel! Weil Leben mehr als Funktionieren ist. München: Hanser.

Hüther, J. & Schorb, B. (2005): Medienpädagogik. In: Hüther, J. & Schorb, B. (Hrsg.): Grundbegriffe Medienpädagogik. 4 (S. 265 – 276). München: kopaed.

Hurrelmann, K. & Quenzel, G. (2016): Lebensphase Jugend – Eine Einführung in die sozial- wissenschaftliche Jugendforschung. Weinheim: Beltz Juventa.

Jenkins, H. et al. (2006): Confronting the Challenges of Participatory Culture: Media Education for the 21st Century. Chicago: MacArthur.
Kempa, B. (2010): Filme machen. In: Kaminski, W. (Hrsg.): Medienkompetenz in der Sozialen Arbeit. Schwalbach/Ts: Wochenschau Verlag.
Kobi, E. E. (1994): Fehler. Die neue Schulpraxis. 64 (2), S. 5-10.
König, E. & Volmer-König, G. (2016): Einführung in das systemische Denken und Handeln. Weinheim Basel: Beltz Verlag.
Krabiel, K.-D. (1993): Brechts Lehrstücke. Entstehung und Entwicklung eines Spieltyps. Stuttgart: Springer.
Krotz, F. & Hepp, A. (2012): Mediatisierte Welten: Forschungsfelder und Beschreibungsansätze – Zur Einleitung. In: Krotz, F./Hepp, A. (Hrsg.): Mediatisierte Welten: Forschungsfelder und Beschreibungsansätze (S. 7 – 23). Wiesbaden: Springer VS.
Malo, S./Diener, H./Hambach, S. (2009): Spielend lernen in Alltag und Beruf. In: Sieck, J. & Herzog, M. A. (Hrsg.): Kultur und Informatik: Serious Games (S. 19-40). Boizenburg: Werner Hülsbusch.
Meis, M.-S./Mies, G.-A./Bieker, R. (2012): Grundwissen Soziale Arbeit 8. Künstlerisch-ästhetische Methoden in der Sozialen Arbeit. Stuttgart: Kohlhammer.
Müller-Schwarze, D. (1978): The Evolution of Play Behaviour. New York: Dowden, Hutchinson & Ross.
Murray, J. H. (1997): Hamlet on the Holodeck – The Future of Narrative in Cyberspace. Cambridge, MA: MIT Press.
Negroponte, N. (1998): Beyond Digital. WIRED Issue 6.12, December 1998. WIRED Ventures Ltd.: London archived by MIT: https://web.media.mit.edu/, Zugriff am: 24.05.2020.
Nietzsche, Friedrich: Ecce Homo. In: KSA 6, S. 255–374.
OECD – Organisation for Economic Co-operation and Development (2003): Definition and Selection of Competencies (DeSeCo). Liste Schlüsselkompetenzen. https://gegenwartdervergangenheit.files.wordpress.com/2011/12/liste-schlc3bcsselkompetenzen2-1.pdf, Zugriff am 03.04.2015.
Piaget, J. (1992): Psychologie der Intelligenz (3. in der Ausstattung veränd. Aufl.). Stuttgart: Klett-Cotta.
Pohlmann, H. & Waschk, M. (2015): Digitale Helden – globale Helden? – Kulturelle Diversität in Games. In: Keuchel, S./Kelb, V. (Hrsg.): Diversität in der Kulturellen Bildung. Bielefeld: transcript.
Pranz, S. (2009): Theatralität digitaler Medien: Eine wissenssoziologische Betrachtung medialisierten Alltagshandelns. Wiesbaden: VS-Verlag für Sozialwissenschaften.
Prensky, M. (2001): Digital game-based learning. Minn: Paragon House ed. St. Paul.
Rauscher, A. (2003): Das Phänomen Star Trek – Virtuelle Räume und metaphorische Welten. Mainz: Ventil Verlag.
Reich, K. (2005): Systemisch-konstruktivistische Pädagogik. Einführung in Grundlagen einer interaktionistisch-konstruktivistischen Pädagogik. Weinheim: Juventa.
Resnick, M. (2017): Lifelong Kindergarten – Warum eine kreative Lernkultur im digitalen Zeitalter so wichtig ist. Berlin: Bananenblau.
Röll, F. J. (1998): Mythen und Symbole in populären Medien. Der wahrnehmungsorientierte Ansatz in der Medienpädagogik. Frankfurt a. M.: Gemeinschaftswerk der Evangelischen Publizistik e. V.
Röll, F. S. (2003): Pädagogik der Navigation: Selbstgesteuertes Lernen durch Neue Medien. München: kopaed.
Salen, K. Zimmermann, E. (2003): Rules of Play: Game Design Fundamentals. Cambridge, MA: MIT Press.
Spanhel, D. (2011): Medienkompetenz oder Medienbildung? Begriffliche Grundlagen für eine Theorie der Medienpädagogik. Themenheft. Nr. 20: Medienbildung im Spannungsfeld medienpädagogischer Leitbegriffe. Zweitveröffentlichung des Beitrags in: Moser, H./Grell, P./Niesyto, H. (Hrsg.): Medienbildung und Medienkompetenz. Beiträge zu Schlüsselbegriffen der Medienpädagogik (S. 95 – 120). München: kopaed.
Süss, D./Lampert, C. & Wijnen, C. W. (2010): Medienpädagogik – Ein Studienbuch zur Einführung. Wiesbaden: VS Verlag für Sozialwissenschaften.

Theunert, H. & Wagner, U. (Hrsg.) (2002): Medienkonvergenz: Angebot und Nutzung. Eine Fachdiskussion veranstaltet von BLM und ZDF. München: BLM-Schriftenreihe, Band 70.

Wagner, M. (2008): Die 11 Kernkompetenzen der Medienpartizipation. https://weiterbildungsblog.de/blog/2008/09/10/die-11-kernkompetenzen-der-medienpartizipation/2237, Zugriff am 4.5.2020.

Wagner, U. (2017): Medienkonvergenz. In: Schorb, B./Hartung-Griemberg, A./Dallmann, C. (Hrsg.): Grundbegriffe Medienpädagogik (S. 262 – 265). München: kopaed.

Winnicott, D. W. (1973): Vom Spiel zur Kreativität. Stuttgart: Klett.

Zacharias, W. (2010): Kulturell-ästhetische Medienbildung 2.0. München: kopaed.

Ziehe, T. (1994): Der Gehalt der Symbole und die kulturelle Modernisierung von Jugend. In: AV-Information, Heft 1-2/94.

Ziehe, T. (2005): Post-Enttraditionalisierung. Beobachtungen zu einer veränderten Stimmungslage heutiger Jugendlicher. https://de.scribd.com/document/260855606/Thomas-Ziehe-Post-Enttraditionalisierung-Beobachtungen-zu-einer-veranderten-Stimmungslage-heutiger-Jugendlicher, Zugriff am 23.11.2018.

Zirfas, J. & Klepacki, L. (2011): Geschichte der ästhetischen Bildung. Band 2. Frühe Neuzeit. Paderborn: Schöningh.

3 Theoretische Zugänge zu Spielen in der digitalen Kultur

Sebastian Ring

Historisch betrachtet zählen digitale Spiele zu den neueren Phänomenen menschlicher Interaktion und Handelns. Mit der Entwicklung von Computertechnologie in der Mitte des vergangenen Jahrhunderts entstanden auch sehr früh erste spielerische Anwendungen und Nutzungsweisen. Digitale Spiele fanden im Kontext dieser Technologieentwicklung vor allem im akademischen Milieu Anwendung. Dies drückte sich nicht nur in ersten Simulationen aus, sondern auch in Multi-User-Anwendungen wie den MUDs (vgl. Bartle 1990). Die wissenschaftliche Beschäftigung mit digitalen Spielen jenseits technischer oder gestalterischer Fragen setzte mit dem interdisziplinären Forschungsfeld der Game Studies (vgl. Aarseth 2006) spätestens in den 1990er Jahren ein.

3.1 Digitale Spielwelten als Räume für spielerische und spielbezogene Interaktion

Die Pädagogik blickt aus verschiedenen Blickwinkeln auf digitale Spiele: Forschung und pädagogische Praxis zum Thema Spiel finden sich vor allem in den Bereichen der kulturellen Bildung, der Spielpädagogik oder der Medienpädagogik, sowie in Hinblick auf Fragen des Kinder- und Jugendschutzes. Den jeweils unterschiedlichen Formalobjekten sind in der Diskussion auch unterschiedliche Bewertungen digitaler Spiele geschuldet. Digitale Spiele sind eben je nach Fragestellung beides: einerseits Spiele und andererseits (Massen-)Medien (vgl. Krotz 2008) sowie Räume für Interaktion und Kommunikation mit sozialräumlicher Funktion für die Spielenden (vgl. Kuhn 2010). In den Game Studies wurde diese Frage lange in der Diskussion zwischen ludologischen und narratologischen Positionen verhandelt. Das Feld wird in Hinblick auf pädagogische Fragestellungen noch komplexer. Digitale Spiele sind nicht nur Modus und Ort von Interaktion, sondern auch deren Gegenstand. Die Bandbreite von Kommunikation über digitale Spiele reicht von journalistischen Beiträgen über multimedialen und user generated content in Foren, Let's Play Videos oder Fan-Art, Werbung für Spiele, Vertriebsplattformen wie Steam, Streamingplattformen wie Twitch, Community- und Chatplattformen wie Teamspeak oder Discord bis hin zu – mehr oder weniger stark strukturierten – Spielendengemeinschaften von Clans und Gilden (siehe Geisler 2009). Über die unmittelbaren Spielstrukturen hinaus – aber auch oft strukturell eng mit ihnen verwoben – bestehen somit weitere Handlungsbereiche, die aus medienpädagogischer Perspektive und mit Blick auf Partizipation in digitalen Spielwelten von hoher Relevanz für junge Spielende sind (siehe auch Beranek & Ring 2016). Spielen oder spielerisches Handeln findet zudem nicht nur innerhalb von digitalen Spielen statt, sondern beispielsweise auch in Form von performativer und spielerischer Interaktion auf Social Media Plattformen.

So spannt sich ein weites Feld der pädagogischen Reflexion auf. Ob klassische theoretische Zugänge zu Spiel sich in der pädagogischen Diskussion auch bruchlos auf digitale Spielwelten anwenden lassen, ist vielfach umstritten (siehe etwa Fromme 2015). Ich möchte aber dafür argumentieren, das Spielen als spezifische Form menschlicher Interaktion in den Mittelpunkt der Reflexion zu stellen. Diese Interaktion findet eben unter besonderen Bedingungen statt, die den Spielenden in der Regel zumindest weitgehend bekannt sind. Die Bedingungen von Interaktion gerade in digitalen Räumen sind in ihrer jeweiligen Komplexität allerdings nicht ohne weiteres leicht zu durchschauen und im Rahmen einer pädagogischen Bewertung zu reflektieren (siehe Eric Müller »Die handlungsorientierte Medienpädagogik als Akteurin in einer mediatisierten Gesellschaft«). Gleichzeitig sind die Bedingungen von spielerischer Interaktion immer auch Aushandlungsprozessen zwischen den Spielenden unterworfen. Wie gespielt wird, was gespielt wird, auch wie sich die Spielenden zu den von Spielentwickler*innen definierten Narrationen und Regelsystemen verhalten, bestimmen die Spielenden in Abhängigkeit ihrer Kompetenzen, Fertigkeiten und Fähigkeiten zumindest mit. Natürlich vollziehen sich diese Aushandlungsprozesse nicht in einem wertfreien Raum. Solche normativen Aushandlungsprozesse finden in einem erweiterten Zusammenhang statt – wie beispielsweise Mia Consalvo zum Thema Macht und Gaming Capital als besondere Form des kulturellen Kapitals im Kontext von Cheating erläutert (Consalvo 2007).

3.2 Grundzüge von Spieltheorien

Was Spielen, Spiele oder Spiel genau sind, ist in der abendländischen Diskussion und Forschung seit Anbeginn Gegenstand der Betrachtungen gewesen. Die unterschiedlichen theoretischen Zugänge beziehen sich jeweils auch auf ihren Zeitgeist, umfassen verschiedene Zugänge und setzen Spiel in Kontext zu anderen Lebensbereichen wie Arbeiten und Lernen. Was Spiel ist, ist dabei keineswegs eindeutig zu beantworten. Ludwig Wittgensteins Analyse des Begriffs *Spiel* in den *Philosophischen Untersuchungen* 66 und 67 aus dem Jahr 1953 (Wittgenstein 2001, S. 258–259), anhand derer er den Familienähnlichkeitsbegriff erläutert, weist nach, dass die verschiedenen Formen von Spiel zwar gewisse Ähnlichkeiten, allerdings kein notwendigerweise gemeinsames Kriterium haben. Das, was mit dem Begriff des Spiels bezeichnet wird, stellt sich in seiner Gesamtheit als ein überaus heterogener Sachverhalt dar. Spiele kann man allein oder mit anderen spielen, unter Zuhilfenahme von Gegenständen und Geräten wie Puppen, Spielbrettern, Figuren und Karten oder technischen Geräten wie dem Computer. Das Schauspiel im Theater oder das musikalische Spiel auf Instrumenten, Zirkusspiele oder Sport, sie alle greifen auf denselben Begriff zurück, implizieren aber durchaus unterschiedlich ausgerichtete Tätigkeiten und Interaktions- und Gesellungsformen. Rein von außen und objektiv scheint nur schwer bestimmbar, ob es sich bei einer Handlung oder Interaktion um Spielen handelt, ohne die subjektive Innenperspektive der Spielenden einzubeziehen.

Die spielerische Beschäftigung mit der den Menschen umgebenden Welt gehört zu den Urprinzipien menschlichen Handelns und Lernens. Das menschliche Spiel gilt allgemein als ganzheitliche, offene, freiwillige, intrinsisch motivierte und subjektorientierte Handlungs- und Lernform. Die Potenziale des Spielens für die gelingende Entwicklung des Menschen – sowohl im Hinblick auf die Identitätsentwicklung als auch soziale Integration – sind in der Entwicklungspsychologie anerkannt (Mogel 2008, Fritz 2004). Das Spiel kann auf eine lange Geschichte zurückblicken. Spielzeuge wie beispielsweise Tontiere, Puppen oder keramische Lärminstrumente sind schon für die jüngere Steinzeit nachgewiesen (vgl. Oerter 1993, S. 77ff). Zum Spielen wurden seit jeher auch Spielgeräte verwendet. Neben dem spielerischen Umgang mit jenen Gegenständen, die der Mensch in seiner Umwelt vorfindet und deren primärer Verwendungszweck durch einen spielerischen Zweck ersetzt wird – gerade Kinder eignen sich auf diese Weise ihre Umwelt an – wurden auch Artefakte als spezielle Spielgeräte geschaffen. Zu solchen technischen Spielmitteln zählen heute auch digitale Systeme und Geräte.

Die Rollen, die man dem Spiel beigemessen hat, waren über die Jahrtausende durchaus unterschiedliche. Neben der philosophischen und wissenschaftlichen Reflexion war Spiel auch Gegenstand von künstlerischen Darstellungen, etwa als Darstellung von Spiel auf antiken Mosaiken, im Codex Manesse aus dem 14. Jahrhundert oder auf dem Gemälde *Die Kinderspiele* von Peter Bruegel des Älteren. Bereits in der antiken Philosophie wurden dem Spielen Funktionen beigemessen, so diente es etwa der Erholung, der Erkenntnis und war aber auch durch alltägliche Aufgaben gerahmt und begrenzt. In der Pädagogik setzte die systematische Auseinandersetzung mit dem Spiel im 18. Jahrhundert ein. Im Fokus des Interesses standen die Schulung von Kindern und ihre Vorbereitung auf gesellschaftliche Rollen durch die Befriedigung des Spieltriebs etwa bei Rousseau oder Locke (vgl. Neitzel 2012, S. 23). Leibniz formulierte, dass Spiele nützlich für die Erkenntnisgewinnung, Wissensvermittlung und das Training durch reduzierte Simulation komplexer Zusammenhänge und Wirkmechanismen sein könnten (vgl. Freyermuth 2015, S. 194). In der Neuzeit war es Friedrich Schiller (Schiller 1795/2000, S. 58–70), der in seinen Briefen über die ästhetische Erziehung des Menschen die Bedeutung von Spiel für die ganzheitliche Persönlichkeitsentwicklung und -entfaltung, den Erwerb von Fähigkeiten und Fertigkeiten sowie die soziale Gemeinschaft hervorhob. Der Spieltrieb des Menschen gilt ihm als Bedingung der Möglichkeit völliger Freiheit, als Bewegung der Versöhnung zwischen sinnlich-äußerem und rational-innerem Formtrieb. In der ersten Hälfte des 20. Jahrhunderts etablierte sich der Begriff des *homo ludens* als Beschreibung für den spielenden Menschen und die Bedeutung des Spiels für das Menschsein. Diesen Begriff prägte der niederländische Kulturhistoriker Johan Huizinga mit seinem Hauptwerk (Huizinga 1938/1956). Darin beschreibt er die Mechanismen und Wirkungen des Spiels bei der Entwicklung, Ausformung und Festigung unserer kulturellen und sozialen Systeme. Huizinga charakterisiert das Spiel folgendermaßen: »Spiel ist eine freiwillige Handlung oder Beschäftigung, die innerhalb gewisser festgesetzter Grenzen von Zeit und Raum nach freiwillig angenommenen, aber unbedingt bindenden Regeln verrichtet wird, ihr Ziel in sich selber hat und begleitet wird von einem Gefühl der Spannung und Freude und einem Bewusstsein des ›Andersseins‹ als das ›gewöhnliche Leben‹« und wird zugleich als »eins der allerfundamentalsten geistigen Elemente des Lebens« verstanden (Huizinga 1938/1956, S. 34).

Huizingas Theorie des Spiels betont dabei *soziale und kulturelle* Funktionen des Spielens. In Anknüpfung an und Weiterentwicklung von dessen Theorie erarbeitete Roger Caillois (1958/2001) eine Spieltheorie als Zivilisationstheorie. Darin beschreibt er Spiel als triebgesteuerte Tätigkeit, die sich auf unterschiedliche, aber miteinander verwobene Weisen ausdrückt: *Paidia* und *Ludus*. Paidia, das ungeregelte, spontane Spiel, und die disziplinierende und differenzierende Kraft des Ludus, die es ermögliche, »den Spieltrieb kulturell nutzbar zu machen« (Neitzel 2012). Die hierin ausgedrückte begriffliche Differenzierung verschiedener Formen und Funktionen von Spieltätigkeiten in Hinblick auf ihre subjektive und soziale Bedeutung findet sich auch bei anderen Autor*innen. In pädagogischen und entwicklungspsychologischen Theorien gilt Spiel vielfach als zentrales Mittel des Lernens und der Aneignung von Welt durch Kinder (siehe Mogel 2008 oder Oerter/Montada 2002). In sozialpsychologischer Perspektive betont beispielsweise George Herbert Mead in seiner Theorie symbolvermittelter Interaktion Spiel (*play*) als Grundlage von Identitätsentwicklung und die Bedeutung von Spiel (*game*) für Vergemeinschaftungsprozesse (siehe Morris 1967). Der Erziehungswissenschaftler Hans Scheuerl beschreibt: »Spiel, spielen ist ein Bewegungsablauf, der durch die Momente der Freiheit, der Ambivalenz, der relativen Geschlossenheit und der besonderen Zeitstruktur und Realitätsbeziehung (›innere Unendlichkeit‹, ›Scheinhaftigkeit‹, ›Gegenwärtigkeit‹) von anderen Bewegungsabläufen unterschieden werden kann. Spieltätigkeiten (play) sind dann dadurch definiert, dass sie solche Bewegungsabläufe erzeugen oder aufrechterhalten. Spiele (games) sind improvisierte oder tradierte Vereinbarungs- und Regelgebilde, in deren Rahmen oder nach deren Norm man mittels Spieltätigkeiten jene Bewegungsabläufe erzeugt und gestaltet ...« (Scheuerl 1975, S. 347ff.). Nida-Rümelin betont den Handlungsspielraum und die Wirksamkeit der Spielenden bei der Ausgestaltung von Spielregeln. »Der homo ludens kann aus einem Spiel aussteigen, und er kann das Spiel modifizieren. Der homo ludens erfindet und legt Strukturen, er richtet sich nach den von ihm erfundenen und etablierten Regeln der Interaktion« (Nida-Rümelin 1995, S. 139).

Zusammenfassend lassen sich zentrale Elemente klassischer Theorien des Spiels charakterisieren: Spiel hat eine personale Dimension in Hinblick auf die Spielenden selbst und eine soziale in Hinblick auf ihre direkten Interaktionspartner*innen im Spiel und jene darüber hinaus (z. B. Spielentwickler*innen, Let's

Play-Produzent*innen) bis hin zu je spezifischen kulturellen, sozialen und normativen Rahmenbedingungen, in denen Spiele entstanden sind und gespielt werden. Spiel hat weiterhin eine materiale und formale Dimension, in Hinblick auf die Spielmaterialien und Spielregeln. Unabhängig von den spezifischen Eigenheiten, Mehrwerten und Limitationen digitaler Spiele werden diese in erster Linie dadurch zu Spielen, dass Menschen diese Software und Hardware zum Spielen nutzen und ihr Handeln als Spielen empfinden oder bezeichnen. Spielen kann insgesamt als eine ganzheitliche, offene, freiwillige und subjektorientierte Handlungs- und Lernform angesehen werden. Zusammengefasst zählen zu den wesentlichen Aspekten spielerischer Handlungen: Freiwilligkeit im Sinne der freiwilligen Zuwendung zum Spiel, der freien Vereinbarung der Mitspieler*innen über Zeit, Ort und Raum, der freiwilligen Gestaltung und Akzeptanz von Regeln, sowie die Selbstzwecklichkeit des Spiels.

3.3 Game Studies

Neuere Theorien digitaler Spiele begreifen Spiele ontologisch einerseits als Objekte und andererseits als Erfahrung. Im Gegensatz zu analogen Spielformen nutzen digitale Spiele Computertechnologie. Hierbei sind Hardware und Software gleichermaßen von Bedeutung. Weniger relevant ist die Frage danach, ob digitale Spiele am PC, an der Konsole oder auf dem Smartphone gespielt werden oder ob beispielsweise Roboter oder andere digitale Spielsachen verwendet werden – bei aller Unterschiedlichkeit, allen Besonderheiten und Limitationen der einzelnen Geräte.

Aarseth beschreibt Spiele als ergodische Systeme (Aarseth 1997). Ergodik ist dabei die Eigenschaft eines Systems, das Interaktion nach bestimmten Regeln evaluiert und einen bestimmten Erfolg determiniert, den der Spieler erreichen möchte. Jesper Juul beschreibt Spiel als: »a rule-based system with a variable and quantifiable outcome, where different outcomes are assigned different values, the player exerts effort in order to influence the outcome, the player feels attached to the outcome, and the consequences of the activity are optional and negotiable« (Juul 2005, S. 36). Ontologisch betrachtet kommt laut Juul den Regeln von Spielen der Status von Realität zu, wohingegen die virtuellen Welten und mit ihnen die Narration von digitalen Spielen selbst fiktiv sind. Sie sind »half-real« (Juul 2005). Katie Salen und Eric Zimmerman beschreiben Regeln als die inneren, formalen Strukturen von Spielen. Sie differenzieren dabei zwischen abstrakten, mathematischen Regeln (*constitutive rules*), Verhaltensregeln (*operational rules*) und Normen sowie Regeln der Etikette und Fairness (*implicit rules*) (Salen & Zimmerman 2005, S. 88).

Digitale Spiele lassen sich in dieser Auffassung als softwarebasierte Regelsysteme charakterisieren, die Spielhandlungen ermöglichen und anregen, in die oftmals narrative Elemente eingebettet sind, die virtuelle Welten erzeugen und gleichzeitig die Regeln vermitteln. Digitale Spiele weisen im Unterschied zu anderen virtuellen Welten und Onlinekommunikationsräumen formale Merkmale des Spiels auf (vgl. Jörissen 2010, S. 119). Beim Spielen spannen die Spielenden verschiedene Selbst- und Weltverhältnisse auf. Digitale Spiele präsentieren entsprechend ihrer formal-ästhetischen Verfasstheit mehr oder weniger komplexe Menschen- und Weltbilder und machen diese interaktiv-ästhetisch erfahrbar. Die in digitalen Spielen dargestellten Menschen- und Weltbilder können sowohl realitätsnahe Abbildungen als auch pure Fiktion hervorbringen. In beiden Fällen sind die Abbildungen nicht identisch mit der Wirklichkeit, sondern deren komplexitätsreduziertes Abbild. In beiden Fällen gilt aber auch: Sie sind erstens in einer spezifischen kulturellen Situation kreiert worden und sind somit notwendigerweise mit der sozialen Realität der Entwickler*innen verknüpft. Zweitens werden sie durch die Spielenden vor ihrem jeweils spezifischen lebensweltlichen Hintergrund interpretiert. Es ist aber dem Charakter von Computerspielen als Spielen geschuldet, dass die Spielhandlungen nicht in einem direkten kausalen Verhältnis zur sozialen Realität der Spielenden stehen. Spielen heißt immer, so zu tun, als ob. Komplexe Zusammenhänge der abgebildeten Welt werden im Spiel als interaktive, ästhetische Erfahrung vermittelt. Der Spielende ist Teil dieser Welt und gestaltet sie mit. Somit können Spielende (fiktive) soziale Rollen und Identitäten und die mit ihnen verbundenen Handlungs- und Erlebensweisen erproben (Zapf 2009, S. 13).

3.4 Diskurse über Spiel

Der Dynamik der Entwicklung digitaler Technologie, digitaler Spiele und Kommunikationsplattformen ist ein Forschungsbedarf geschuldet, um ein besseres Verständnis zu erlangen, wie Kinder und Jugendliche in digitalen Spielwelten interagieren und miteinander spielen und welche Mehrwerte und Risiken dadurch für sie entstehen können. Digitale Spiele erfahren im Verhältnis zu analogen Spielen oftmals eine risikoorientiertere Bewertung. Dies gilt für den öffentlichen Diskurs im Allgemeinen (Kowert/Quandt 2015) ebenso wie den pädagogischen Diskurs im Besonderen (Brand/Fuhs/Schneider 2014). Die Gründe hierfür sind verschiedene und haben nicht nur mit der Neuartigkeit und Spezifika digitaler Spiele zu tun. Britta Neitzel weist beispielsweise unter Bezugnahme auf Sutton-Smith und Caillois auf eine ideelle Überhöhung des (analogen) (Kinder-)Spiels und die Ausblendung von Risiken und negativen Aspekten in der pädagogischen Theorie hin (Neitzel 2012).

Für die Pädagogik bietet insbesondere die UN-Kinderrechtskonvention Anknüpfungspunkte für eine differenzierte Betrachtung der Mehrwerte und Limitationen des Spielens in digitalen Spielwelten. Die Kinderrechte umfassen dabei auch die Gruppe der Jugendlichen bis zum Alter von 18 Jahren und sie fußen auf den Säulen des Schutzes, der Befähigung und der Beteiligung. Artikel 17 beschreibt die Rolle von Massenmedien, fordert Zugangsrechte zu geeigneten und relevanten Informationen für Kinder ebenso wie geeigneter Schutzrichtlinien. Artikel 31 der UN-Kinderrechtskonvention beschreibt das Recht des Kindes auf Spiel: »(1) Die Vertragsstaaten erkennen das Recht des Kindes auf Ruhe und Freizeit an, auf Spiel und altersgemäße aktive Erholung sowie auf freie Teilnahme am kulturellen und künstlerischen Leben. (2) Die Vertragsstaaten achten und fördern das Recht des Kindes auf volle Beteiligung am kulturellen und künstlerischen Leben und fördern die Bereitstellung geeigneter und gleicher Möglichkeiten für die kulturelle und künstlerische Betätigung sowie für aktive Erholung und Freizeitbeschäftigung.« (Art. 31 UN Kinderrechtskonvention). Der General Comment No. 17 aus dem Jahr 2013 spezifiziert Mehrwerte und Risiken digitaler Kommunikationsräume: »These platforms offer huge benefits – educationally, socially and culturally – and States parties are encouraged to take all necessary measures to ensure equality of opportunity for all children to experience those benefits. Access to the Internet and social media are central to the realisation of Article 31 rights in the globalised environment.« Darüber hinaus werden explizit spezifische Risiken digitaler Kommunikationsräume benannt: Kontaktrisiken, Konfrontationsrisiken, mangelnde Repräsentation kultureller Vielfalt und die Verdrängung anderer Aktivitäten (z. B. Bewegung). (General comment no. 17, 2013).

Für einen zeitgemäßen Zugang zum Thema Spiel in verschiedenen pädagogischen Feldern gilt es, diese Kontexte von Spielen und spielbezogener Interaktion in digitalen Spielwelten genauer zu untersuchen und zu normativen Perspektiven (z. B. den Forderungen der UN-Kinderrechtskonvention) in Beziehung zu setzen. Zielorientierung ist dabei, junge Menschen dabei zu unterstützen, die Lern und Aneignungspotenziale von Spiel auch in der digitalen Kultur zu entfalten.

Quellenverzeichnis

Aarseth, E. (1997): Cybertext: Perspectives on Ergodic Literature. Baltimore: Johns Hopkins University Press.
Aarseth, E. (2006): Warum Game Studies. In: Kaminski, Winfred; Lorber, M. (Hrsg.): Clash of realities. Computerspiele und soziale Wirklichkeit (S. 25-33). München: kopaed.
Bartle, R. (1990): Hearts, Clubs, Diamonds, Spades: Players who suit MUDs. Online veröffentlicht unter: https://mud.co.uk/richard/hcds.htm, Zugriff am 01.05.2020.
Beranek, A. & Ring, S. (2016): Nicht nur Spiel – Medienhandeln in digitalen Spielwelten als Vorstufe zu Partizipation. In: merz medien+erziehung WISSENSCHAFT. Heft 6, S. 22-32.
Brand, D./Fuhs, B./Schneider, S. (2014): Der pädagogische Blick auf Spielen und den Wandel der Spielformen. In: Demmler, K./Lutz, K./Ring, S.: Computerspiele und Medienpädagogik. Konzepte und Perspektiven (S. 65-72). München: kopaed.
Caillois, R. (1958/2001): Man, Play and Games. Chicago: University of Illinois Press.
Consalvo, M. (2007): Cheating. Gaining Advantage in Videogames. Cambridge: MIT Press.

Freyermuth, G. S. (2015): Games. Game Design. Game Studies. Eine Einführung. Bielefeld: transcript.
Fritz, J. (2004): Das Spiel verstehen. Eine Einführung in Theorie und Bedeutung. Weinheim: Juventa.
Fromme, J. (2015): Game Studies und Medienpädadagogik. In: Sachs-Hombach, K. & Thon, J.-N. (Hrsg.): Game Studies. Aktuelle Ansätze der Computerspielforschung (S. 279-315). Köln: Herbert von Halem-Verlag.
Geisler, M. (2009): Clans. Gilden. Gamefamilies. Soziale Prozesse in Computerspielgemeinschaften. Weinheim: Juventa.
Huizinga, J. (1956): Homo ludens. Vom Ursprung der Kultur im Spiel. Hamburg: Rowohlt.
Juul, J. (2005): Half-real. Video games between real rules and fictional worlds. Boston: Massachussets Institute of Technology Press.
Kowert, R. & Quandt, T. (2015): The Video Game Debate: Unravelling the Physical, Social, and Psychological Effects of Video Games. London: Routledge.
Krotz, F. (2008): Computerspiele als neuer Kommunikationstypus. Interaktive Kommunikation als Zugang zu komplexen Welten. In: Quandt, T./Wimmer, J./Wolling, J. (Hrsg.). Die Computerspieler. Studien zur Nutzung von Computergames. 2. Aufl. (S. 25-40). Wiesbaden: VS Verlag für Sozialwissenschaften.
Kuhn, A. (2010): Der virtuelle Sozialraum digitaler Spielwelten. Struktur und Auswirkungen auf das Spiel erleben. In: Kaminski, W./Lorber, M. (Hrsg.), Computerspiele: Medien und mehr … (S. 129-146). München: kopaed,
Mogel, H. (2008): Psychologie des Kinderspiels. 3. aktualisierte und erweiterte Auflage. Berlin, New York: Springer.
Morris, C. W. (Hg.) (1967): Mind, Self, and Society: From the Standpoint Of A Social Behaviorist (Works of George Herber Mead). Chicago, Illinois: University of Chicago Press.
Neitzel, B. (2012): Involvierungsstrategien des Computerspiels. In: GamesCoop (Hrsg.), Theorien des Computerspiels zur Einführung (S. 75-103). Hamburg: Junius.
Nida-Rümelin, J. (1995): Spielerische Interaktion. In: Rötzer, F. (Hrsg.): Schöne neue Welten? Auf dem Weg zu einer neuen Spielkultur. München: Boer, S. 129-140.
Oerter, R. (1993): Psychologie des Spiels. Ein handlungstheoretischer Ansatz. München: Quintessenz (Quintessenz-Lehrbuch).
Oerter, R. & Montada, L. (Hg.) (2002): Entwicklungspsychologie. Weinheim: BeltzPVU.
Salen, K./Zimmerman, E. (2005): Game Design Reader: A Rules of Play Anthology. Cambridge: MIT Press.
Scheuerl, H. (Hrsg.) (1975): Theorien des Spiels. Weinheim/Basel: Beltz.
Schiller, F. (2000): Über die ästhetische Erziehung des Menschen. Stuttgart: Reclam.
Wittgenstein, L. (2001): Philosophische Untersuchungen. Frankfurt am Main: Suhrkamp.
Zapf, H. (2009): Computerspiele als Massenmedien. Simulation, Interaktivität und Unterhaltung aus medientheoretischer Perspektive. In: Bevc, T. & Zapf, H. (Hrsg.): Wie wir spielen, was wir werden. Computerspiele in unserer Gesellschaft. Konstanz: UVK Verl.-Ges., S. 11-25.

4 Die Handlungsorientierte Medienpädagogik als Akteurin in einer mediatisierten Gesellschaft

Eric Müller

Die handlungsorientierte Medienpädagogik ist eine vergleichsweise junge Strömung in der Medienpädagogik, die den Anspruch hat, die Bedingungen und Folgen der Mediatisierung für die Entwicklung von Kindern und Jugendlichen umfassend zu verstehen und zu gestalten. Der Artikel gibt einen Überblick über die zentralen Begriffe und Entwicklungen in der handlungsorientierten Medienpädagogik.

Dazu wird die handlungsorientierte Medienpädagogik selbst als Akteurin begriffen, die sich in dreifacher Hinsicht als handelnd versteht. Erstens: Kinder und Jugendliche begreift die handlungsorientierte Medienpädagogik als gesellschaftliche Subjekte, die sich aktiv handelnd mit ihrer sozialen Umwelt auseinandersetzen. Die Voraussetzung dafür, Medien für diesen Zweck souverän und selbstbestimmt in den Dienst zu nehmen, ist die Entwicklung von Medienkompetenz. Zweitens: Die handlungsorientierte Medienpädagogik handelt selbst professionell, um die Bedingungen der Mediensozialisation zu erforschen und Heranwachsende bei der Entwicklung von Medienkompetenz pädagogisch zu unterstützen. Drittens: Die handlungsorientierte Medienpädagogik ist eine gesellschaftliche Akteurin, die Verantwortung dafür übernimmt, den sozialen und kulturellen Wandel infolge der Mediatisierung zu begleiten und die Teilhabemöglichkeiten von Kindern und Jugendlichen in der mediatisierten Gesellschaft positiv zu gestalten.

4.1 Die handlungsorientierte Medienpädagogik ist Grenzgängerin

Allein in den vergangenen zehn Jahren haben sich die Bedingungen für das Aufwachsen von Kindern und Jugendlichen mit Medien grundlegend verändert. Das lässt sich exemplarisch an der Nutzung und Verbreitung von Smartphones unter Heranwachsenden zeigen. Noch im Jahr 2010 war die Technologie unter 12- bis 19-Jährigen kaum verbreitet und ist innerhalb von zehn Jahren zu einem integralen Bestandteil der Medienausstattung von über 90 % der Jugendlichen geworden (Feierabend/Rathgeb/Reutter 2018, S. 66–67; 2020, S. 7). Das Smartphone hat aufgrund seiner Multifunktionalität und Individualisierbarkeit eine hohe Bedeutung für die Alltagsbewältigung von Jugendlichen (Krotz 2014). Es begleitet sie in nahezu allen Situationen, beispielsweise in der Schule, Freizeit, der Familie oder allein in ihren Kinderzimmern. Gleichzeitig nutzen es Jugendliche zur Kommunikation, zur Unterhaltung oder um sich über Themen zu informieren, die für sie wichtig sind (Feierabend/Rathgeb/Reutter et al. 2020; vertiefend dazu Knop et al. 2015).

Die Dynamik dieser tiefgreifenden Mediatisierung wird durch Krotz (2007) beschrieben »als fortschreitende Entgrenzung der Einzelmedien und eines Zusammenwachsens zu einem integrierten Kommunikationsnetz [...], das sich über Alltag und Gesellschaft legt« (Krotz 2007, S. 85). Dabei sind die sozialen und kulturellen Folgen des anhaltenden Medienwandels, der gegenwärtig über die Digitalisierung einen deutlichen Schub erfährt, nicht absehbar. Der Wandel betrifft jedoch alle Ebenen des menschlichen Zusammenlebens und reicht bis tief in die Lebenswelt von Kindern und Jugendlichen hinein (Krotz 2007).

Die handlungsorientierte Medienpädagogik steht vor der Herausforderung, sich mit den Folgen der Mediatisierung für die Entwicklung von Kindern und Jugendlichen auseinanderzusetzen. Medien sind integraler Bestandteil der Lebenswelt und der Gesellschaft. Die Voraussetzungen für einen souveränen und selbstbestimmten Umgang mit Medien erwerben Heranwachsende in ihrer Sozialisation. Um die Bedeutung von Medien in der Entwicklung zu verstehen und Kinder und Jugendliche bei der Entwicklung zu handlungsfähigen Subjekten zu unterstützen, wird die handlungsorientierte Medienpädagogik zu einer inter- und transdisziplinären Grenzgängerin und integriert Erkenntnisse, Theorien und Forschungsansätze aus benachbarten Disziplinen (Schorb 2017a, S. 137).

> »Integrale Medienpädagogik, im Sinne der Zusammenführung theoretischer und empirischer Erkenntnisse der eigenen und verwandter Disziplinen, bildet die Basis handlungsorientierter Medienpädagogik in dem Sinne, dass es durch sie möglich wird, Medienalltag und das Medienhandeln der Subjekte zu analysieren, also den Prozess der Medienaneignung in seiner gesellschaftlichen Bedingtheit und seiner individuellen Ausprägung transparent zu machen, und so die Grundlage für pädagogisches Handeln zu legen, anders gesagt, das Handeln zu orientieren.« (Schorb 2008, S. 75)

Die beiden wichtigsten Bezugsdisziplinen sind die Kommunikationswissenschaft, mit der sie das Medienhandeln von Subjekten als Gegenstand teilt, und die Pädagogik, mit der sie die Frage teilt, wie die Entwicklung von souveränen und selbstbestimmten Subjekten unterstützt werden kann (Schorb 2008, S. 75). Darüber hinaus integriert die handlungsorientierte Medienpädagogik Ansätze aus der Sozialen Arbeit, der kulturellen Bildung (siehe: Geisler & Pohlmann »Kulturelle Bildung«), den Sozialwissenschaften, der Entwicklungspsychologie, der Sozialpsychologie, Politologie, Ökonomie, Rechtswissenschaften, Medizin, Neurologie und der Informatik (Schorb 2008, S. 76).

Aber auch die medienpädagogische Praxis stellt einen Bezugspunkt für die handlungsorientierte Medienpädagogik dar (Schorb 2008). Auf der einen Seite verfügt sie mit Ansätzen der aktiven (Rösch 2017) oder themenzentrierten Medienarbeit (Schorb 2017a, S. 140–141) über originäre Ansätze für pädagogisches Handeln. Darüber hinaus ist die Medienpädagogik aber auch integraler Bestandteil einer großen Bandbreite pädagogischer Handlungsfelder, die sich mit den mediatisierten Bedingungen des Aufwachsens direkt oder indirekt beschäftigen. Dazu gehören beispielsweise die Jugendarbeit, die Jugendhilfe, die Schulpädagogik oder die Erwachsenenbildung (Hugger 2020, S. 23–24). Diese stehen ihrerseits vor der Herausforderung, sich mit den Bedingungen und Wechselwirkungen des mediatisierten Alltags von Kindern und Jugendlichen auseinanderzusetzen. Zugleich sehen sie sich auch damit konfrontiert, dass Medien selbst Teil ihres professionellen Handelns sind (Helbig 2017).

4.2 Die Entwicklung der Medienpädagogik vom Bewahren zum Handeln

Innerhalb der Medienpädagogik gibt es einen Konsens darüber, dass ihre Entwicklung als eigenständiges Fach etwa zwischen dem Ende des 19. und dem Beginn des 20. Jahrhunderts ihren Anfang nahm (beispielsweise Hüther & Podehl 2017; Süss/Lampert/Trueltzsch-Wijnen 2013). Dieser Zeitpunkt ist durch einen *Mediatisierungsschub* (Krotz 2007, S. 44) gekennzeichnet, in dessen Folge »Medien und Kommunikationstechnologien zu einem fixen Bestandteil gesellschaftlicher Modernisierungsprozesse […] und fest in das Alltagsgefüge der Menschen integriert« (Steinmaurer 2016, S. 211) wurden. Zum Ende des 19. Jahrhunderts war es die Zeitung, die als erste Form der Massenkommunikation derart etabliert war (Hüther & Podehl 2017).

Mit den technischen Möglichkeiten der Produktion von Printerzeugnissen verbreitete sich unter jungen Menschen aber auch Trivialliteratur wie der sogenannte Groschenroman. Dieser *Schundliteratur* wurde von Lehrer*innen und Kirchenvertreter*innen eine omnipotente und negative Wirkung auf die Entwicklung von Kindern und Jugendlichen zugeschrieben. Die Verbreitung des Films im ersten Drittel des 20. Jahrhunderts wurde durch ähnliche Bedenken begleitet (Hüther & Podehl 2017, S. 118). In Reaktion darauf wurde die *Hauptstelle zur Bekämpfung des Schundes in Wort und Bild* gegründet (Süss/Lampert/Trueltzsch-Wijnen 2013, S. 62–64).

Solche *normativ-bewahrpädagogischen Ansätze* haben einen festen Platz in der Gesellschaft und prägen medienerzieherisches Handeln bis in die Gegenwart. Ihnen liegt ein hierarchisches und paternalistisch geprägtes Gesellschaftsbild zugrunde. Charakteristisch ist, dass sie von einer starken, meist negativen Wirkung von Medien auf die Entwicklung von Kindern und Jugendlichen ausgehen. Dem pädagogischen Handeln liegen zwei Prämissen zugrunde: »Das *Erhalten*: Bestehende Normen und Werte bei der Erziehung von Kindern und Jugendlichen bewahren« und »das *Beschützen*: Kinder und Jugendliche vor schädlichen Einflüssen auf ihre Entwicklung bewahren« (Fleischer & Hajok 2016, S. 119).

Parallel zu diesen Kontrollbemühungen entwickelten sich erste reformpädagogische Ansätze, die Medien für Bildungszwecke einsetzten. Insbesondere im Film wurde zu Beginn des 20. Jahrhunderts ein bildnerisches Potenzial für den Schulunterricht gesehen (Süss/Lampert/Trueltzsch-Wijnen 2013, S. 66). Diese Entwicklung kann als Ausgangspunkt der sogenannten *bildungstechnologischen Ansätze* in der Medienpädagogik gesehen werden. Ziel dieser Ansätze ist es, mithilfe von

Medientechnologien positive Impulse für die Entwicklung von Kindern und Jugendlichen zu setzen (Fleischer & Hajok 2016, S. 120–121; Süss/Lampert/Trueltzsch-Wijnen 2013, S. 170–171). Sie ist auf die Frage ausgerichtet, wie Bildungsziele und Lerninhalte – auch ohne direkte Medienbezug – medial vermittelt werden können (Tulodziecki 2011a, S. 31). Diese Strömung hat sich zur *Mediendidaktik* weiterentwickelt und wird inzwischen weitgehend entkoppelt von der Entwicklung der Medienpädagogik betrachtet (Tulodziecki 2011b, S. 19).

Der *kritisch-emanzipatorischen* bzw. *kritisch-reflexiven Medienpädagogik* (Süss/Lampert/Trueltzsch-Wijnen 2013, S. 69) geht eine zunehmende Verbreitung des Rundfunks und des Fernsehens in der Bevölkerung voraus. Diese Entwicklung wurden als Folge einer kapitalistisch ausgerichteten Politik und Ökonomie verstanden, die Menschen den Verblendungsmechanismen der Kulturindustrie ausgesetzt aussetzen und gezielt zu passiven Konsumenten gemacht werden sollten. Deshalb setzt sich die Medienpädagogik kritisch mit der gesellschaftlichen Funktion von Massenmedien auseinander (Hüther & Podehl 2017, S. 121–122). Kritisch-emanzipatorische Ansätze verstehen sich weitgehend als Gesellschaftskritik, weshalb die praktischen und theoretischen Ansatzpunkte für medienpädagogisches Handeln fehlen. Vielmehr verfolgen sie das Ziel, die gesellschaftlichen Strukturen zu verändern (Ganguin & Sander 2008).

Die *handlungsorientierte* bzw. *reflexiv-praktische Medienpädagogik* (Hüther & Podehl 2017, S. 122) wurde in den 1960er und 70er Jahren begründet, als sich die Medienpädagogik zu einer akademischen Disziplin mit eigenständiger Forschung und Lehre entwickelte (ebd., S. 117). Anders als in den vorangegangenen Entwicklungen wurde diese Strömung nicht durch einen Mediatisierungsschub begleitet, sondern durch die Entwicklung einer kritischen Medientheorie begründet, welche »Rezipierende nicht primär durch Massenmedien beeinflusst [sieht], sondern in erster Linie als gesellschaftliche Subjekte« (Schorb 2017a, S. 135). Mit ihrem Verständnis von Kindern und Jugendlichen als aktiv handelnde Subjekte, die sich den Medien mit spezifischen Bedürfnissen zuwenden, kann durch die handlungsorientierte Medienpädagogik eine deterministisch geprägte Sichtweise überwunden werden (Süss/Lampert/Trueltzsch-Wijnen 2013, S. 69). Ihre Prämissen lassen sich wie folgt zusammenfassen:

- »ein Menschen- und Gesellschaftsbild der Aushandlung von Bedeutungen,
- den Grundgedanken, Handlungsräume aufzuzeigen und herzustellen,
- die Lernform des Handelnden Lernens und
- eine Orientierung am alltäglichen Handeln der Zielgruppe.« (Fleischer & Hajok 2016, S. 121)

Die handlungsorientierte Medienpädagogik hat sich seit den 60er und 70er Jahren weiterentwickelt. Die Disziplin der Medienpädagogik hat eine Reihe von Theorien und Studien hervorgebracht, die auf den damals begründeten Prämissen aufbauen und diese sinnvoll weiterentwickeln. Zudem hat die medienpädagogische Praxis auf dieser Basis eine Haltung für pädagogisches Handeln entwickelt. Im folgenden Kapitel sollen die zugrundeliegenden Prämissen genauer dargestellt werden.

4.3 Die Entwicklung zum medienkompetenten Subjekt

Die handlungsorientierte Medienpädagogik begreift Kinder und Jugendliche als gesellschaftliche Subjekte, die sich aktiv und mit Hilfe von Medien mit ihrer mediatisierten sozialen Umwelt auseinandersetzen. Die Voraussetzung dafür, Medien für diesen Zweck souverän und selbstbestimmt in den Dienst zu nehmen, ist die Entwicklung von Medienkompetenz. Im Folgenden sollen die zentralen Begriffe *Medienhandeln*, *Mediensozialisation* und *Medienkompetenz* dargestellt werden.

4.3.1 Medienhandeln und Mediensozialisation

Mediatisierung ist die Grundbedingung für das Medienhandeln von Subjekten und stellt eine zentrale Prämisse für die handlungsorientierte Medienpädagogik dar (Schorb 2011, S. 82). Die sozialen und kulturellen Folgen des Medienwandels reichen von der gesellschaftlichen Makro-Ebene bis weit in die Lebenswelt von Subjekten hinein und stellen eine zentrale Bedingung für die Entwicklung von Kindern und Jugendlichen dar (Krotz 2007). Die Sozialisation von Heranwachsenden kann deshalb grundlegend und in allen ihren Facetten als mediatisiert beschrieben werden.

Sozialisation beschreibt den Prozess, in dem sich »der mit einer biologischen Ausstattung versehene menschliche Organismus zu einer sozial handlungsfähigen Persönlichkeit bildet« (Hurrelmann 2014, S. 446). Dieser *aktiv-produktive* Prozess findet in der Auseinandersetzung zwischen der *inneren Realität*, also den körperlichen Bedingungen, dem Wissen, Fertigkeiten und Kompetenzen und der *äußeren Realität*, die die materielle und soziale Umwelt von Subjekten umfasst, statt (Hurrelmann 2014).

Medienhandeln stellt ein solches aktiv-produktives Moment dar, in dem sich Kinder und Jugendliche auf spezifische Weise mit ihrer Umwelt auseinandersetzen. Krotz (2007) beschreibt Medienhandeln als *kommunikatives Handeln* im Sinne des symbolischen Interaktionismus. Zentral für dieses Verständnis ist, dass jede Art der Kommunikation mit, mittels und über Medien auf Grundlage von Bedeutungen stattfindet, die vom Subjekt an diese Kommunikation angelegt werden. Diese Bedeutung ist jedoch nicht a priori festgelegt, sondern wird sozial ausgehandelt und in der konkreten Situation, in der die Kommunikation stattfindet, durch das Subjekt interpretiert.[10] Das bedeutet, dass Medienhandeln im Kontext der Gesellschaft und der sozialen Lebenswelt von Subjekten stattfindet und durch die konkreten situativen Bedingungen gerahmt wird (Krotz 2007, S. 60–75).

---

10 Die Prämissen des symbolischen Interaktionismus formuliert beispielsweise Blumer (1981).

Grundlegend nimmt die handlungsorientierte Medienpädagogik also an, dass sich das Denken und Handeln in der Interaktion mit Menschen und der Umwelt entwickelt (Demmler & Rösch 2013, S. 19). In ihrem Fokus steht das handelnde Subjekt, das sich Medien aktiv und zielgerichtet aneignet (Schorb 2017a). Subjekte sind in diesem Sinne den Medien und ihren Wirkungen nicht einfach ausgeliefert. Vielmehr stellt das Medienhandeln einen Prozess dar, in dem sich Subjekte vor dem Hintergrund ihres Wissens und ihrer Erfahrungen, die sie in der Sozialisation erworben haben, reflexiv, also mit bestimmten Erwartungen, den Medien zuwenden. Medienhandeln umfasst die Nutzung von Medien, Rezeption von Inhalten und auch den kreativen und gestalterischen Umgang sowie die Kommunikation und die Artikulation mit Medien (Schorb 1995, S. 9–10; 2017c, S. 259).

Als aktiv-produktiver Prozess verweist die Mediensozialisation in doppelter Hinsicht auf das Medienhandeln von Kindern und Jugendlichen. Zum einen ist Mediensozialisation ein Prozess, in dem Kinder und Jugendliche Medien für die Alltagsbewältigung nutzbar machen (Süss/Lampert/Trueltzsch-Wijnen 2013, S. 54–57). Zum anderen verweist Mediensozialisation auf das Medienhandeln, indem der souveräne und selbstbestimmte Umgang von Heranwachsenden mit Medien und der Aufbau von Medienkompetenz selbst eine zentrale Entwicklungsaufgabe[11] in der mediatisierten Gesellschaft darstellt (ebd., S. 58).

4.3.2 Medienkompetenz

Medienkompetenz erwerben Kinder und Jugendliche in der Sozialisation (Vollbrecht 2014). Sie ist zum einen Voraussetzung dafür dar, dass sie souverän und selbstbestimmt mit Medien handeln können. Zum anderen ist Medienkompetenz aber auch ein pädagogisches Ziel. Aufgrund dieser Doppeldeutigkeit schlägt Tulodziecki (2011b) vor, bei Medienkompetenz zwischen dem handlungstheoretischen Verständnis und der pädagogischen Zielvorstellung zu differenzieren (Tulodziecki 2011b, S. 22–23).

Die grundlegenden pädagogischen Zielvorstellungen von Medienkompetenz fasst Tulodziecki (2011b) wie folgt zusammen: »Medienkompetenz bezeichnet Kenntnisse, Fähigkeiten und Bereitschaften bzw. Wissen, Können und Einstellungen (einschließlich von Wertorientierungen), die als Dispositionen für selbstständiges Urteilen und Handeln in Medienzusammenhängen gelten. Die Dispositionen umfassen sachbezogene, motivationale bzw. selbstregulatorische und sozial-kommunikative Komponenten. Sie können in Erziehungs- und Bildungsprozessen erworben werden und ermöglichen eine reflektierte Bewältigung von unterschiedlichen situativen Aufgaben bzw. Anforderungen im Medienbereich.« (Tulodziecki 2011b, S. 23)

Die Frage, woran sich ein kompetenter Umgang mit Medien bemisst und welche Fähigkeiten und Fertigkeiten daran geknüpft sind, lässt sich jedoch nicht

---

11 Zum Begriff der Entwicklungsaufgaben im Jugendalter haben Hurrelmann und Quenzel (2016) einen Beitrag geleistet.

beantworten, ohne die Bedingungen der Lebenswelt und der Gesellschaft zu berücksichtigen, in denen Subjekte mit Medien handeln. Diese werden beispielsweise in konkreten Anforderungen formuliert, wie sie durch die Kultusministerkonferenz für die schulische Bildung definiert werden (Sekretariat der Ständigen Konferenz der Kultusminister der Länder in der Bundesrepublik Deutschland 2016). Solche deskriptiven Kompetenzmodelle sind wichtig, um einen Konsens über die Anforderungen insbesondere in formalen Bildungskontexten zu formulieren.

Die Entwicklung der Medienpädagogik hat aber auch eine Reihe von handlungstheoretisch fundierten Medienkompetenzmodellen hervorgebracht, in denen die Anforderungen an einen kompetenten Umgang jeweils zwischen unterschiedlichen Kompetenzdimensionen unterschieden werden (eine Übersicht findet sich beispielsweise bei Süss/Lampert/Trueltzsch-Wijnen 2013, S. 125–130).

Das einflussreichste ist wohl das Medienkompetenzmodell von Baacke (2007), in dem die Dimensionen *Medienkritik*, *Medienkunde*, *Mediennutzung* und *Mediengestaltung* unterschieden werden (Baacke 1997). Baacke sieht in der Medienkompetenz eine Form der *kommunikativen Kompetenz*, die er als Grundlage dafür beschreibt, dass Menschen mit ihrer sozialen Umwelt in Interaktion treten und in der Gesellschaft teilhaben können:

»Die ›kommunikative Kompetenz‹ […] realisiert sich in der ›Lebenswelt‹ oder ›Alltagswelt‹ von Menschen. Die Lebenswelt ist die für einen Menschen oder eine Gruppe […] konstituierte reale Umwelt von Erfahrungen und Handlungsmöglichkeiten. Sie ist der Lebensraum, in dem sich Erziehung und Sozialisation abspielen. Er bestimmt damit alle Kommunikationen eines Menschen, umfasst und gestaltet sie.« (Baacke 1998, S. 4–5)

Schorb (2017c) entwickelt ein Modell von Medienkompetenz, in dem er die individuellen Interessen und Bedürfnisse von Subjekten noch stärker in den Mittelpunkt stellt. Medienkompetenz beschreibt die Fähigkeit, Medien »nach eigenen inhaltlichen und ästhetischen Vorstellungen in Dienst [zu] nehmen, in sozialer Verantwortung sowie in kreativem und kollektivem Handeln [zu] beurteilen und somit an der Gesellschaft gleichberechtigt und mitgestaltend zu partizipieren« (Schorb 2017c, S. 255). In der Dimension des *Medienwissens* integriert Schorb das Funktions- und Strukturwissen über Medien. In der *Reflexion* sieht er die Fähigkeit, Medien und das eigene Medienhandeln kritisch und nach sozialen und ethischen Maßstäben zu beurteilen. Dem *Medienhandeln* räumt er als aktive Auseinandersetzung des Subjekts mit Medien in seinem Modell eine eigene Dimension ein. Es umfasst das Verstehen der medialen Symbole, aber auch das aktive und zielgerichtete Handeln und den gestalterischen Umgang mit Medien, in dem sich Wissen und Reflexion über Medien realisieren (Schorb 2017c, S. 259).

4.4 Verstehen und Fördern in der handlungsorientierten Medienpädagogik

Die handlungsorientierte Medienpädagogik handelt selbst professionell. Um die Bedingungen der Mediensozialisation zu erforschen, setzt sie sich in einem *verstehenden* Zugang mithilfe der Methoden der empirischen Sozialforschung mit dem Medienhandeln von Kindern und Jugendlichen auseinander. In einem *fördernden* Zugang hat sie das Ziel, die Entwicklung von Medienkompetenz zu unterstützen, indem sie Heranwachsenden Handlungsräume eröffnet. Im Folgenden sollen diese Zugänge dargestellt werden.

4.4.1 Medienhandeln als Gegenstand der Mediensozialisationsforschung

Das Feld der medienpädagogischen Forschung ist heterogen. Das liegt einerseits an den vielfältigen gesellschaftlichen Phänomenen, die mit dem Medienwandel und dessen sozialen und kulturellen Transformationsprozessen verbunden sind. Zum anderen legen die unterschiedlichen Disziplinen, die die handlungsorientierte Medienpädagogik integriert, jeweils aus ihren Begriffen und Prämissen heraus eine eigene Lesart an diese Phänomene an (Hartung-Griemberg 2017, S. 247–248). Der kleinste gemeinsame Nenner kann wie folgt beschrieben werden:

»Medienpädagogische Forschung hinterfragt, analysiert, beschreibt und erklärt den Umgang von Subjekten mit Medien, deren Wahrnehmungen, Interpretationen und Handlungen soweit diese sich auf Medien beziehen und als solche für Prozesse der Erziehung und Bildung von Bedeutung sind.« (Hartung-Griemberg 2017, S. 247)

Mit diesem Verständnis von Forschung grenzt sich die handlungsorientierte Medienpädagogik von unidirektionalen und monokausalen Medienwirkungsannahmen ab. Ein prominentes Beispiel für solche Annahmen ist das Stimulus-Response-Modell in dem Kommunikation mit Wirkung gleichgesetzt wird (Jäckel 2002, S. 67–68). Diese Ansätze vernachlässigen die Einsicht, dass Heranwachsende gesellschaftliche Subjekte sind, die vor ihren individuellen Erfahrungen und im Kontext ihrer sozialen Umwelt mit Medien handeln[12]. Zudem lassen sich viele alltägliche Wirkungsannahmen nicht empirisch nachweisen.

Die *Mediensozialisationsforschung* stellt einen empirischen Ansatz dar, in dem die theoretischen Prämissen der oben dargestellten Begriffe der Mediensozialisation und des Medienhandelns aufgegriffen werden. In die Forschung werden die

---

12 Etablierte Modelle der kommunikationswissenschaftlichen Medienwirkungsforschung beziehen die individuelle Entwicklung und Umweltfaktoren mit ein und entwickeln ein differenzierteres Bild zur Medienwirkungsforschung siehe Bonfadelli und Friemel (2017).

individuellen Erfahrungen, Kompetenzen und Routinen des Medienhandelns ebenso einbezogen, wie die Bedingungen der sozialen Lebenswelt, die im Prozess der Mediensozialisation von Heranwachsenden relevant sind. Aber auch die Medien selbst »inklusive ihrer technischen, ihrer wirtschaftlichen und auch politischen Implikationen« (Vollbrecht 2014, S. 121) werden in der Mediensozialisationsforschung berücksichtigt.

Um Kinder als gesellschaftliche Subjekte zu adressieren und zu einem umfassenden Verständnis von Mediensozialisationsprozessen zu gelangen, schlägt Vollbrecht (2014) vor, die folgenden Aspekte in die Mediensozialisationsforschung einzubeziehen, die auch auf Jugendliche übertragen werden können:

- Die historischen gewachsenen sozialen und kulturellen Bedingungen eines Möglichkeitsraumes Kindheit und die soziokulturellen Bedingungen für das Medienhandeln,
- den individuellen Bildungsstand und entwicklungspsychologischen Voraussetzungen von Kindern sowie
- die relevanten Umweltfaktoren, die neben den Sozialisationsinstanzen wie Familie, Gleichaltrige und Schule auch die Symbolwelten der Medien und materiellen Aspekte wie bspw. das Kinderzimmer umfassen (Vollbrecht 2014, S. 121).

Um dem Anspruch der Mediensozialisationsforschung gerecht zu werden, diese vielfältigen Bedingungen in die Analyse einzubeziehen und die Wechselwirkungen zwischen Medien, Subjekt und sozialer Lebenswelt in ihrer ganzen Komplexität zu verstehen, ist sie methodisch im Schwerpunkt qualitativ ausgerichtet (Mikos & Wegener 2017, S. 11). In dieser Tradition haben sich innerhalb der Mediensozialisationsforschung beispielsweise die *strukturanalytische Medienrezeptionsforschung* (Charlton & Neumann-Braun 1986), der *medienökologische Ansatz* (Baacke 2003) und der *medienbiografische Ansatz* (Biermann 2014) entwickelt (Hartung-Griemberg 2017, S. 249).

Ein empirischer Ansatz, der die sozialen und individuellen Kontexte betont, in denen Kinder und Jugendliche mit Medien handeln und sozialisiert werden, stellt das von Schorb und Theunert (2000) vorgestellte *kontextuelle Verstehen der Medienaneignung* dar. Medienaneignung beschreibt aus ihrer Sicht den »Prozess der Nutzung, Wahrnehmung, Bewertung und Verarbeitung von Medien aus Sicht der Subjekte unter Einbezug ihrer – auch medialen – Lebenskontexte« (Schorb & Theunert 2000, S. 35)[13].

Ziel des kontextuellen Verstehens der Medienaneignung ist, die Wechselwirkungen zwischen Medien und Subjekten im Kontext der sozialen Umwelt zu verstehen. Dazu werden die für Kinder und Jugendliche relevanten Bedingungen für die Medienaneignung umfassend in die Analyse einbezogen, indem die qualitative Erhebungssituation an den relevanten Bedingungen der Lebensrealität der

---

13 Die theoretischen Grundlagen des Medienaneignungsbegriffs formuliert Schorb (2017b).

jungen Adressat*innen ausgerichtet wird. Die relevanten Kontexte der Medienaneignung umfassen die individuellen Erfahrungen und Kompetenzen, aber auch das soziale Umfeld, wie die Familie, Schule, Freunde und Gleichaltrige sowie die Medien selbst. Diese Kontexte werden mit erhoben und sinnbewahrend und sinnverstehend in die Interpretation einbezogen (Schorb & Theunert 2000).

So gelingt es der handlungsorientierten Medienpädagogik mithilfe empirischer Methoden einen Zugang zum Medienhandeln von Kindern und Jugendlichen zu bekommen und Mediensozialisationsprozesse besser zu verstehen. Damit gewinnt sie auch die nötigen Grundlagen für die Entwicklung pädagogischen Handelns.

4.4.2 Aktive Medienarbeit eröffnet Handlungsräume

Die *Aktive Medienarbeit* stellt einen originären pädagogisch-praxisorientierten Zugang der handlungsorientierten Medienpädagogik dar. Ihr Anspruch besteht darin, Kindern und Jugendlichen als gesellschaftliche Subjekte zu betrachten, die in der Sozialisation mit ihrer Lebenswelt handelnd in Beziehung treten und gestaltend auf sie einwirken (Schell 1989, S. 51–52). Ziel der aktiven Medienarbeit ist es, Heranwachsende darin zu unterstützen, sich reflexiv und kritisch mit ihrer sozialen Realität auseinanderzusetzen und mithilfe von Medien Einfluss auf sie zu nehmen. In diesem Prozess sollen sie darin unterstützt werden, Medien- und Handlungskompetenz zu erwerben (Rösch 2017).

Schell (1989) hat einen wesentlichen Beitrag zur Ausformulierung der Ziele und der handlungspraktischen Prämissen der aktiven Medienarbeit geleistet (Rösch 2017, S. 9). Er verortet den Ansatz innerhalb der emanzipatorischen Pädagogik: »Aktive Medienarbeit will dazu beitragen, dass Jugendliche Zwänge und Abhängigkeiten erkennen, die zu ihrer Fremdbestimmung beitragen und die Kompetenz entwickeln, autonom und solidarisch mit anderen verändernd auf diese Bedingungen einzuwirken.« (Schell 1989, S. 51)

Damit stellt die Aktive Medienarbeit ein Gegenentwurf zur Medienerziehung dar, in der die gesellschaftlichen Zielvorstellungen an einen kompetenten Umgang mit Medien normativ und intervenierend an das Subjekt herangetragen werden[14]. Über die Aktive Medienarbeit sollen vielmehr Handlungsräume eröffnet werden. Diese Räume sollen möglichst herrschafts- und autoritätsarm gestaltet sein (Rösch 2017, S. 9). Darüber hinaus verfolgt die Aktive Medienarbeit die Prämissen, die Sichtweisen ihrer Adressat*innengruppe in die pädagogischen Prozesse einzubeziehen, die gesellschaftlichen Problemlagen, ihre Bewältigung und Handlungsweisen zu berücksichtigen und diese wiederum zu adressieren (Schell 1989, S. 51–53). Der geeignete Ort, an dem die Aktive Medienarbeit diese Räume eröffnen kann, stellt die Jugendarbeit dar (Schell 1989, S. 144).

Drei aufeinander bezogene Prinzipien sind für das Gelingen der aktiven Medienarbeit zentral. Das *handelnde Lernen* verweist auf den Umstand, dass Erfahrungen, die Subjekte in ihrer Lebenswelt mit Medien und anderen Personen ma-

---

14 Ausführlich zum Begriff der Medienerziehung siehe Spanhel 2011.

chen, konstitutiv für ihre Sozialisation sind. Die Aktive Medienarbeit fördert solche Erfahrungen und leitet Kinder und Jugendliche dabei an, diese zu reflektieren. Das *exemplarische Lernen* geht von der Prämisse aus, dass sich in den Erfahrungen, die Subjekte machen, immer auch gesellschaftliche Strukturen wiederspiegeln. Werden diese Erfahrungen in der aktiven Medienarbeit adressiert, können Heranwachsende darüber zur Reflexion über die soziale Realität angeregt werden. Das Prinzip der *Gruppenarbeit* beruht auf der Annahme, dass Lernprozesse immer auch in die soziale Lebenswelt eingebettet sind. In der Gruppenarbeit soll die Interaktion in einem herrschaftsfreien Diskurs gefördert werden, in dem sich auch der*die Pädagog*in einfügt. Wichtig ist dabei, dass Konflikte in der Gruppe immer wieder offengelegt und reflektiert werden (Rösch 2017; Schell 1989, S. 151–177).

Schell (1989) hat sich in seinem Ansatz der aktiven Medienarbeit auf die Videoarbeit konzentriert. Über Gestaltung von Filmen sollte Heranwachsenden die Möglichkeit eröffnet werden, ihre Bedürfnisse zu artikulieren und in verschiedene Formen der *Gegenöffentlichkeit* einzubringen. Darin hat Schell aber auch ein Potenzial zur Reflexion von Gruppenprozessen und zur Exploration der sozialen Realität gesehen (Schell 1989, S. 178–222). In der aktiven Medienarbeit ging es in den 1990ern aber auch darum, Heranwachsenden überhaupt einen Zugang zu diesen Medientechnologien zu eröffnen (Rösch 2017, S. 10).

Durch die Mediatisierung haben sich die Bedingungen für die Aktive Medienarbeit grundlegend gewandelt (Rösch 2017). Mit ihrem Smartphone stehen Kinder und Jugendliche Medien als Produktionsmittel weitgehend zur Verfügung. Zudem eröffnen sich ihnen mit YouTube und anderen Social-Media-Anwendungen mediale Räume, in denen sie ihre Interessen artikulieren und miteinander kommunizieren können. Dennoch bleibt eine zentrale Aufgabe der aktiven Medienarbeit bestehen, die Kritikfähigkeit von Kindern und Jugendlichen zu stärken und ihnen Handlungs- und Reflexionsräume zu eröffnen (Demmler & Rösch 2013).

4.5 Handlungsorientierte Medienpädagogik in Zeiten der Digitalisierung

Die handlungsorientierte Medienpädagogik hat sich als Disziplin und Profession in der Medienpädagogik weitgehend etabliert. Bisher konnte gezeigt werden, dass sie sich gegenüber anderen Ansätzen dadurch abhebt, dass sie Kinder und Jugendliche als gesellschaftliche Subjekte sieht, die aktiv handelnd mit ihrer Umwelt in Kontakt treten. Ihr Handlungsansatz besteht darin, die dahinterliegenden Bedingungen der Mediensozialisation zu verstehen und Kindern und Jugendlichen Handlungsräume zu eröffnen, in denen sie Medienkompetenz entwickeln können.

Die Bedingungen für die Mediensozialisation von Kindern und Jugendlichen sind jedoch angesichts der Mediatisierung in einem ständigen Wandel. Noch offen ist die Frage, wie sich die Digitalisierung, die als Mediatisierungsschub spätestens seit Ende des 20. Jahrhunderts neue Technologien und Aneignungsweisen mit Medien hervorbringt, auf die Entwicklung der Medienpädagogik auswirkt. Im Folgenden soll anhand von drei Beispielen skizziert werden, wie die handlungsorientierte Medienpädagogik mit den Anforderungen des Medienwandels umgeht und gestaltend auf die Bedingungen und Folgen dieser Transformationsprozesse einwirkt.

4.5.1 Die Integration des Subjekts in den Jugendmedienschutz

Der *Jugendmedienschutz* (siehe: Grebe/Schreiber/Schulz »Medienethik und Jugendmedienschutz«) ist in Deutschland mit der Formulierung entsprechender Gesetze, dem Jugendmedienschutzvertrag und mit der Einrichtung von Institutionen wie beispielsweise der *Bundesprüfstelle für jugendgefährdende Medien* (BPjM) oder der Unterhaltungssoftware Selbstkontrolle (USK) weitgehend institutionalisiert. Im Zuge der Digitalisierung haben sich die Bedingungen für den Jugendmedienschutz jedoch grundlegend gewandelt. Das Internet stellt ein transnational ausgedehntes Netzwerk dar, das den Wirkungsbereich der Gesetze unterwandert und in dem die Handlungsmöglichkeiten der Einrichtungen des Jugendmedienschutzes begrenzt sind. Das Medienhandeln von Kindern und Jugendlichen ist mit dem Smartphone individualisierter geworden und entzieht sich weitgehend der erzieherischen Kontrolle. Zudem eröffnen Medien inzwischen wichtige Entwicklungsräume und Teilhabemöglichkeiten, die Kindern und Jugendlichen durch strenge Restriktionen verwehrt blieben (ausführlich dazu siehe Brüggen et al. 2019, S. 22–75).

Ziel der handlungsorientierten Medienpädagogik ist es, Kindern und Jugendlichen den souveränen und selbstbestimmten Umgang mit Medien zu ermöglichen. Dabei geht es auch darum anzuerkennen, dass Heranwachsende in einer mediatisierten Gesellschaft leben und Aufwachsen, in der sie potenziell mit problematischen oder entwicklungsgefährdenden Inhalten konfrontiert werden.

In Anerkennung dieser Umstände wurde neben dem *Schutz* von Heranwachsenden auch die *Befähigung* und die *Teilhabe* im Jugendmedienschutz verankert (dazu u. a. Dreyer 2018). Ziel dieser Ausrichtung ist es, Heranwachsende dazu zu befähigen, einen souveränen und selbstbestimmten Umgang mit Medien zu entwickeln und Umgangsweisen mit potenziell problematischen Inhalten einzuüben[15]. Zudem gibt es Bestrebungen, die Sichtweisen von Kindern und Jugendlichen auf problematische Inhalte in den Medien einzubeziehen, da diese mitunter auch Teil ihres Alltags sind (Brüggen et al. 2019).

---

15 Ausführlich zu Medienkompetenz und Jugendmedienschutz siehe Aufenanger (2008) und Theunert (2008).

4.5.2 Digitalisierungsdilemma der Aktiven Medienarbeit

Die Verbreitung von digital-vernetzten Technologien unter Heranwachsenden hat die Bedingungen für die Aktive Medienarbeit tiefgreifend verändert. Mithilfe ihrer Smartphones sind Heranwachsende potenziell in der Lage, Medieninhalte selbst herzustellen und diese mithilfe von Social-Media-Anwendungen einem breiten Publikum zur Verfügung zu stellen. Darüber eröffnen sich neue Handlungsräume, in denen Kommunikation und Interaktion unter den Heranwachsenden stattfinden kann (Demmler & Rösch 2013, S. 20).

Die handlungsorientierte Medienpädagogik steckt hier aber in einem Dilemma. Denn die Anbieter*innen, die solche digitalen Räume zur Verfügung stellen, verfolgen in der Regel kommerzielle Interessen. Durch die algorithmische Organisation und Präsentation von Inhalten dieser Informationsintermediäre (Schmidt et al. 2017) und das Sammeln der Daten von Kindern und Jugendlichen sind Räume wie WhatsApp, Instagram und YouTube tiefgehend und undurchschaubar vermachtet (Hintz/Dencik/Wahl-Jorgensen, 2019). Das widerspricht dem kritisch-emanzipatorischem Anspruch der aktiven Medienarbeit, Heranwachsenden herrschaftsfreie Handlungsräume zu eröffnen.

Gleichzeitig nutzen Pädagog*innen diese Plattformen selbst für private Zwecke und um Kinder und Jugendliche zu erreichen. Zudem stellen die Angebote einen Teil der Lebensrealität von Heranwachsenden dar. Eine Strategie der handlungsorientierten Medienpädagogik ist es, die Bedingungen dieser vermachteten Räume offenzulegen und die widersprüchlichen Aneignungsweisen zu reflektieren (Demmler & Rösch 2013). Darüber hinaus fordert Rösch (2017) aber auch »die Bereitstellung alternativer, herrschaftsarmer Kommunikationsmöglichkeiten« (Rösch 2017, S. 12), die von Heranwachsenden als digitale Gegenöffentlichkeiten und als Kommunikationsräume angeeignet werden können.

4.5.3 Aneignung von digitalen Spielen als pädagogische Handlungsräume

Unter Jugendlichen und zunehmend auch unter Erwachsenen sind digitale Spiele weit verbreitet. Um diese kulturelle Praxis herum sind vielfältige Jugendkulturen entstanden, die für Heranwachsende soziale Bezugssysteme darstellen. Als Räume für jugendkulturelle Praktiken eignen sie sich die virtuellen Welten der Spiele an (Quandt & Kröger 2014). Gleichzeitig werden digitale Spiele in der Öffentlichkeit und zum Teil in der Medienpädagogik unter bewahrpädagogischen Prämissen wahrgenommen. Spielen wird demnach ein Suchtpotenzial (DAK-Gesundheit 2020), eine schädliche Wirkung auf die Entwicklung des Gehirns und »zunehmende Gewaltbereitschaft, Abstumpfung gegenüber realer Gewalt, soziale Vereinsamung und eine geringere Chance auf Bildung« (Spitzer 2012, S. 203) zugeschrieben.

Die handlungsorientierte Medienpädagogik eignet sich ihrerseits digitale Spiele als pädagogische Handlungsräume an. So wird beispielsweise die Tätigkeit des kooperativen Bauens im Spiel Minecraft als Potenzial für die Anregung von Aushandlungsprozessen unter Heranwachsenden und für die politische Bildung genutzt (Thiel 2016). Aber auch als Handlungsraum für die Identitätsarbeit (Geisler 2013) stellen Computerspiele vielversprechende Anknüpfungspunkte für die Aktive Medienarbeit dar. Eine andere Form, die sich in der Medienpädagogik etabliert hat, sind sogenannte Expressive-Games, bei denen Heranwachsende auch selbsttätig Spiele entwickeln. In diesem Prozess der Aneignung werden Fähigkeiten im Umgang mit den jeweiligen Tools vermittelt und stets die Vorstellungen, Themen, Wünsche, Probleme von Heranwachsenden sichtbar (siehe: Neundorf & Sleegers »(Digital) Game Based Learning – eine praxisorientierte Vertiefung«).

4.6 Die handlungsorientierte Medienpädagogik ist eine Akteurin der Mediatisierung

Die handlungsorientierte Medienpädagogik zielt darauf ab, die komplexen und durch Wechselwirkungen gekennzeichneten Prozesse der Mediensozialisation und des Medienhandelns von Subjekten zu verstehen und dabei die individuellen Erfahrungen der Lebenswelt einzubeziehen. Ihr Ziel ist die Bedingungen für einen souveränen Umgang mit Medien und die Teilhabe in einer mediatisierten Gesellschaft aufzuschlüsseln. Sie will Wege aufzuzeigen und Angebote gestalten, um die Entwicklung von Subjekten zu fördern und Impulse für einen souveränen und selbstbestimmten Umgang mit Medien zu setzen.

Die handlungsorientierte Medienpädagogik versteht sich nicht lediglich als ausführendes Organ. Sie agiert in einem Spannungsfeld zwischen normativen Erwartungen, die die Gesellschaft an die Entwicklung von Kindern und Jugendlichen formuliert und den individuellen Interessen und Bedürfnissen von Heranwachsenden. Als gesellschaftliche Akteurin kommt der handlungsorientierten Medienpädagogik die Aufgabe zu, den sozialen und kulturellen Wandel der Mediatisierung mitzugestalten. Ihren Beitrag leistet sie, indem sie die Mediensozialisation von Kindern und Jugendlichen kontinuierlich erforscht und pädagogisch unterstützt.

Die handlungsorientierte Medienpädagogik hat aber auch die Verantwortung, die Bedingungen für das Medienhandeln von Kindern und Jugendlichen auf einer strukturellen Ebene mitzugestalten. Sie hat den Auftrag, politische Willensbildung so zu beeinflussen, dass allen Kindern und Jugendlichen die optimalen Bedingungen für die Entwicklung und Teilhabe in der mediatisierten Gesellschaft zur Verfügung stehen. Sie steht vor der Herausforderung, neue Orte, fern von kommerzieller und politischer Einflussnahme zu erschließen und Heranwachsenden zur Aneignung zu eröffnen.

Quellenverzeichnis

Aufenanger, S. (2008): Quo vadis Medienpädagogik? – Zum Verhältnis von Medienkompetenz und Jugendmedienschutz. In: T. Dörken-Kucharz (Hrsg.), Medienkompetenz. Zauberwort oder Leerformel des Jugendmedienschutzes? (S. 61–68). Baden-Baden: Nomos.

Baacke, D. (1998): Medienkompetenz im Spannungsfeld von Handlungskompetenz und Wahrnehmungskompetenz. Online verfügbar unter: https://www.ph-ludwigsburg.de/fileadmin/subsites/1b-mpxx-t-01/user_files/Baacke.pdf, Zugriff am 16.09.2020.

Baacke, D. (2003): Die 13-18-Jährigen. Einführung in die Probleme des Jugendalters. Weinheim: Beltz.

Baacke, D. (1997): Medienpädagogik. Tübingen: Niemeyer.

Biermann, R. (2014): Medienbiografie. In: A. Tillmann, S. Fleischer & K.-U. Hugger (Hrsg.), Handbuch Kinder und Medien (S. 125–136). Wiesbaden: Springer VS.

Blumer, H. (1981): Der Methodologische Standort des Symbolischen Interaktionismus. In: J. Matthes (Hrsg.), Alltagswissen, Interaktion und gesellschaftliche Wirklichkeit (S. 80–146). Opladen: Westdeutscher Verlag.

Bonfadelli, H. & Friemel, T. N. (2017): Medienwirkungsforschung. Konstanz: UVK.

Brüggen, N., Dreyer, S., Gebel, C., Lauber, A., Müller, R. & Stecher, S. (Bundesprüfstelle für jugendgefährdende Medien, Hrsg.) (2019). Gefährdungsatlas. Digitales Aufwachsen. Vom Kind aus denken. Zukunftssicher handeln. Online verfügbar unter: https://www.bundespruefstelle.de/blob/142084/2c81e8af0ea7cff94d1b688f360ba1d2/gefaehrdungsatlas-data.pdf, Zugriff am 05.08.2020.

Charlton, M. & Neumann-Braun, K. (1986). Medienkonsum und Lebensbewältigung in der Familie. Methode u. Ergebnisse d. strukturanalytischen Rezeptionsforschung – mit 5 Falldarstellungen. München: Psychologie-Verlags-Union.

DAK-Gesundheit (Hrsg.). (2020): Mediensucht 2020 – Gaming und Social Media in Zeiten von Corona. DAK-Längsschnittstudie: Befragung von Kindern, Jugendlichen (12 – 17 Jahre) und deren Eltern. Online verfügbar unter: https://www.dak.de/dak/download/report-2296314.pdf, Zugriff am 08.08.2020.

Demmler, K. & Rösch, E. (2013): Aktive Medienarbeit in Zeiten der Digitalisierung. In: E. Rösch, K. Demmler, E. Jäcklein-Kreis & T. Albers-Heinemann (Hrsg.), Medienpädagogik Praxis Handbuch – Grundlagen, Anregungen und Konzepte für aktive Medienarbeit (S. 19–26). München: kopaed.

Dreyer, S. (2018): Schmutz, Schutz und Teilhabe. Eine rechtswissenschaftliche Einordnung von wohlverstandenen Interessen und dem Recht auf Beteiligung von Kindern. Interdisziplinäre Tagung, München. Online verfügbar unter: https://vimeo.com/325145619, Zugriff am 25.06.2020.

Feierabend, S., Rathgeb, T. & Reutter, T. (Medienpädagogischer Forschungsverband Südwest, Hrsg.). (2018): JIM 2018. Jugend, Information, Medien. Basisuntersuchung zum Medienumgang 12- bis 19-Jähriger in Deutschland. Online verfügbar unter: https://www.mpfs.de/fileadmin/files/Studien/JIM/2019/JIM_2019.pdf, Zugriff am 19.09.2020.

Feierabend, S., Rathgeb, T. & Reutter, T. (2020): JIM 2019. Jugend, Information, Medien. Basisuntersuchung zum Medienumgang 12- bis 19-Jähriger in Deutschland. Online verfügbar unter: https://www.mpfs.de/fileadmin/files/Studien/JIM/2019/JIM_2019.pdf, Zugriff am 19.09.2020.

Fleischer, S. & Hajok, D. (2016): Einführung in die medienpädagogische Praxis und Forschung. Kinder und Jugendliche im Spannungsfeld der Medien. Weinheim: Beltz Juventa.

Ganguin, S. & Sander, U. (2008): Kritisch-emanzipative Medienpädagogik. In: U. Sander, F. von Gross & K.-U. Hugger (Hrsg.), Handbuch Medienpädagogik (S. 61–65). Wiesbaden: VS Verlag für Sozialwissenschaften.

Geisler, M. (2013): Identitätsarbeit mit Computerspielen. In: E. Rösch, K. Demmler, E. Jäcklein-Kreis & T. Albers-Heinemann (Hrsg.), Medienpädagogik Praxis Handbuch – Grundlagen, Anregungen und Konzepte für aktive Medienarbeit (S. 166–171). München: kopaed.

Hartung-Griemberg, A. (2017): Medienpädagogische Forschung. In: B. Schorb, A. Hartung-Griemberg & C. Dallmann (Hrsg.), Grundbegriffe Medienpädagogik (S. 247–253). München: kopaed.

Helbig, C. (2017): Die Mediatisierung professionellen Handelns. Zur Notwendigkeit von Handlungskompetenzen im Kontext digitaler Medien in der Sozialen Arbeit. MedienPädagogik: Zeitschrift für Theorie und Praxis der Medienbildung, 27, 133–152. https://doi.org/10.21240/mpaed/27/2017.04.06.X, Zugriff am 19.09.2020.

Hintz, A., Dencik, L. & Wahl-Jorgensen, K. (2019): Digital citizenship in a datafied society. Cambridge: Polity.

Hugger, K.-U. (2020): Medienpädagogik als eigener Beruf. merz – medien + erziehung, 64 (2), 22–28.

Hurrelmann, K. (2014): Sozialisation. In: G. Endruweit, G. Trommsdorff & N. Burzan (Hrsg.), Wörterbuch der Soziologie (S. 444–451). Konstanz: UVK.

Hurrelmann, K. & Quenzel, G. (2016): Lebensphase Jugend. Eine Einführung in die sozialwissenschaftliche Jugendforschung. Weinheim: Beltz Juventa.

Hüther, J. & Podehl, B. (2017): Geschichte der Medienpädagogik. In: B. Schorb, A. Hartung-Griemberg & C. Dallmann (Hrsg.), Grundbegriffe Medienpädagogik. (S. 117–124). München: kopaed.

Jäckel, M. (2002): Medienwirkungen. Ein Studienbuch zur Einführung. Wiesbaden: Westdt. Verl.

Knop, K., Hefner, D., Schmitt, S. & Vorderer, P. (2015): Mediatisierung mobil. Handy- und Internetnutzung von Kindern und Jugendlichen. Leipzig: VISTAS.

Krotz, F. (2007): Mediatisierung. Fallstudien zum Wandel von Kommunikation. Wiesbaden: VS Verlag für Sozialwissenschaften.

Krotz, F. (2014): Apps und die Mediatisierung der Wirklichkeit. merz – medien + erziehung, (03), 10–16.

Mikos, L. & Wegener, C. (2017): Einleitung. In: C. Wegener (Hrsg.), Qualitative Medienforschung. Ein Handbuch (S. 10–16). Konstanz: UVK.

Quandt, T. & Kröger, S. (2014): Digitale Spiele und (Jugend-)Kultur. In: K.-U. Hugger (Hrsg.), Digitale Jugendkulturen (S. 231–250). Wiesbaden: Springer VS.

Rösch, E. (2017): Aktive Medienarbeit. In: B. Schorb, A. Hartung-Griemberg & C. Dallmann (Hrsg.), Grundbegriffe Medienpädagogik. (S. 9–15). München: kopaed.

Schell, F. (1989): Aktive Medienarbeit mit Jugendlichen. Theorie und Praxis (Schriftenreihe des Instituts Jugend Film Fernsehen, München, Bd. 10). Wiesbaden: VS Verlag für Sozialwissenschaften.

Schmidt, J.-H., Merten, L., Hasebrink, U., Petrich, I. & Rolfs, A.: Zur Relevanz von Online-Intermediären für die Meinungsbildung. Online verfügbar unter: https://www.hans-bredow-institut.de/uploads/media/default/cms/media/67256764e92e34539343a8c77a0215bd96b35823.pdf, Zugriff am 10.08.2020.

Schorb, B. (1995): Medienalltag und Handeln. Medienpädagogik im Spiegel von Geschichte, Forschung und Praxis. Wiesbaden: VS Verlag für Sozialwissenschaften.

Schorb, B. (2008): Handlungsorientierte Medienpädagogik. In: U. Sander, F. von Gross & K.-U. Hugger (Hrsg.), Handbuch Medienpädagogik (S. 75–85). Wiesbaden: VS Verlag für Sozialwissenschaften.

Schorb, B. (2011): Zur Theorie der Medienpädagogik. MedienPädagogik: Zeitschrift für Theorie und Praxis der Medienbildung, 20, 81–94. Online verfügbar unter: https://www.medienpaed.com/article/view/396/398, Zugriff am 13.08.2020.

Schorb, B. (2017a): Handlungsorientierte Medienpädagogik. In: B. Schorb, A. Hartung-Griemberg & C. Dallmann (Hrsg.), Grundbegriffe Medienpädagogik. (S. 134–141). München: kopaed.

Schorb, B. (2017b): Medienaneignung. In: B. Schorb, A. Hartung-Griemberg & C. Dallmann (Hrsg.), Grundbegriffe Medienpädagogik. (S. 215–221). München: kopaed.

Schorb, B. (2017c): Medienkompetenz. In: B. Schorb, A. Hartung-Griemberg & C. Dallmann (Hrsg.), Grundbegriffe Medienpädagogik. (S. 254–261). München: kopaed.

Schorb, B. & Theunert, H. (2000): Kontextuelles Verstehen der Medienaneignung. In: I. Paus-Hasebrink (Hrsg.), Qualitative Kinder- und Jugendmedienforschung. Theorie und Methoden (S. 33–57). München: kopaed.
Sekretariat der Ständigen Konferenz der Kultusminister der Länder in der Bundesrepublik Deutschland (Hrsg., 2016): Bildung in der digitalen Welt. Strategie der Kultusministerkonferenz. Online verfügbar unter: https://www.kmk.org/fileadmin/Dateien/pdf/PresseUndAktuelles/2017/Strategie_neu_2017_datum_1.pdf, Zugriff am 16.09.2020.
Spanhel, D. (2011): Medienerziehung. Erziehungs- und Bildungsaufgaben in der Mediengesellschaft. Stuttgart: Klett-Cotta.
Spitzer, M. (2012): Digitale Demenz. Wie wir uns und unsere Kinder um den Verstand bringen. München: Droemer.
Steinmaurer, T. (2016): Permanent vernetzt. Zur Theorie und Geschichte der Mediatisierung. Wiesbaden: Springer VS.
Süss, D., Lampert, C. & Trueltzsch-Wijnen, C. (2013): Medienpädagogik. Ein Studienbuch zur Einführung. Wiesbaden: Springer VS.
Theunert, H. (2008): Jugendmedienschutz und Medienkompetenz: Kongruenz, Koexistenz, Konkurrenz. In: T. Dörken-Kucharz (Hrsg.), Medienkompetenz. Zauberwort oder Leerformel des Jugendmedienschutzes? (S. 33–47). Baden-Baden: Nomos.
Thiel, T.: (2016). Lernen mit Minecraft. Online verfügbar unter: https://www.bpb.de/lernen/digitale-bildung/werkstatt/239420/lernen-mit-minecraft, Zugriff am 19.09.2020.
Tulodziecki, G. (2011a): Medienbildung im Spannungsfeld medienpädagogischer Leitbegriffe. MedienPädagogik: Zeitschrift für Theorie und Praxis der Medienbildung, 20, 11–39. Online verfügbar unter: https://doi.org/10.21240/mpaed/20/2011.09.11.X, Zugriff am 19.09.2020.
Tulodziecki, G. (2011b): Zur Entstehung und Entwicklung zentraler Begriffe bei der pädagogischen Auseinandersetzung mit Medien. MedienPädagogik: Zeitschrift für Theorie und Praxis der Medienbildung, 20, 11–39. Online verfügbar unter: https://www.medienpaed.com/article/view/393/395, Zugriff am 07.09.2020.
Vollbrecht, R. (2014): Mediensozialisation. In: A. Tillmann, S. Fleischer & K.-U. Hugger (Hrsg.), Handbuch Kinder und Medien (S. 115–124). Wiesbaden: Springer VS.

5 Jugendmedienschutz und Medienethik

Anna Grebe, Björn Schreiber & Iren Schulz

Die Idee des Jugendmedienschutzes, Heranwachsende vor problematischen Medieneinflüssen zu schützen, hat in Deutschland eine über hundertjährige Tradition. Mit dem Wandel der Medien hin zu digitalen und portablen Alleskönnern haben sich allerdings Rollen und Kompetenzen, inhaltliche Schwerpunkte sowie Verantwortungsbereiche aller Beteiligten verändert. Kinder und Jugendliche sind nicht nur Nutzer*innen, sondern auch Produzent*innen und Distribuent*innen von medialen Produkten, jederzeit und überall. Eltern und Pädagog*innen fühlen sich in ihrem vermuteten Kompetenzvorsprung verunsichert und äußern massiven Unterstützungsbedarf, während der gesetzliche Jugendmedienschutz um Neujustierungen und Ausdifferenzierungen ringt. Der vorliegende Artikel nimmt dieses Zusammenspiel von gesetzlichen Eckpfeilern, erzieherischen Präventionsmaßnahmen und gesellschaftlicher Verantwortung in den Blick und zeigt auf, dass wirksamer Jugendmedienschutz ein intelligentes Risikomanagement und einen offen geführten Wertediskurs unter Beteiligung aller Akteure braucht, um langfristig funktionierende Schutzmechanismen etablieren zu können.

5.1 Mehr als gesetzliche Regelungen und Altersfreigaben: Jugendmedienschutz als Verantwortungsgemeinschaft

Kaum ein anderes System im weiten medial-digitalen Themenfeld ist mit solch hohen Anforderungen und Erwartungen verbunden wie der Jugendmedienschutz. Und kaum ein anderes System ist derart komplex: Sowohl auf einer gesetzlichen, erzieherischen und strukturellen, als auch auf einer Akteursebene müssen zahlreiche Interessen berücksichtigt und in Einklang gebracht werden. Im Fokus steht dabei die im Grundgesetz verankerte, möglichst störungsfreie und selbstbestimmte Persönlichkeitsentwicklung (Art. 2 Abs. 1 GG) verbunden mit dem Recht der Menschenwürde (Art. 1 Abs. 1 GG) von Kindern und Jugendlichen. Diese Grundrechte gelten natürlich für alle Individuen und sind aus einer Erwachsenenperspektive definiert. Da aber Kinder und Jugendliche einen besonderen Schutz genießen, muss die sich aus Art. 2 Abs. 1 GG ergebende Gewährleistungspflicht auch immer im Sinne einer Schutzpflicht vor möglichen

Gefährdungen und Beeinträchtigungen der Persönlichkeitsentwicklung interpretiert werden (vgl. Brüggen et al. 2019, S. 65).

Bereits auf der – eher allgemeinen – Ebene des Grundgesetzes zeigt sich, dass beim Schutz von Kindern und Jugendlichen – auch in medialen Räumen – weitere gesetzliche Ziele berücksichtigt werden müssen. So muss die staatliche Schutzpflicht auch immer in Einklang gebracht werden mit dem Recht der Meinungs- und Informationsfreiheit und dem Zensurverbot (Art. 5 Abs. 1 GG), dem Grundrecht auf Erziehung (Art. 6 Abs. 2 GG) sowie der Kunstfreiheit (Art. 5 Abs. 3 GG). Es gilt also, den Kinder- und Jugendschutz mit den Rechten Dritter auszutarieren. Dieses Optimierungsgebot – wie auch die Frage, welche Faktoren Kinder und Jugendliche in ihrer Persönlichkeitsentwicklung beeinträchtigen – kann in der Folge nur auf der Grundlage eines steten Wertediskurses austariert werden. Die Debatte um die zugrundeliegenden Werte und Normen schafft wiederum den Ausgangspunkt für einen konkretisierten rechtlichen und erzieherischen Rahmen inklusive dementsprechender Maßnahmen. Hierbei sind sowohl ordnungs- und gesellschaftspolitische Aspekte zu berücksichtigen als auch das vorherrschende Menschenbild in einer demokratischen Gesellschaft (vgl. Nikles 2002, S. 77ff.).

Auf einer regulatorischen, ordnungspolitischen Ebene zeigt sich eine Vielzahl an Gesetzen, Zuständigkeiten und Verantwortlichkeiten. Dabei ist der gesetzliche Jugendmedienschutz vor allem darauf ausgerichtet, kontrollierend und eingreifend zu wirken und richtet sich an die Verantwortungsübernahme von Erwachsenen sowie Medien- und Diensteanbietern[16] (vgl. BAJ, o.J.).

Eine besondere Herausforderung stellen dabei unterschiedliche Verantwortlichkeiten und Zuständigkeiten auf regulatorischer Ebene dar. So wird der Jugendmedienschutz für Trägermedien durch den Bund (Jugendschutzgesetz (JuSchG)), der für Telemedien durch die Länder (Jugendmedienschutzstaatsvertrag (JMStV)) geregelt. Zusätzlich finden sich zahlreiche den Jugendmedienschutz betreffende Einzelregelungen in anderen Gesetzen auf Bundes- und Europaebene (z.B. Telemediengesetz (TMG) oder die Richtlinie über audiovisuelle Mediendienste (AVMD)). Damit verbunden sind unterschiedliche Ausführungsansätze. Während beispielsweise die Umsetzung von Alterskennzeichen bei Trägermedien oder Indizierungsverfahren staatsnah durch die obersten Landesjugendbehörden (die die Prüfung von Trägermedien durch eine zuständige Selbstkontrolle freigeben) bzw. die Bundesprüfstelle für jugendgefährdende Medien (Indizierungsverfahren) geregelt und vollzogen wird, ist die Kontrolle von Telemedien staatsfern durch die 14 Landesmedienanstalten und ihre gemeinsame Aufsichtsstelle KJM (Kommission für Jugendmedienschutz) organisiert. Dabei zeigt sich ein zentraler Unterschied im Kontrollansatz: Während alle in Deutschland erscheinenden Trägermedien geprüft und mit einem Alterskennzeichen versehen werden, ist dies bei der Vielzahl von Telemedieninhalten schlichtweg nicht möglich, so dass der Anbieter durch seinen Jugendschutzbeauftragten die Pflicht der Vorprüfung innehat und die zuständigen Landesmedienanstalten le-

---

16 http://www.bag-jugendschutz.de/baj_aufgaben_ziele.html

diglich bei Verstößen aktiv werden. Auch die Rolle der regulierten Selbstregulierung ist dabei unterschiedlich. Während die Selbstkontrollen für Trägermedien den Prüfprozess organisieren und durchführen, sind die Selbstkontrollen für Telemedien, bspw. die Freiwillige Selbstkontrolle Multimedia-Diensteanbieter e.V., u. a. für die Unterstützung der Wahrung der gesetzlichen Pflichten der Diensteanbieter zuständig und prüfen geeignete technische Instrumente zum Schutz von Kindern und Jugendlichen in digitalen Räumen – z. B. Jugendschutzprogramme oder sog. proprietäre technische Lösungen, die auf die Bedingungen in einzelnen spezifischen Diensten angepasst sind.

Gemeinsam ist all diesen Verfahrensweisen und Regeln eine Grundkonsequenz: Sie dienen der Sicherung des wirtschaftlichen Handelns von Anbietern in einem gesetzlichen Rahmen. Wenn also beispielsweise ein Computerspiel mit einem USK-Alterskennzeichen versehen wurde oder ein Jugendschutzprogramm, das ein Grundmaß an Sicherheit im digitalen Raum gewährleistet, anerkannt wurde, sind Anbieter rechtlich abgesichert. Die weitere Umsetzung der Maßnahmen – also beispielsweise die Installation eines solchen Programmes – obliegt den Eltern bzw. Erziehungsbeauftragten. Gerade in einer sich stets verändernden digitalen Welt mit immer neuen technischen Möglichkeiten, Fortschritten und daraus resultierenden gesellschaftlichen Veränderungen – zusammengefasst mit dem Begriff der digitalisierten Netzwerkgesellschaft (vgl. Thomas/Krotz 2008) – ist diese Aufgabe eher schwieriger und verantwortungsvoller geworden, auf die Erziehungsberechtigte durch geeignete Maßnahmen vorbereitet werden müssen. Dabei sollten sich Maßnahmen auch am »Elternprivileg« – also der freien Entscheidung über Erziehungsstil und Erziehungsmuster – und den damit verbundenen vielfältigen Facetten und Einstellungen orientieren (vgl. Geisler 2019, S. 106f.). Auch Kinder und Jugendliche selbst müssen sensibilisiert und befähigt werden, mit Medien altersgemäß, zielorientiert und möglichst frei von Gefahren umgehen zu können. Dem erzieherischen Jugendmedienschutz in seiner gesamten Breite kommt hier eine besondere Verantwortung zu (vgl. hierzu Brüggen/Siller 2020, S. 487f.). Seine Aufgabe der Information, Beratung, Intervention und Prävention hat in digitalen Räumen, in denen auch Kinder und Jugendliche selbst vermehrt zu potentiellen Verbreitern und Erstellern jugendgefährdender Inhalte werden (vgl. hierzu Zürcher Hochschule für angewandte Wissenschaften 2018, S. 61 ff.), an zusätzlicher Bedeutung gewonnen. Er hat eine zentrale Unterstützungsfunktion für Erziehungsberechtigte und Kinder und Jugendliche selbst. Umso erstaunlicher ist seine geringe Berücksichtigung im gesamten Feld der Sozialen Arbeit (vgl. Brüggen/Siller 2020, S. 487f.). Es bedarf an dieser Stelle in den pädagogischen Alltag integrierter Maßnahmen, denn »[…] [G]erade der letzte Punkt verdeutlicht, dass angesichts der Mediatisierung der Lebenswelt von Kindern und Jugendlichen der erzieherische KuJMS mittlerweile zu einer Querschnittsaufgabe in der Sozialen Arbeit mit der Altersgruppe geworden ist und nicht mehr allein als Spezial- bzw. ergänzendes Angebot betrachtet werden kann.« (ebd. S. 488).

Zusätzlich zur marginalen Bedeutung in der Sozialen Arbeit, ist der erzieherische Jugendmedienschutz im öffentlichen Diskurs nahezu nicht existent. Vielmehr dominieren die Forderungen nach verschärften Strafen und gesetzlichen

Regelungen und der Beschränkung von Zugängen die Debatte. Dabei sollte gerade die beschriebene Umsetzungslücke der bereits existierenden Maßnahmen sowohl im Rahmen der Kinder- und Jugendhilfe und der Sozialen Arbeit als auch im Rahmen der elterlichen Verantwortung in der Debatte um die Weiterentwicklung eines modernen Jugendmedienschutzes stärker berücksichtigt oder priorisiert werden.

Auch Eltern selbst wünschen sich aufgrund steigender Komplexität digitaler Räume und den damit verbundenen Gefahren mehr Unterstützung: Nur ca. 50 % der im FSM-Jugendmedienschutzindex 2017 befragten Eltern sind der Meinung, dass es bereits genügend Unterstützungsmöglichkeiten beim Umgang mit belastenden Erfahrungen gibt (Brüggen et al. 2017, S. 35). Hinzu kommt die Herausforderung für Eltern, aber auch Heranwachsende selbst, das oben beschriebene und überaus komplexe System des Jugendmedienschutzes zu verstehen, zu hinterfragen und entsprechende Maßnahmen umzusetzen. So zeigt sich das im FSM-Jugendmedienschutzindex abgefragte Wissen um Institutionen, Instrumente und Maßnahmen bei Eltern durchaus ambivalent. Tradierte Elemente wie z. B. Alterskennzeichen sind bekannt und werden eingesetzt. Doch neuere Instrumente und Einrichtungen sind nur wenig geläufig (vgl. ebd., S. 54 ff.): »Die Befunde unterstreichen die Notwendigkeit, das Wissen um die Instrumente des Jugendmedienschutzes als Basis für ein den Schutzzielen entsprechendes Handeln in der Bevölkerung zu verbreiten. Mittel dafür wäre eine Intensivierung von Bildungs- und Informationsangeboten gerade in den Bereichen, in denen Unsicherheiten deutlich wurden [...].« (ebd., S. 60) – eine zentrale Aufgabe des erzieherischen Jugendmedienschutzes.

Die aktuellen Debatten zeugen jedoch nicht nur von Defiziten der Thematisierung und Berücksichtigung einer individuellen Handlungsebene von Eltern, Pädagog*innen und Heranwachsenden selbst, sondern ebenfalls auf einer strukturellen Ebene des Kinder- und Jugendmedienschutzes. Struktureller Jugendmedienschutz zielt darauf, mögliche Gefährdungen bereits vor ihrer Entstehung zu verhindern und für Kinder und Jugendliche positive Rahmen- und Gestaltungsbedingungen zu schaffen. Da gerade in einer Gesamtheit des globalen und vielfältigen Internets diese Aufgabe nicht umfänglich erfüllt werden kann, ist die Bereitstellung und pädagogische Betreuung von altersgerechten und kindspezifischen digitalen Räumen, einer gesteigerten Sensibilität für die medialen Belange, Sorgen und Ängste von Kindern und Jugendlichen und ein professionelles Bildungs- und Erziehungssystem von essentieller Bedeutung (vgl. Brüggen/Siller 2020, S. 488 f.).

Wenn Jugendmedienschutz verstanden werden soll als gemeinschaftliche Aufgabe all seiner Akteure und hierbei notwendigerweise Eltern und Heranwachsende selbst mit einbezogen werden sollen und müssen, scheint die Verantwortungsbereitschaft und deren Erfüllung aus den Fugen geraten zu sein. Im Sinne eines »intelligenten Risikomanagements« (vgl. I-KiZ 2016, S. 28ff.) sollte es Ziel sein, zukünftig geteilte Verantwortlichkeiten und Zuständigkeiten mit der Zielstellung einer gelingenden Risikominimierung auf einer strukturellen Ebene sinnvoll miteinander zu vernetzen und Maßnahmen des gesetzlichen, erzieherischen und strukturellen Jugendmedienschutzes besser aufeinander abzustimmen. Der

Austausch zwischen den einzelnen Professionen muss intensiviert werden, um unterschiedliche Bedingungen, Notwendigkeiten und Sichtweisen zu diskutieren. Dabei ist auch der Diskurs um die dem Jugendmedienschutz zugrundeliegenden Werte und Normen unter sich verändernden gesellschaftlichen Bedingungen der mediatisierten Netzwerkgesellschaft zu berücksichtigen – und im Grunde längst überfällig.

5.2 Wirksamer Jugendmedienschutz braucht Risiko- und Wertediskurse – auch aus der Perspektive Heranwachsender

Die Frage, vor was Kinder und Jugendliche in medialen Räumen geschützt werden müssen, ist einem gesellschaftlichen und technischen Wandel unterzogen. Standen noch vor einem Jahrzehnt eher inhaltsbezogene Risiken wie Pornografie und Gewalt im Zentrum der Debatte, so sind es derzeit vor allem Kommunikationsrisiken wie Hate Speech, Cybermobbing und solche Inhalte, die durch Maßnahmen des Jugendmedienschutzes eher schwer regulier- und handhabbar sind – wie z. B. gerade unter dem Eindruck der Corona-Pandemie hochaktuellen Verschwörungstheorien und Desinformation. Auffallend dabei ist eine Verschiebung der Risiken hin zu solchen, die nicht nur Kinder und Jugendliche betreffen, sondern auch die Erwachsenenwelt. Während also Pornografie und Gewalt in den meisten Fällen (ausgenommen solchen, die gleichfalls einen Straftatbestand darstellen) unter dem Fokus der negativen Beeinflussung Heranwachsender diskutiert wurden und werden, ist die Debatte um beispielsweise Hate Speech, Fake News und Verschwörungserzählungen vielmehr eine alle Mitglieder der digitalen Gesellschaft betreffende. Dabei treten jedoch der Kinder- und Jugendmedienschutz und damit die speziellen Bedürfnisse Heranwachsender in den Hintergrund. Gleichsam bieten diese Phänomene die Möglichkeit, einen dem Jugendmedienschutz zugrundeliegenden Wertediskurs anzustoßen, denn »[D]er Jugendmedienschutz ist [...] ein wertebasiertes und Werte erhaltendes Konstrukt.« (KJM, o. J.).

In einem Interview für die Zeitschrift MERZ beschreibt Thomas Krüger, Präsident der Bundeszentrale für politische Bildung und Mitglied der KJM, ein jedoch grundsätzliches Problem von Wertdiskursen, das auch auf die aktuellen Verhandlungen und Diskussionen anwendbar ist: »[...] die Schwierigkeit ist natürlich, dass die Wertedebatte immer dann aufgerufen wird, wenn Not am Mann ist und es an Orientierung fehlt« (Schorb 2015, S. 31). Folgt man Krügers Aussage, kann eine Wertedebatte verstanden werden als Grundlage oder Anker für individuelles, staatliches und regulatorisches Handeln – auch im Jugendmedienschutz. Petra Grimm definiert in diesem Zusammenhang die grundlegenden Funktionen von Werten: »Ein Konsens besteht darin, dass Werte a) die Auswahl von Handlungen bei Individuen und Gruppen steuern, b) zur Rechtfertigung von Handlungen dienen und c) die Wahrnehmung der Welt und deren Beurteilung beeinflussen« (Grimm 2013, S. 56).

Die damit angesprochene Orientierungsfunktion von Werten und den mit ihnen verbundenen Debatten erfordert jedoch eine klare Begriffsbestimmung und -klärung der jeweiligen Ausprägungen von Werten. So ist z. B. »Verantwortung […] als Wert an sich inhaltlich leer; sie bedarf der Explikation, worauf sie zielt, wofür wir uns also verantworten sollen« (Büsch/Schreiber 2016, S. 57). Diese »Explikation« findet u. a. durch eine Festlegung von verbindlichen, als wertvoll akzeptierten und ethisch angestrebten Normen statt. Sie definieren, wie soziales Zusammenleben – auch digital – konkret funktionieren kann (vgl. Wütscher/Gebel 2015, S. 7). Doch gerade in sich transformierenden, multireligiösen und pluralistischen Gesellschaften wird ebendiese Festlegung zunehmend schwieriger. Und auch der multikulturelle und globale digitale Raum ist eher von einem Pluralismus geprägt und verkompliziert die Definition einheitlicher oder für alle verbindlicher Normen und Werte.

Verbunden mit einem Wertepluralismus digitaler Netzwerkgesellschaften ist auch immer die Debatte um einen potenziellen Werteverlust. Doch sind es eher bewahrende und konservative Kräfte, die diese Begrifflichkeit verwenden. Vielmehr scheint es sinnvoll, von einem Wertewandel zu sprechen (vgl. Büsch/Schreiber 2016, S. 60 ff.). Dieser Begriff sollte jedoch nicht als fundamentale Verschiebung einer Werteorientierung verstanden werden, denn: »Tatsächlich hat es solche Verschiebungen bezüglich der Leitwerte seit der Hinwendung zu Individualität und Autonomie in den 1960er- 1979er-Jahren des letzten Jahrhunderts jedoch nicht mehr gegeben« (ebd., S. 61). Der Philosoph Andreas Urs Sommer spricht in diesem Zusammenhang vom Begriff der »Werteverflüssigung«, der grundlegend beschreibt, dass Menschen Veränderungen und Bewegungen unterlegen sind bzw. diese anstoßen und dementsprechend auch gesellschaftliche und individuelle Werte in Bewegung sein müssen (vgl. Sommer 2018, S. 106).

Diese Fluidität von Werten und ihren dazugehörigen Normen macht eine Wertekommunikation notwendig. Modelle wie Wertevermittlung oder deren Übertragung scheinen in pluralistischen Gesellschaften überholt (vgl. Büsch/Schreiber 2016, S. 62 f.). Dementsprechend muss auch der Jugendmedienschutz seine wertebasierten Entscheidungsgrundlagen und deren Ausprägungen auf gesetzlicher, technischer, erzieherischer und struktureller Ebene stets aktualisieren und debattieren.

Besonders der erzieherische Jugendmedienschutz läuft dabei Gefahr, den Diskurs zu vernachlässigen. Eine Befragung von Pädagog*innen zu deren Wissen, Einstellungen, Sorgen und Handlungsmechanismen im Jugendmedienschutz – der FSM-Jugendmedienschutzindex – zeigt deutliche Unterschiede in der Wahrnehmung von Risiken und Nöten im Vergleich zu den Wahrnehmungen von Heranwachsenden und ihrer Eltern auf. So heben pädagogische Fachkräfte inhaltsbezogene Risiken hervor, während Kinder und Jugendliche vor allem aufgrund von Kontaktrisiken und des Verhaltens von anderen Heranwachsenden besorgt sind (vgl. Gebel et al. 2018, S. 32ff.). Damit verbunden ist die Gefahr, dass pädagogische Maßnahmen an den lebensweltlichen Erfahrungen von Kindern und Jugendlichen vorbei konzipiert und durchgeführt werden. Die Thematisierung von Risiken und ihren zugrundeliegenden Werten und Normen wäre dementsprechend zwar im schulischen und außerschulischen Kontext gegeben, jedoch nicht auf die Bedürfnisse von Heranwachsenden abgestimmt. Zusätzlich erschweren fachliche Unsicherheiten der pädagogischen Fachkräfte einen notwendigen offenen Risiko- und Wertediskurs mit Heranwachsenden. Nur die Hälfte der im FSM-Jugendmedienschutzindex befragten Pädagog*innen schätzt die eigenen jugendmedienschutzbezogenen Fähigkeiten mit sehr gut oder gut ein (vgl. ebd., S. 92). Heranwachsende selbst nehmen diese Unsicherheit und die Ambivalenz von Lernorten wie Schule bezüglich der Herausforderungen der Digitalisierung durchaus wahr. So werden auf der einen Seite zwar digitale Kompetenzen eingefordert, auf der anderen Seite wird besonders Schule eher als »defensiver Akteur« empfunden (vgl. Calmbach et. al. 2016, S. 208). Gerade deshalb ist ein intergenerativer Austausch zu Risiken und Gefahren, aber auch den Potenzialen digitaler Räume im pädagogischen Kontext – auch im Sinne eines Wertediskurses – zwingend erforderlich. Positionen, Erfahrungen von Kindern und Jugendlichen sollten dabei ebenso thematisiert, eingeordnet und diskutiert werden, wie die Risikowahrnehmung der Pädagog*innen. In diesem Zusammenhang fällt erneut der große Bedarf an strukturierten und verbindlichen Fort- und Weiterbildungsmaßnahmen für pädagogische Fachkräfte auf. Denn je größer das vorhandene Wissen zu Fragen und Herausforderungen des Jugendmedienschutzes und der Medienbildung ist, desto häufiger werden auch Risiken im pädagogischen Kontext thematisiert und Schutzmaßnahmen erörtert (vgl. Gebel et al. 2018, S. 87ff.).

5.3 Risikobegrenzung – Vorbildrolle – Kompetenzförderung: Elternverantwortung im erzieherischen Jugendmedienschutz

Mit der eben erläuterten, wichtigen Funktion von pädagogischen Fachkräften bei der Übersetzung von jugendmedienschutzrelevanten Herausforderungen in die Lebenswelt von Heranwachsenden und Familien stellt sich die Frage, welches Bild Eltern vom eigenen und kindlichen Medienhandeln haben, welche Erwartungshaltungen gegenüber den Heranwachsenden damit verbunden sind und welche Praktiken medienerzieherischen Handelns daraus erwachsen. Dabei steht das an die Kinder gerichtete Zusammenspiel von Werten und Regeln nicht selten im Widerspruch zu Maßstäben und Praktiken des eigenen Medienhandelns der Erwachsenen. Die nachfolgenden Erläuterungen folgen dieser These und zeigen auf, dass sich Eltern ihrer Vorbildrolle oftmals nicht bewusst sind und eine Doppelmoral in der Erwachsenenwelt entsteht, die sich zwischen Totalverboten und resignierendem Gewähren lassen aufspannt. Die Erziehung der Kinder zu kompetenten, handlungsfähigen Bürgern über Aushandlungen und Diskurse sowie eine sinnvolle und nachhaltige Medienerziehung, die auf Kompetenz und Souveränität und Partizipation setzt, gerät dabei nicht selten ins Hintertreffen. Für die Arbeit von (Medien)Pädagog*innen gilt es deshalb, die dringend erforderliche, oftmals aber noch zu wenig beachtete Unterstützungsfunktion des erzieherischen Jugendmedienschutzes für Eltern mitzudenken und umzusetzen.

Ganz allgemein lässt sich zunächst festhalten, dass die Familie als Sozialisationsinstanz wesentliche Rahmenbedingungen und Orientierungspunkte für das Aufwachsen von Kindern setzt – Heranwachsende schauen sich bei ihren Eltern ab, wie man in Beziehungen miteinander umgeht, wie man sich im Straßenverkehr verhält oder wie man sich gesund ernährt – und sie beobachten eben auch, wie Mama und Papa mit Medien umgehen. Dabei wachsen Kinder heute nicht nur in Haushalten auf, die über ein reichhaltiges und ausdifferenziertes Medienrepertoire verfügen, sie bekommen auch schon sehr frühzeitig eigene Smart-Toys, Tablets oder Kinderhandys von ihren Eltern oder Großeltern geschenkt (vgl. KIM-Studie 2018, S. 8ff). Dass das Familienleben hochgradig medial durchzogen ist, zeigt sich zudem in der Mediennutzung der Eltern: Smartphone, Tablet und Co. begleiten sie durch den Tag, helfen bei der Familienorganisation, halten den Freundeskreis am Leben und bedeuten Zugang zu Informationen, aber auch Entspannung und Unterhaltung (vgl. Wagner et al 2016). Dabei bewerten Eltern das eigene Medienhandeln oft konträr zur Mediennutzung ihrer Kinder: Bei den gemeinsamen Mahlzeiten ist es für Eltern durchaus erlaubt, aufs Handy zu schauen, weil es beruflich wichtig sein könnte. Das Durchstreifen der Social Media- und Informationsportale dient der Wissenserweiterung und das Chatten mit Freunden zwischendurch gehört zu den wenigen Momenten, die man für sich selbst reklamieren darf. Während Eltern also von sich selbst meinen, sinnhaft geleitet mit Medien umzugehen, dabei Notwendigkeiten wahrnehmen und gerechtfertigte Bedürfnisse erfüllen, geht es den Kindern vermeintlich »nur« um Daddeln und Surfen, um Chillen und Quatschen. Demzufolge beziehen sich immer wiederkehrende Diskussionen und Konflikte einerseits darauf, wie viel Bildschirmzeit pro Tag genehmigt wird, welche Inhalte, Games und Apps erlaubt sind und ob bzw. wie viel Geld für Geräte und Anwendungen ausgegeben werden darf. Andererseits möchten Eltern auch nicht, dass ihr Kind sozial am Rande steht, weil es noch kein eigenes iPhone hat oder noch nicht Fortnite[17] spielen darf. Um elterliche Urängste zu beruhigen und den Nachwuchs jederzeit und überall erreichen zu können, statten viele Mütter und Väter ihre Kinder aus eigener Motivation frühzeitig mit einem Smartphone aus. Diese Ambivalenzen in Erwartungshaltungen und Handlungspraktiken mündet in Medienerziehungsmustern, die sich zwischen Laufenlassen, situativ Reagieren und normgeleitetem Reglementieren aufspannen (Eggert

---

[17] In dem kostenlosen Onlinespiel geht es darum, von 100 MitspielerInnen als letzte/r am Leben zu bleiben. Unter Kindern und Jugendlichen ist Fortnite derzeit Trend. Vor allem für Jüngere ist Fortnite aufgrund von gewalthaltigen Szenen, Interaktionsrisiken sowie In-App-Käufen nicht geeignet. https://www.schau-hin.info/grundlagen/fortnite-hype-was-spielt-mein-kind-da (Zugriff am 05.07.2020).

2019, S. 112ff). Dabei agieren die Väter in der Rolle von Technikern, die Apps installieren und Filter aktivieren, während die Mütter fürs Pädagogische im Sinne von Regeln und Gesprächen verantwortlich sind (Brüggen et al. 2017, S. 82ff, FIM-Studie 2016, S. 69ff).

Aus der Sicht der Kinder ist die Medienkompetenz ihrer Eltern eher begrenzt. Beispielsweise halten sich Mädchen und Jungen in punkto Games und Social Media grundsätzlich für kompetenter als ihre Eltern, wenden sich den Angeboten neugierig zu und haben technische Einschränkungen schneller umgangen, als ihre Eltern sie einrichten konnten (vgl. ebd.). Überhaupt haben die Heranwachsenden eine etwas andere, aber mindestens genauso wichtige Perspektive auf den Medienalltag in ihren Familien und auf die Medienerziehung, die ihre Eltern umsetzen (wollen). Dabei geht es erstens um die Forderung nach ungeteilter Aufmerksamkeit. Schon Kleinkinder stören sich an den medialen Konkurrenten vor allem in solchen Situationen, die den Grundstein für gute und sichere Bindungen legen. McDaniel und Radesky (2018, S. 210) prägen in diesem Zusammenhang den Begriff der »Technoference«. Über sechs Monate hinweg begleiteten und befragten sie 183 Elternpaare mit Kindern unter fünf Jahren und arbeiteten heraus, wie digitale Mediengeräte die Eltern-Kind-Interaktionen regelmäßig unterbrechen. Auf die immer wiederkehrenden Aktivitäten mit dem Smartphone während des Stillens, des gemeinsamen Spielens oder Ausruhens reagierten die Kinder mit Verhaltensauffälligkeiten wie Schmollen, Jammern oder Wut, was wiederum zu Stressgefühlen und Gereiztheit der Eltern beitrug. Die meisten älteren Mädchen und Jungen (68 %) beobachten genau und stören sich daran, wenn ihre Mütter und Väter telefonieren, surfen oder am Computer arbeiten, während sie dabei sind (Scoyo & ZEIT LEO 2015, S. 2). Gleichzeitig akzeptieren Kinder medienbezogene Regeln eher, wenn diese auch für ihre Eltern verbindlich sind und finden solche Vorgaben »blöd«, wenn sie nicht für die Erwachsenen gelten (ebd.). Heranwachsende haben also durchaus das Bedürfnis nach medialen Auszeiten und nach ungeteilter Aufmerksamkeit ihrer Eltern. Und sie gelangen zu der Erkenntnis, dass in ihrer Familie mit zweierlei Maß gemessen wird, wenn es um medienbezogene Vereinbarungen geht.

Insgesamt fällt es Eltern erstens schwer, ihre Vorbildrolle und den damit verbundenen Zusammenhang zwischen ihrem Modellcharakter und dem Medienhandeln der Kinder herzustellen, woraus zahlreiche Konflikte und Hürden in der Medienerziehung erwachsen (Wagner et al. 2016, S. 45). Zweitens muss erwähnt werden, dass Medienerziehung als Aufgabenfeld des erzieherischen Jugendmedienschutzes darauf abzielt, Kinder und Jugendliche in ihrem Medienhandeln zu stärken und sie zu kritischen, reflektierten und kompetenten Mediennutzer*innen zu erziehen. Dafür braucht es neben der Begrenzung von Risiken auch Regeln und vor allem auch Aushandlungen und Diskurse, die oftmals zu kurz kommen. Drittens gilt es, die Chancen und Potenziale digitaler Medien in den Blick zu nehmen, die der heranwachsenden Generation eine äquivalente Partizipation an sozialen und gesellschaftlichen Prozessen ermöglichen.

5.4 Wirksamer Schutz braucht Teilhabe: Kinderrechtliche und jugendpolitische Perspektiven

»Save our internet!« – »Filter nur für Kaffee!« – »Ich bin kein Bot!« Nur wenige Wochen, nachdem bereits zehntausende junge Menschen im Rahmen von »Fridays for Future« für mehr Klimagerechtigkeit protestiert und damit eher eine Debatte um die Schulpflicht als um zukunftsfähige Maßnahmen für mehr Klimaschutz ausgelöst hatten, gingen im März 2019 erneut vornehmlich Jugendliche auf die Straße. Dieses Mal, um gegen die geplante EU-Urheberrechtsreform und die damit verbundenen Upload-Filter und Lizenzvereinbarungen zu demonstrieren.[18] Ihre nicht unberechtigte Sorge: dass das Internet, wie sie es kennen, nutzen und lieben, sich zu einem Raum wandeln würde, der aufgrund rechtlicher Beschränkungen nur noch wenig Kreativität zulassen könnte. Dass ausgerechnet eine Generation, die allein schon zahlenmäßig einen sehr geringen Teil der deutschen Bevölkerung ausmacht, sich sicht- und hörbar für die zwei komplexen Themen »Klimapolitik« und »Urheberrecht« differenziert einsetzt und einen erstaunlichen Mobilisierungsgrad an den Tag legt, hat nicht nur Entscheidungsträger*innen in Politik und Gesellschaft überrascht, sondern ist auch auf eine gemeinsame Wahrnehmung vieler junger Menschen zurückzuführen. Sie fühlen sich nicht angemessen politisch repräsentiert, ihre Anliegen würden nicht ernst genommen und ihre Perspektive auf Wirtschaft und Gesellschaft sowie ihre Lebenswelten, in denen die Grenzen zwischen Offline und Online verschwimmen, fließen nicht in politische Entscheidungsfindungen ein (vgl. Vodafone Stiftung Deutschland 2020). Aus demokratiepädagogischer und aus jugendpolitischer Sicht ist diese Diagnose an sich zunächst wenig problematisch, zeigt sie doch an, dass grundsätzlich ein hohes Interesse an der Gestaltung von Lebensräumen, an Mitbestimmung als Grundprinzip der Demokratie und aktiver Verantwortungsübernahme für die Gesellschaft, in der junge Menschen leben, besteht (Stange 2009, S. 625). Gleichsam fordert die Antwort die politische Praxis heraus: Wo und wie sollen Kinder und Jugendliche beteiligt werden, wenn ihnen doch formal kein Wahlrecht zusteht? Wo sind die Räume, in denen sie Selbstwirksamkeit erproben und Mitsprache erleben können? Und präzisiert für das Thema dieses Artikels, dem Verhältnis zwischen Medienethik und Jugendmedienschutz: Wie sollen Heranwachsende an ihrem eigenen Schutz, z. B. vor sie gefährdenden Inhalten oder Interaktionen im Internet, beteiligt werden, ohne sie in ihrem Aufwachsen zu beeinträchtigen?

War für lange Zeit der mediale Diskurs um Jugendmedienschutz von bewahrpädagogischen und paternalistischen Perspektiven geprägt (der Psychiater Manfred Spitzer zählt hier zu den prominentesten Vertretern einer in der Presse große Resonanz findenden Form einer generalisierenden ›Moralpanik‹), so deutet

---

18 https://www.sueddeutsche.de/politik/urheberrecht-klimaschutz-protest-1.4384919

sich seit einigen Jahren nicht nur, aber besonders im deutschsprachigen Diskurs ein Paradigmenwechsel an. Dieser verschiebt den Ausgangspunkt für Schutzkonzepte weg von den Medien, von Mediengattungen und Verbreitungswegen (und deren Dämonisierung) hin zum Kindeswohl als Handlungsmaxime. Als Grundlage dafür dient die UN-Kinderrechtskonvention, verabschiedet von der UN-Generalversammlung im Jahre 1989 als völkerrechtlicher Rahmen, der Kindheit als eigenständige Lebensphase definiert und so den besonderen Schutzbedarf von Kindern und Jugendlichen, die das 18. Lebensjahr noch nicht vollendet haben, formuliert (vgl. Übereinkommen über die Rechte des Kindes 2014). Wenngleich 1989 das Internet, wie wir es heute kennen, noch nicht existierte, so bietet die Konvention jedoch die Basis für ein erweitertes Verständnis für die Rechte von Kindern und Jugendlichen auf Teilhabe an Rechtsbereichen, die die digitale Gesellschaft und ihre Anforderungen betreffen. Artikel 12 und Artikel 13 sichern in ihrem Zusammenhang das Recht von Kindern auf Beteiligung an sie berührenden Angelegenheiten, eigene Meinungsbildung und freie Meinungsäußerung ab, ferner »die Freiheit [...] Informationen und Gedankengut jeder Art in Wort, Schrift oder Druck, durch Kunstwerke oder andere vom Kind gewählte Mittel sich zu beschaffen, zu empfangen und weiterzugeben« (vgl. ebd.). Der medialen Dimension von gesellschaftlicher Teilhabe durch Kinder und Jugendliche wird hier insofern Rechnung getragen, als sie insbesondere in den sozialen Netzwerken eine wichtige Rolle spielt. Plattformen wie Facebook, Instagram und TikTok basieren auf dem Prinzip der Produktion und Distribution von *user generated content*, jeder und jede kann folglich nicht nur selbst Inhalte produzieren und verbreiten, sondern sie auch empfangen und rezipieren, um sich darauf aufbauend eine Meinung zu einem oder mehreren Themen zu bilden – oder sich schlichtweg unterhalten zu lassen. Freie Meinungsäußerung ist somit als Möglichkeit zur digitalen Teilhabe von Heranwachsenden zu verstehen, jedoch zu interpretieren mit dem in Artikel 3 der UN-KRK verankerten Vorrang des Schutzes des Kindeswohls als Leitprinzip aller privaten und öffentlichen Einrichtungen, implementiert und geregelt in allen Gesetzgebungs- und Verwaltungsmaßnahmen. Das bedeutet, dass die Abwägung zwischen Schutzprinzipien und Teilhaberechten nicht automatisch zugunsten einer starren Regulierung oder zugunsten des in Artikel 5 geregelten Elternrechts ausfallen muss, sondern auf einem prozessorientierten, flexiblen und lebensweltinformierten Verständnis der Entwicklung von Kindern und Jugendlichen beruht, die in der Autonomie als Subjekt mündet (»evolving capacities«) (vgl. Stapf 2019, S. 80).

Der daraus entstehende Interdependenz-Dreiklang »Schutz – Befähigung – Teilhabe« kann folglich als Handlungsanweisung aus medienethischer Sicht verstanden werden, dessen Übersetzung in die regulatorische Praxis (und das zeigt nicht nur das oben skizzierte Beispiel der Proteste gegen das EU-Urheberrecht) seit mehreren Jahrzehnten den Gesetzgeber herausfordert.[19] Erkennt man an,

---

19 Zum Zeitpunkt der Drucklegung dieses Artikels liegt ein erster Entwurf eines Zweiten Gesetzes zur Änderung des Jugendschutzgesetzes (JuSchG-E) vonseiten des Bundesministeriums für Familie, Senioren, Frauen und Jugend vor, in welchem der Anspruch explizit formuliert wird, den genannten Dreiklang zum Leitbild für die Gestaltung der

dass ein ausreichender Schutz vor integritätszersetzenden Gefahren für Kinder und Jugendliche durch und in Medien nur gelingen kann, wenn die Paradigmen von Schutz, Befähigung und Teilhabe als sich gegenseitig informierend und miteinander verzahnt verstanden werden (nicht als drei unabhängig voneinander stehende und unbewegliche Prinzipien), so ergibt sich daraus ein prozess- und bedürfnisorientiertes Konzept zur Beschreibung des Verhältnisses von Heranwachsenden und Medien. Medienbildung und Medienerziehung befähigen – wie bereits ausgeführt – Kinder und Jugendliche einerseits dazu, partizipativ und kreativ an der Gestaltung digitaler Räume mitzuwirken, stärken sie aber gleichsam in der Ausbildung von Resilienzstrategien, ferner wie sie sich selbst gegen sie beeinträchtigende Inhalte und vor gefährlichen Interaktionen schützen können (vgl. Brüggen et al. 2017, S. 8). An diesen digitalen Räumen sicher teilzuhaben, erfordert einerseits regulatorische Schutzkonzepte und sichere Räume im Netz, in denen insbesondere Kinder sich informieren, miteinander in Kontakt treten und spielen können (z. B. in Form einer starken und vernetzten Kinderseitenlandschaft) und begreift andererseits den hohen pädagogischen Wert von Befähigungskonzepten sowie die langfristigen Effekte für eine demokratische und partizipationsfördernde Gesellschaft. Die Sichtweisen von Kindern und Jugendlichen selbst kommen zum jetzigen Zeitpunkt in der Forschung, auf die sich der Jugendmedienschutz bezieht, noch zu kurz, ihre Perspektiven werden bislang noch nicht konsequent genug in eine sogenannte »evidence-based policy« überführt (Livingstone 2016). Und auch wenn das EU-Urheberrecht nicht im Rahmen von Jugendmedienschutz verhandelt wird, so zeigte sich an den Protesten junger Menschen doch sehr deutlich, dass das Gefühl, dass über ihren Kopf hinweg Politik gemacht wird, ohne, dass sie wahr- oder ernst genommen werden, vermutlich eine noch größere Frustration hervorgerufen hat als die Inhalte der Reform selbst.

Medienerziehung und Medienbildung zu einem festen Teil eines zukunftsfähigen Jugendmedienschutzes zu machen und nicht nur als frommes Bekenntnis auszustoßen, geht nichtsdestotrotz mit der Herausforderung einher, diese Formen der Kompetenzförderung und die Räume dafür gesetzlich zu verankern oder zumindest förderpolitisch angemessen zu berücksichtigen, in jedem Fall aber für formale und non-formale Bildungskontexte gleichermaßen zu denken. Spätestens die Corona-Krise hat gezeigt, dass die Beziehung zwischen den Zielen von Schutz, Befähigung und Teilhabe durch nicht erfüllte Grundvoraussetzungen digitaler Chancengerechtigkeit in einem eklatanten Ungleichgewicht steht. Es steht schlichtweg nicht nur nicht allen Kindern und Jugendlichen die entsprechende technische Ausstattung für eine Teilhabe an einer digitalen Ausnahmezustandsgesellschaft zur Verfügung – Medienbildung ist auch nicht Teil ihres Cur-

---

Rahmenbedingungen eines zeitgemäßen Jugendmedienschutzes gemacht zu haben. Die Stellungnahmen verschiedener Fachverbände begrüßen zwar einerseits, dass u. a. damit Ausdifferenzierung der Risiken berücksichtigt werden, zeigen aber andererseits auch auf, dass der Entwurf nicht mutig genug über die klassischen und institutionell verankerten Steuerungsinstrumente hinausgeht. Vgl. dazu exemplarisch die Stellungnahme des Hans-Bredow-Instituts für Medienforschung. https://www.hans-bredow-institut.de/uploads/media/default/cms/media/rrfjs70_HBI_Stellungnahme_JuSchG-E-1.pdf (Zugriff am 10.07.2020).

riculums, sie hat schon ›vor Corona‹ sowohl im schulischen Raum als auch im elterlichen Kontext lediglich eine untergeordnete und häufig verbotsgeleitete Rolle gespielt (vgl. JIMplus-Studie 2020).

5.5 Schluss

Zusammengefasst ist das abschließende Anliegen dieses Beitrags als ein in mehrfacher Hinsicht politisches zu beschreiben: Fachpolitisch gilt es, die Relevanz von Themen, Strategien und der Wertebasis des Jugendmedienschutzes im Rahmen der Ausbildung und der Praxis der Sozialen zu stärken; jugendpolitisch müssen die Leitlinien, die die VN-Kinderrechtskonvention auf internationaler und die Bundesjugendstrategie auf nationaler Ebene gleichermaßen auf die Teilhabe junger Menschen an allen Angelegenheiten, die ihr Aufwachsen in medialen Lebenswelten betreffen, Anwendung finden. Familienpolitisch betrachtet benötigen Eltern zum einen mehr und gezielte Unterstützung bei der Medienerziehung ihrer Kinder, zum anderen darf die Verantwortung, die komplexen Strukturen des gesetzlichen Jugendmedienschutzes selbstständig zu durchdringen, nicht auf sie allein abgewälzt werden. Vielmehr entsteht dadurch ein Auftrag an alle beteiligten politischen Akteure, bestehende Gesetze und Regelungen nicht nur weiterzuentwickeln, neue Zuständigkeiten zu verteilen und neue Institutionen zu schaffen, sondern eine maßgebliche Komplexitätsreduktion voranzutreiben und gleichzeitig für eine entsprechende Rechtsdurchsetzung zu sorgen, die die Anbieter von Inhalten und Plattformen in die Pflicht nimmt, für verbindliche mediale Schutzräume für Heranwachsende zu sorgen.

Quellenverzeichnis

Brüggen, N. & Siller, F. (2020): Kinder- und Jugendmedienschutz. In: Kutscher, N./Ley, T./Seelmeyer, U./Siller, F./Tillmann, A./Zorn, I. (Hrsg.): Handbuch Digitalisierung und Soziale Arbeit (S. 481-491). Weinheim: Beltz.

Brüggen, N./Dreyer, S./Drosselmeier, M./Gebel, C./Hasebrink, U./Rechlitz, M. (2017): Jugendmedienschutzindex: Der Umgang mit onlinebezogenen Risiken – Ergebnisse der Befragung von Eltern und Heranwachsenden. Herausgegeben von: Freiwillige Selbstkontrolle Multimedia-Diensteanbieter e. V., Berlin. Onlinequelle: https://www.fsm.de/sites/default/files/FSM_Jugendmedienschutzindex.pdf, Zugriff am 05.07.2020.

Brüggen, N./Dreyer, S./Gebel, C./Lauber, A./Müller, R./Stecher, S. (2019): Gefährdungsatlas. Digitales Aufwachsen. Vom Kind aus denken. Zukunftssicher handeln. Herausgeben von: Bundesprüfstelle für jugendgefährdende Medien. Bonn 2019.

Bundesarbeitsgemeinschaft Kinder- und Jugendschutz: Aufgaben und Ziele des Kinder- und Jugendschutzes. Onlinequelle: http://www.bag-jugendschutz.de/baj_aufgaben_ziele.html, Zugriff am 27.06.2020.

Bundesministerium für Familie, Senioren, Frauen und Jugend (2014): Übereinkommen über die Rechte des Kindes. VN-Kinderrechtskonvention im Wortlaut mit Materialien. https://www.netzwerk-kinderrechte.de/fileadmin/bilder/user_upload/%C3%9Cbereinkommen-%C3%BCber-die-Rechte-des-Kindes_2014.pdf, Zugriff am 10.06.2020.

Büsch, A. & Schreiber, B. (2016): Let's talk about Werte – Ethische Herausforderungen für die Medienpädagogik in der digitalisierten Netzwerkgesellschaft. In: Brüggemann, M.; Knaus, T.; Meister, D. M. (Hrsg.): Schriften zur Medienpädagogik: Kommunikationskulturen in digitalen Welten – Konzepte und Strategien der Medienpädagogik und Medienbildung (S. 55-82). München: kopaed.

Calmbach, M. et.al. (2016): SINUS Studie: Wie ticken Jugendliche 2016? Lebenswelten von Jugendlichen im Alter von 14-17 Jahren in Deutschland. Wiesbaden: Springer Verlag. Onlinequelle: http://www.springer.com/de/book/9783658125325, Zugriff am 02.07.2020.

Eggert, S. (2019): Familiäre Medienerziehung in der Welt digitaler Medien: Ansprüche, Handlungsmuster und Unterstützungsbedarf von Eltern. In: Fleischer, S. & Hajok (Hrsg.): Medienerziehung in der digitalen Welt. Grundlagen und Konzepte für Familie, Kita, Schule und Soziale Arbeit (S. 105 – 118). Stuttgart: Kohlhammer.

Gebel, C./Brüggen, N./Hasebrink, U./Lauber, A./Dreyer, S./Drosselmeier, M./Rechlitz, M. (2018): Jugendmedienschutzindex: Der Umgang mit onlinebezogenen Risiken – Ergebnisse der Befragung von Lehrkräften und pädagogischen Fachkräften. Herausgegeben von: FSM – Freiwillige Selbstkontrolle Multimedia-Diensteanbieter e. V. Onlinequelle: https://www.fsm.de/sites/default/files/FSM_Jugendmedienschutzindex_2018.pdf, Zugriff am 03.07.2020.

Gebel, C. & Wütscher, S. (2015): Social Media und die Förderung von Werte- und Medienkompetenz Jugendlicher. Expertise zu den Potenzialen der Medienarbeit mit Social Media. München: JFF – Institut für Medienpädagogik in Forschung und Praxis. Onlinequelle: http://www.ich-wir-ihr.de/wp-content/uploads/2015/08/Expertise_Jugend-Werte-Medien_Gebel_Wuetscher.pdf, Zugriff am 03.07.2020.

Geisler, M (2019).: Digitale Spiele in der Medienpädagogik – Einstellungen, Erfahrungen und Haltungen von Spielleiteten. München: koepad.

Grimm, P. (2013): Digitale Ethik und medienethische Kompetenz 2.0 – ein neuer Ansatz für Konfliktlösungen im Netz? In: Berliner Forum Gewaltprävention, Jg. 14, H. 48, S. 52–57. Onlinequelle: http://www.berlin.de/lb/lkbgg/publikationen/berliner-forum-gewaltpraevention/2013/bfg_48.pdf, Zugriff am 02.07.2020.

I-KiZ – Zentrum für Kinderschutz im Internet (2016): Jahresbericht 2015. Berlin.

Kommission für Jugendmedienschutz (KJM): Jugendmedienschutz. O. J., Onlinequelle: https://www.kjm-online.de/themen/jugendmedienschutz, Zugriff am 02.07.2020.

Livingstone, S. (2016): Reframing media effects in terms of children's rights in the digital age, Journal of Children and Media, 10:1, S. 4-12.

McDaniel, B.T. & Radesky, J.S. (2018): Technoference: Longitudinal Associations between Parent Technology Use, Parenting Stress, and Child Behavior Problems. Onlinequelle: https://www.nature.com/articles/s41390-018-0052-6.pdf, Zugriff am 05.07.2020.

Medienpädagogischer Verbund Südwest (mpfs) (2018): FIM-Studie 2016. Familie – Interaktion – Medien. Untersuchung zu Kommunikation und Mediennutzung in Familien. Onlinequelle: https://www.mpfs.de/fileadmin/files/Studien/FIM/2016/FIM_2016_PDF_fuer_Website.pdf, Zugriff am 05.07.2020.

Medienpädagogischer Verbund Südwest (mpfs) (2018): KIM-Studie 2018. Basisuntersuchung zum Medienumgang 6- bis 13-Jähriger. Onlinequelle: https://www.mpfs.de/fileadmin/files/Studien/KIM/2018/KIM-Studie_2018_web.pdf, Zugriff am 05.07.2020.

Medienpädagogischer Verbund Südwest (mpfs) (2020): JIMplus 2020. Lernen und Freizeit in der Corona-Krise. Onlinequelle: https://www.mpfs.de/studien/jim-studie/jimplus-2020/, Zugriff am 10.07.2020.

Nikles, B. (2002): Rückbindungen des Kinder- und Jugendschutzes: Wertorientierungen und Gesellschaftsbilder. In: Bundesarbeitsgemeinschaft Kinder- und Jugendschutz e. V. (Hrsg.): Werte haben Konjunktur. Ist die Vermittlung von Normen und Werten ein Thema für den Jugendschutz? Berlin.

Schorb, B. (2015): Ungewöhnliche Werte gehen. Wertevermittlung in der politischen Bildung? Ein Interview mit Thomas Krüger, bpb. In: merz 59 (2015), H.3, S. 31-36.

Scoyo Eltern! Magazin & ZEIT LEO (2015): Papa, leg das Smartphone weg! Studie zum Umgang mit Medien in der Familie. Bundesweite FACT-Online-Befragung. Onlinequelle: https://www-de.scoyo.com/dam/ratgeber-downloads/regeln-mediennutzung-kinder-booklet-studie-scoyo.pdf, Zugriff am 05.07.2020.

Sommer, A. U. (2018): Wertegesellschaft – Werte in Gesellschaft? Quecksilbrigkeit als Chance. In: Rodenstock, R. & Sevsay-Tegethoff, N (Hrsg.): Werte – und was sie uns wert sind. Eine interdisziplinäre Anthologie. München: Roman Herzog Institut e.V., S. 95-107. Onlinequelle: https://www.romanherzoginstitut.de/publikationen/detail/werte-und-was-sie-uns-wert-sind.html, Zugriff am 05.07.2020.

Stange, W. (2009): Partizipation von Kindern und Jugendlichen im Schnittfeld von Schule und Jugendlichen, in: Angelika H. et. al. (Hrsg.): Jugendhilfe und Schule. Handbuch für eine gelingende Kooperation (S. 609-628). Wiesbaden: VS Springer.

Stapf, I. (2019): Zwischen Selbstbestimmung, Fürsorge und Befähigung. Kinderrechte im Zeitalter mediatisierten Heranwachsens. In: Stapf, I./Prinzing, M./Köberer, N. (Hrsg.): Aufwachsen mit Medien. Zur Ethik mediatisierter Kindheit und Jugend (S. 69-84). Baden-Baden: Nomos.

Thomas, T. & Krotz, F. (2008): Medienkultur und soziales Handeln: Begriffsarbeiten zur Theorieentwicklung. In: Thomas, Tanja (Hrsg.) (2008): Medienkultur und soziales Handeln. Wiesbaden (S. 17-42). Wiesbaden: VS Verlag für Sozialwissenschaften.

Vodafone Stiftung Deutschland (2020): Jugend will bewegen. Politische Beteiligung junger Menschen in Deutschland. Eine Befragung im Auftrag der Vodafone Stiftung Deutschland. Onlinequelle: https://www.vodafone-stiftung.de/wp-content/uploads/2020/06/Vodafone-Stiftung-Deutschland_Studie_Jugend-will-bewegen.pdf, Zugriff am 10.07.2020.

Wagner, U./Eggert, S./Schubert G. (2016): MoFam – Mobile Medien in der Familie. Studie. Langfassung. 2016, [72] S. – (MoFam – Mobile Medien in der Familie I). Onlinequelle: http://nbn-resolving.de/urn:nbn:de:0111-pedocs-160868, Zugriff am 05.07.2020.

Zürcher Hochschule für Angewandte Wissenschaften (ZAW) – Institut für Delinquenz und Kriminalprävention (Hrsg.) (2018): Zur Entwicklung der Gewalt in Deutschland. Schwerpunkte: Jugendliche und Flüchtlinge als Täter und Opfer. Zürich. Onlinequelle: https://www.bmfsfj.de/blob/121226/0509c2c7fc392aa88766bdfaeaf9d39b/gutachten-zur-entwicklung-der-gewalt-in-deutschland-data.pdf, Zugriff am 28.06.2020.

6 Medienpädagogische Methoden

Torben Kohring

Dieses Kapitel setzt sich mit dem Methodenbegriff und den Grundlagen für medienpädagogische Methoden auseinander. Dabei wird der Fokus auf die methodische Notwendigkeit für eine Arbeit mit verschiedenen Zielgruppen gelegt und eine Klassifizierung von Methoden auf Basis des Medienkompetenzmodells nach Aufenanger vorgenommen.

6.1 Der Methodenbegriff

Die praktische Medienpädagogik kann als ein Bereich der Sozialen Arbeit angesehen werden. Je nach Kontext lassen sich durchaus auch andere logische Einordnungen vornehmen, die sich gegenseitig nicht ausschließen, wie man an den Erläuterungen von Geisler/Pohlmann und Müller sehen kann. Methoden[20][21] sind nach Krauß (1996, S. 396) in der Sozialen Arbeit »als Konzepte für einen professionellen Umgang mit berufsspezifischen Problemen« zu verstehen. Methoden müssen dabei verallgemeinerbar sein und Aussagen über die Ziele, Gegenstände und Mittel des Handelns machen. Sie sind »zielgerichtet, prozessorientiert und systematisch« (ebd.). Methoden sind also durch ihre Natur Grundlage eines professionellen Handelns für die Medienpädagogik. »Methoden sind immer unter bestimmten Bedingungen anwendbar. Ihr Einsatz ist abhängig von der Situation, dem Ort und Bedingungen, unter denen sie durchgeführt werden sollen. Methoden sollten sich der Zielgruppe anpassen und in einem geeigneten Bezug zueinanderstehen und sich gegenseitig ergänzen und stützen. Krauß merkt darüber hinaus an, dass »Methoden abzugrenzen sind gegenüber Techniken/Verfahren/Intervention; diese bezeichnen i.d.R. erprobte, in ihrer Wirkung voraussagbare standardisierte Verhaltensweisen, die im Dienst methodischen Handelns zur Erreichung strategischer Ziele stehen« (ebd.). Die Grenze zwischen Methode und

---

20 Der Begriff der Methode leitet sich aus dem griechischen *méthodos* ab, eine Verbindung von *metá* (hinterher) und *hódos* (Weg) mit der Bedeutung »Weg«, aber auch »Vorgehensweise« ab. (vgl. Beer) Eine Methode beschreibt im Zusammenhang der Sozialen Arbeit also die Vorgehensweise bei der Vermittlung von Wissen, von Fähigkeiten, eines Zusammenhangs oder einer Erkenntnis. In der pädagogischen Literatur gibt es verschiedene Interpretationen zum Begriff der Methode.

Technik ist in der Praxis nicht immer klar definierbar und häufig fließend. Ein Plan ein bestimmtes Ziel zu erreichen ist eine Methode, die konkrete Umsetzung dieses Plans in der Regel die Technik.

Die Medienpädagogik ist eine im Gegensatz zu anderen pädagogischen Bereichen offene Disziplin. Knaus merkt dazu an, dass die Medienpädagogik als Disziplin gekennzeichnet wird, »die hinsichtlich ihrer Theorien und Methoden über einen eher geringen Konsens verfügt, die sich durch hohe Diversität auszeichnet und die sich (im Gegensatz zu »Unified-Insular Disciplines«) nur schwach gegen »äußere« Einflüsse anderer Disziplinen abgrenzen kann.« (2013, S. 10) Dies könnte einerseits als Problem betrachtet werden, da eine klare Beschreibung medienpädagogischer Methoden unter diesem Blickwinkel nur schwer möglich ist. Allerdings merkt Knaus weiter an, dass »die Medienpädagogik Einflüsse aus anderen Disziplinen interessiert aufnimmt und sie auf kreative Weise adaptiert. Dies bereichert einerseits die Themen und Methodenvielfalt, erweitert Perspektiven und Zugänge, steigert aber andererseits auch die Heterogenität des Forschungsspektrums.« (ebd.)

So vielfältig wie die Medienlandschaft sich heute ausgestaltet und so unzählig die Definitionen des Begriffs »Medien« sind, so zahlreich sind die Möglichkeiten, Medienkompetenz bei verschiedenen Zielgruppen zu fördern. Grundsätzlich kann zwischen drei Ansätzen unterschieden werden (vgl. Medienkompetenzportal-NRW):

- Den Einsatz von Medien in der Projektarbeit, um den Umgang mit Technik zu erlernen, die eigene Umwelt oder ein Thema zu erschließen oder Inhalte zu produzieren.
- Medien werden zum Gegenstand der Auseinandersetzung und der Medienkonsum und Inhalte werden in ihrer Wirkung reflektiert. Auch der Einfluss von Medien auf die Gesellschaft wird dabei betrachtet werden.
- Medien können als Lernwerkzeuge und Lernpartner eingesetzt werden.

(Sozial-)Pädagog*innen besitzen durch ihre Ausbildung und praktische Erfahrung ein großes Repertoire an Methoden, die sich je nach Zielgruppe und Veranstaltungsform flexibel variieren lassen. Viele Methoden lassen sich auch im medienpädagogischen Bereich entsprechend anpassen und einsetzen. Je nach Zielgruppe, Veranstaltungsform und Zielsetzung ist es notwendig, verschiedene pädagogische Methoden aufeinander zu beziehen und z. B. bereits zum Einstieg Methoden mit einer klaren Zielsetzung und Hinführung zum Thema auszuwählen. Große Projekte über einen langen Zeitraum dagegen profitieren von einem abwechslungsreichen Methodenmix, der auch Methoden ohne medienpädagogischen Hintergrund berücksichtigt.

Doch was zeichnet eigentlich gute Medienpädagog*innen aus? Sicherlich zuerst eine pädagogische Begabung in der Arbeit mit Zielgruppen. Darüber hinaus sind technisches Geschick und Fachwissen für praktisch arbeitende Medienpädagog*innen in der täglichen Arbeit notwendiges Rüstzeug. Und dazu gehört ein umfangreicher Katalog mit situativen und der Zielgruppe angepassten medienpädagogischen Methoden.

6.2 Didaktik und Methode – Das Was und das Wie

Eine umfassende grundlegende Didaktik der Sozialen Arbeit ist nicht definiert und daher nicht ohne weiteres auf die medienpädagogische Arbeit übertragbar. Sie muss daher als eigenständiges didaktisches Feld der Sozialen Arbeit verstanden werden. Die zentralen Prinzipien der verschiedenen Felder der Sozialen Arbeit müssen natürlich trotzdem in der Konzeption und Durchführung von Projekten bedacht und umgesetzt werden. Gerade in der Arbeit mit verschiedenen Zielgruppen sind Methoden anzupassen und die Besonderheiten der verschiedenen Zielgruppen zu beachten.

Die pädagogischen Prinzipien der offenen Kinder- und Jugendarbeit definieren die Grundsätze in der offenen Arbeit mit Kindern und Jugendlichen (vgl. Deinet 2008).

- Prinzip der Offenheit
- Prinzip der Freiwilligkeit
- Prinzip der Partizipation
- Prinzip der Lebenswelt- und Sozialraumorientierung
- Prinzip der Geschlechtergerechtigkeit

Wenn die Kulturelle Bildung zum großen Teil in der Sozialen Arbeit verortet werden kann, dann gelten für sie in der Ausarbeitung von Methoden diese Prinzipien. »Die Kulturelle Bildung ist im Kontext der Sozialen Arbeit als gezielter aktiver Umgang mit künstlerischen Ausdrucksformen, kreativen Entwicklungsprozessen, kommunikativen Praktiken, sinnlichen Erfahrungen und kulturellen Konventionen zu verstehen« (Hill 2012/2013). Schorn (vgl. Schorn, 2009, S. 7-9) führt aus, dass die Kulturelle Bildung sich durch ganzheitliche Spiel- und Lernformen auszeichnet. Ganzheitliches Lernen betont neben den kognitiven Aspekten auch körperliche sowie affektiv-emotionale Aspekte. Ganzheitlichkeit als Lernform zeichnet sich aus durch einen dynamischen Wechsel u. a. von geistiger und körperlicher Aktivität, von sprachlicher und nicht-sprachlicher Interaktion, von Sinneseindrücken auf der einen und analytischer Durchdringung eines Problems auf der anderen Seite. Alles was sinnlich erfahrbar ist, erreicht tiefere Schichten im Menschen, hinterlässt nachhaltigere Spuren als der rein kognitive Prozess (vgl. Hill 2012/2013), Ganzheitliches Lernen stützt sich dabei auf folgende Prinzipien:

- Prinzip der Stärkenorientierung
- Prinzip der Selbstwirksamkeit
- Prinzip des selbstgesteuerten Lernens
- Prinzip der Interessenorientierung
- Prinzip der Partizipation
- Prinzip der Vielfalt

Medienpädagogische Methoden müssen sich also einerseits je nach Zielgruppe an den Prinzipien der verschiedenen Felder der Sozialen Arbeit orientieren und andererseits in außerschulischen Kontexten die Prinzipien der Kulturellen Bildung berücksichtigen, um erfolgreich zu sein und die Ziele einer umfassenden Kompetenzförderung zu erreichen.

6.3 Grundlegende medienpädagogische Kompetenzen vermitteln

Die verschiedenen, in den letzten Jahren vorgelegten Modelle, der Medienpädagogik setzen sich alle mit den zu vermittelnden Kompetenzen auseinander, die sich das Individuum im medienpädagogischen Prozess aneignen sollte.

Baacke führt dazu aus, dass »indem wir ›Medien‹ zwar als in der modernen Gesellschaft wichtiges Kommunikationsmedium erfahren, wir doch nicht davon absehen dürfen, daß kommunikative Akte auch in Face-to-face-Situationen, live und in direkter Begegnung, über Sprache und Sprechen, Sich-Anschauen, Sich-Berühren etc. stattfinden, kurz: ›Medienkompetenz‹ ist eine Besonderung technisch-elektronisch organisierter Kommunikationsverhältnisse, denen aber andere historisch vorausgehen oder diese eng begleiten« (1999, S. 31). Obwohl sich die kommunikativen Möglichkeiten in den letzten Jahrzehnten so umfassend weiterentwickelt haben, war Baacke bereits bewusst, dass »Medienkompetenz eine Besonderung von ›kommunikativer Kompetenz‹ […] sowie von ›Handlungskompetenz‹ […] [darstellt]. ›Medienkompetenz‹, ›kommunikative Kompetenz‹ und ›Handlungskompetenz‹ sind Bausteine, die zusammenzufügen und zu verfugen sind. Allen drei Modalitäten ist in Hinsicht auf ›Kompetenz‹ eines gemeinsam: dass der Mensch ein kompetentes Lebewesen sei […]. Somit ist die Aufgabe der Medienpädagogik, die sich Medienkompetenz nennt, Lernen und Erfahrung zu ermöglichen in Bezug auf Wahrnehmungsweisen der Medien, die keineswegs schon ins Alltagsrepertoire gehören« (ebd.).

Medienpädagogische Methoden sollten die Kompetenzdimensionen fördern, die einer ausgewählten Definition von Medienkompetenz entsprechen. Im Umkehrschluss heißt dies, dass eine Methode, die nicht eine medienpädagogische Kompetenz fördert, auch nicht der medienpädagogischen Disziplin zuzuordnen ist, sondern medienpädagogische Kompetenzen nur als Begleiterscheinung fördert. Ein medienpädagogischer Ansatz stellt die Medien in den pädagogischen Mittelpunkt des Handelns, eine Pädagogik mit Medien nutzt Medien als Werkzeug zur Bearbeitung eines anderen didaktischen Feldes. Natürlich können die Trennlinien hier nicht scharf gezogen werden, denn in einem gemeinsamen digitalen Spiel werden natürlich auch soziale Kompetenzen gefördert, die jedoch erst durch eine Rahmung und Reflexion zu einer medienpädagogischen Handlung werden. Dies ist z. B. bei Methoden der Fall, die sich generell mit einer Kommunikationskompetenz und respektvoller Kommunikation beschäftigen. Natürlich spielen diese Fähigkeiten auch in der medienpädagogischen Arbeit eine Rolle, müssen aber methodisch in eine Verbindung mit Medien gebracht werden. Wenn man sich die von Baacke definierten Kategorien Handlungskompetenz, Medienkompetenz und kommunikative Kompetenz betrachtet, wird deutlich, dass es sich bei der medienpädagogischen Disziplin in einer sich wandelnden Gesellschaft immer mehr um eine Meta-Disziplin handelt, deren Methoden eine Bedeutung in allen Handlungsfeldern entfaltet. Medienkompetenz wird hier immer mehr zu einer Gesellschaftskompetenz. Baacke hat darauf schon weit vor dem Aufkommen der Sozialen Medien hingewiesen. »Lebenswelten sind Medienwelten, Medienwelten sind Lebenswelten« (Baacke 2004, S. 21). Die Medienpädagogik muss daher die zu fördernden Kompetenzen als Förderung der Lebenskompetenzen des Individuums betrachten und die anzuwendenden Methoden daraufhin abstimmen. Besonders der Bereich der Schule muss zwangsläufig die Medienkompetenz als eine der übergreifenden und immer mitzudenkenden Kompetenzen und Fähigkeiten begreifen, die Schüler*innen im Laufe ihres Schulbesuchs nicht nur aus bildungstheoretischer Sicht, sondern in Vorbereitung auf ein Leben als mündiger Bürger vermittelt werden müssen.

Das Bundesland Nordrhein-Westfalen hat mit dem Medienkompetenzrahmen NRW ein Raster vorgelegt, bei dem »die sechs Kompetenzbereiche mit insgesamt 24 Teilkompetenzen dabei in ihrer Gesamtheit nicht nur auf eine systematische Medienbildung entlang der gesamten Bildungskette zielen. Sie beziehen schulische wie außerschulische Lernorte ein [...]« (Medienkompetenzrahmen NRW). Die hinterlegte Methodensammlung ist dabei jedoch klar auf den Schulunterricht zentriert. Der vorliegende Artikel spart in der weiteren Darstellung bewusst Methoden für den schulischen Fachunterricht aus und stellt allgemeine Methoden dar, die den verschiedenen Bereichen zugeordnet werden können. Der Kompetenzrahmen NRW orientiert sich an den Bedürfnissen des curricularen Unterrichtssystems und systematisiert die hinterlegten Methoden für den Einsatz in den jeweiligen Unterrichtsfächern und listet Methoden zur Förderung spezifischer Kompetenzen im Anhang auf. Er zeigt jedoch exemplarisch, wie eine systematische Aufgliederung von Kompetenzbereichen und Teilkompetenzen aussehen kann. Für eine systematische Erfassung von Methoden einer kulturellen Medienbildung eignet es sich, wenn man es dem Modell von Jerkins gegenübergestellt jedoch nur bedingt, da in ihm Medienkompetenz in erster Linie als Förderung technischer Kompetenzen und der Aneignung von Fachwissen verstanden wird und nur am Rande als Teil der Identitätsentwicklung und Aneignung und Reflexion kultureller Erfahrungen beschrieben wird.

Die vier Dimensionen Baackes wurden von Aufenanger (2003) aufgenommen und erweitert. Er unterscheidet sechs Dimensionen: die kognitive Dimension, die moralische Dimension, die soziale Dimension, die affektive Dimension, die ästhetische Dimension und die Handlungsdimension. Diese Dimensionen werden am Ende dieses Kapitels als didaktisches Gerüst für eine Systematisierung medienpädagogischer Methoden herangezogen.

6.4 Adressatenorientierung als Grundlage einer methodischen Medienpädagogik

Um medienpädagogische Angebote konzipieren zu können benötigt es ein umfassendes Wissen über die Bedürfnisse der Zielgruppe und des Settings statt, in dem die Methode angewandt werden soll. Die Methoden der verschiedenen Settings[21] unterscheiden sich bereits im Hinblick auf die Freiwilligkeit der Teilnahme und damit auch im Hinblick auf die Motivation der Teilnehmenden. Angebote der Kulturellen Bildung finden häufig in außerschulischen non-formalen Bildungsorten statt. Diese non-formalen Settings müssen von Beginn an motivierende Lernumgebungen schaffen um die Teilnehmenden zum Bleiben und partizipieren zu bewegen. Medienpädagogische Methoden hatten viele Jahre bei Kindern und Jugendlichen eine Art »Rattenfänger-Charakter«, da attraktive Technik teuer und in privaten Haushalten nur vereinzelt zu finden war. Mittlerweile reicht der Einsatz von Technik jedoch nicht mehr, um Kinder und Jugendliche zur aktiven Teilnahme an Projekten zu bewegen. Obwohl die technische Ausstattung von Haushalten eine große Bandbreite aufweist, findet erfahrungsgemäß eine Auswahl von Kindern und Jugendlichen nach thematischer und nicht nach technischer Ausgestaltung statt. Eine korrekte Adressatenorientierung und detaillierte Informationen im Vorfeld bestimmen maßgeblich den anzuwendenden Methodenkatalog und den Aufbau von Projekten. Welche Bedienkompetenzen können vorausgesetzt werden? Welche Erfahrungen haben die Teilnehmenden bereits mit bestimmten Methoden?

6.4.1 Frühe Mediennutzung – Methoden für die Zielgruppe der Kinder

Bereits Vorschulkinder machen heute erste Schritte in ihrem Umgang mit digitalen Medien. Die Mediennutzung ist dabei vor allem bei jüngeren Kindern sowohl in der Familie als auch in pädagogischen Kontexten überwiegend fremdbestimmt und die eigene Erfahrung variiert je nach Familie stark (vgl. Rathgeb 2015, S. 21). Die Entwicklung von Smartphones und Tablets hat die Nutzung der ersten digitalen Medien in die frühe Kindheit geschoben und damit die Altersspannbreite in dieser Gruppe stark erweitert. Medienpädagogische Methoden

---

21 Eine Medienkompetenzförderung kann nach Hugger in verschiedenen Settings durchgeführt werden: »an formalen Bildungsorten: die medienkompetenzorientierte Planung sowie Gestaltung von institutionalisierten Lern- und Bildungssettings (insbesondere in Schule, Ausbildung, Hochschule); an non-formalen Bildungsorten: die medienkompetenzorientierte Planung sowie Gestaltung von organisierten Bildungsangeboten und -aktivitäten, die auf Freiwilligkeit der Teilnahme basieren (insbesondere in Kindertagesbetreuung, Jugendarbeit, Medienwerkstätten, Ganztagsschulen); an informellen Bildungsorten: die Begleitung von Selbstbildungs- und Selbstlernprozessen mit Medien, die nicht institutionell organisiert sind, also jenseits formaler Bildungsinstitutionen und Lernveranstaltungen angesiedelt sind (z. B. in Familie, Peers)« (Hugger 2017) statt.

müssen die extreme Ambivalenz berücksichtigen, die dadurch in dieser Zielgruppe entsteht. Neben ersten technischen Erfahrungen und der Ausbildung einer Bedienkompetenz geht es in diesem Alter darum, audiovisuelle Erfahrungen adäquat verarbeiten und reflektieren zu können. Erste eigene mediale Gestaltungen zeigen hier die Möglichkeiten einer kreativen Mediennutzung gegenüber einem passiven Konsum. Die sich erst herausbildenden kognitiven und motorischen Fähigkeiten erfordern eine Anpassung an die Altersgruppe sowie eine starke Differenzierung innerhalb der Methoden. Vorschulkinder sind keine homogene Gruppe, sondern wiesen in Hinblick auf ihre medialen Vorerfahrungen erhebliche Unterschiede auf. Fachkräfte brauchen im Kitabereich stark ressourcenorientierte und anpassbare Methoden, um diese in den häufig stark getakteten Arbeitsalltag einzubauen.

6.4.2 Medien als Teil der Identität – Methoden für die Zielgruppe der Jugendlichen

Jugendliche besitzen bereits umfassende Medienerfahrungen. Sie nutzen die aktuellsten Medien und konsumieren die aktuellsten Medieninhalte. Eine Mediennutzung findet zunehmend immer weniger unter dem Einfluss der Eltern statt, mit dem zunehmenden autarken Verhalten, nimmt auch die selbstbestimmte Zeiteinteilung und Inhaltsauswahl an Bedeutung zu. Medienpädagogische Methoden müssen in diesem Alter vor allem der Bedeutung von Medien auf die Persönlichkeitsentwicklung gerecht werden und dazu die jugendkulturellen, kommunikativen und sozialen Aspekte sowohl unter förderlichen als auch präventiven Gesichtspunkten bei der Konzipierung von Projekten berücksichtigen. Die steigende Bedeutung von Medien in Bezug auf die Kommunikation in diesem Alter, erfordert in der medienpädagogischen Arbeit einen umfangreichen Methodenkatalog, der alle Dimensionen einer Medienkompetenzdefinition umfasst und nicht die Vermittlung einer reinen Handlungskompetenz oder Risiken in den Vordergrund stellt. Eine kulturelle Medienbildung erfasst Medien im Leben Jugendlicher als kulturellen Einfluss, der nicht abgekoppelt werden kann, von der Persönlichkeitsbildung. Medienpädagogische Methoden für Jugendliche müssen immer im Blick haben, dass jugendliches Medienhandeln als Mosaik verschiedener Jugendkulturen verstanden werden kann.

6.4.3 Von der alten in die neue Welt – Methoden für die Zielgruppe der Erwachsenen

Erwachsene sind die heterogenste Zielgruppe der Medienpädagogik. Erwachsene müssen heute mehr denn je in einem Spannungsfeld zwischen Erziehen und Lernen bestehen. Bisher sind Erwachsene daher überwiegend in ihrer Rolle als Eltern oder Fachkräfte im Blick der Medienpädagogik, weniger als Subjekte, denen es darum geht, im Hinblick auf sich selbst eine Medienkompetenz zu entwickeln. Die Methodenauswahl zielt hier daher in erster Linie auf eine pädagogische Haltungsentwicklung und technische Kompetenzentwicklung ab. Methodenanpassungen für eine kulturelle Erwachsenenbildung sind selten und berücksichtigen bisher eine mediale Kultur abseits einer Jugendkultur und in Bezug auf Medienkonvergenzen.

Schorb und Keilhauer (2010, S. 13 – 22) stellen in der themenzentrierten Medienarbeit nicht Medien, sondern individuelle und gesellschaftliche Problemlagen in den Mittelpunkt der Betrachtung. Der Kompetenzgedanke rückt dabei neben der thematischen Behandlung von Medien in den Hintergrund, das »Wissen über Medienfunktionen über das kritische Reflektieren von Medienwirkungsabsichten bis zur Nutzung der Medien zur Partizipation und Mitgestaltung« (ebd.) sind Bestandteile dieses Ansatzes. Projekte, die diesen Ansatz als Grundlage wählen, möchten den Teilnehmenden Alternative Sichtweisen und Handlungsoptionen in Bezug auf das individuelle und gesellschaftliche Medienhandeln vermitteln. Gerade das Erwachsenenalter mit seinen sich stetig verändernden Lebensbezügen und neuen Formen von Gruppenzugehörigkeit im privaten, der Öffentlichkeit und im Politischen stellt ein wichtiges Handlungsfeld für die Medienpädagogik dar. Die Heterogenität von erwachsenengruppen erfordert ein hohes Maß an Flexibilität in der Anwendung von medienpädagogischen Methoden, da sowohl Hintergrundwissen, die individuelle Haltung als auch technisches Vorwissen sehr unterschiedlich ausfallen können. Eine Abfrage bei den Teilnehmenden im Vorfeld, macht die Methodenauswahl und die Einschätzung des Vorwissens für Medienpädagog*innen planbar.

6.4.4 Zwischen privater Haltung und Profession – Methoden für die Zielgruppe der Fachkräfte

Fachkräfte müssen mit den gesellschaftlichen Veränderungen durch die Digitalisierung des Privat- und Arbeitslebens umgehen können. Das Prinzip der Lebensweltorientierung (vgl. Thiersch 1992) verlangt von Fachkräften eine Auseinandersetzung mit der Medienpädagogik und das Erlernen von Methoden. Fachkräfte aus den verschiedenen pädagogischen Bereichen müssen dabei häufig zuerst eine Haltung zum Thema Medienpädagogik aufbauen. Medienpädagog*innen, die im Bereich der pädagogischen Fachkräfte arbeiten, müssen daher einen breiten Methodenkatalog aufweisen, der die innere und professionelle Haltung zum Thema Medien und dem pädagogischen Umgang mit diesen thematisiert. Die Methoden, die den Fachkräften für die Arbeit mit ihrer Zielgruppe vermittelt werden, müssen zielgruppenorientiert und ressourcenorientiert anwendbar sein.

6.4.5 Methoden inklusiv denken

Menschen mit besonderen Bedürfnissen benötigen in der Regel angepasste Methoden d. h. eine angepasste Technik, eine stärkere Methodendifferenzierung und Anpassungen an Umfang und Inhalt. Die Zuweisung von Menschen mit Behinderung zu Sondersystemen der Bildung, Arbeit, medizinischen Versorgung,

Kultur und Wissenschaft wird gesellschaftlich zunehmend in Frage gestellt. Eine langfristige Planung wird umso wichtiger, desto mehr eine inklusive Medienarbeit bei der Auswahl von Methoden die besonderen Bedürfnisse von Menschen berücksichtigen und eine Skalierbarkeit von Methoden beschreiben muss, damit wirklich alle an medienpädagogischen Projekten teilnehmen können. Gerade in diesem Bereich ist die Zusammenarbeit mit Fachleuten, die die Bedürfnisse und den Technikaufwand korrekt einschätzten können für Medienpädagogen unumgänglich und sollte Teil jeder medienpädagogischen Grundausbildung werden, damit Fachkräfte auch in diesem Bereich grundlegende Methoden kennenlernen und in der Lage sind, medienpädagogische Methoden an die Bedürfnisse dieser Teilnehmer*innen anzupassen. Auch hier wird in der Zukunft situatives Handeln unerlässlich sein, je mehr sich medienpädagogische Projekte jedoch bereits im Vorfeld auf die Teilnahme von Menschen mit Behinderung einstellen, desto mehr fühlen sich diese Menschen auch wirklich eingeladen, an den Projekten teilzunehmen und sich mit ihren speziellen Bedürfnissen ernst genommen und wertgeschätzt zu fühlen.

6.5 Klassifizierung Medienpädagogischer Methoden

Medienpädagogische Methodensammlungen nehmen eine Kategorisierung in der Regel nach eingesetzter Technik, Themen und Zielgruppen vor. Diese Kategorisierung lässt häufig die mögliche Generalität vorgestellter medienpädagogischer Methoden außen vor und überlässt die Übertragung der Methode auf andere Anwendungsfelder den Fachkräften. Dies ergibt bei Veröffentlichungen mit Bezug zu einer bestimmten Zielgruppe Sinn.

Nimmt man z. B. die Kategorisierung von Medienkompetenz von Aufenanger (2003) als Basis einer grundlegenden Ordnung medienpädagogischer Methoden, also einer kompetenzorientierten Methodensammlung, könnte man eine grundlegende Ordnung ohne Abhängigkeit von zeitkritischer Technik und aktuellen Themen erreichen. Zeitkritisch meint in diesem Zusammenhang, dass Technik einer ständigen Veränderung unterworfen ist und Methoden unabhängig von spezifischen Apps oder Technik die verschiedenen Dimensionen des Medienhandelns mit dieser Technik in den Blick nehmen sollten. Generalisierte Methodenbeschreibungen sollten sich also nicht mit einem spezifischen sozialen Netzwerk auseinandersetzen, sondern die verschiedenen dort angesprochenen Dimensionen eines individuellen Medienhandelns abbilden und thematisieren. Die Modifikation von Methoden muss in der Projekt- und Veranstaltungskonzeption im Hinblick auf eine bestimmte Technik, Software von den Medienpädagog*innen geleistet werden. In der Regel können dabei Methoden mehreren Dimensionen zugeordnet werden. Aufenanger führt aus, dass die sechs Dimensionen »in einem

Zusammenhang gesehen werden und (…) nicht einzeln dominieren (dürfen)« (2003, S. 5.) Methoden werden daher nie in einer reinen Form einer Dimension zuzuordnen sein. Im Folgenden werden beispielhaft methodische Ansätze den sechs Dimensionen der Medienkompetenz nach Aufenanger zugeordnet.

6.5.1 Erfahrbarkeit digitaler Technik durch Übertragung ins Analoge

Digitale Technik ist komplex und viele medienpädagogische Methoden bedienen sich einer Übertragung von digitalen Strukturen ins Analoge. In der Regel wird dadurch die Komplexität digitaler Systeme reduziert, z. B. bei der Simulation von sozialen Netzwerken, es können aber auch gerade im Analograum weitere Ebenen hinzugefügt oder bestehende Ebenen verstärkt werden, die den Teilnehmer*innen ermöglichen, das Digitale zu reflektieren und die Wirkungsmechanismen digitaler Programme zu verstehen. Analoge medienpädagogische Methoden haben den Vorteil, dass sie auch ohne den Einsatz von aufwendiger Technik durchführbar sind, d. h. auch größere Gruppen oder das Fehlen einer Internetverbindung lassen ein medienpädagogisches Arbeiten zu. Analoge Methoden eignen sich vor allem, wenn die personellen und technischen Ressourcen für eine aufwendige methodische Ausgestaltung fehlen. Zudem helfen sie in der Reflektion des eigenen Medienhandelns, da sie das Analoge und das Digitale in Verbindung setzen.

6.5.2 Methoden um Hintergründe verstehen

Die kognitive Medienkompetenz beinhaltet ein Wissen über Medien, lässt Absichten von Medienmachenden deutlich werden und ermöglicht es dem Individuum Medieninhalte wahrzunehmen, zu deuten und zu verstehen. Methoden, die Wissen über Medien vermitteln, sind die Grundlage dafür, eine moralische Dimension von Medien zu thematisieren.

Eine klassische pädagogische Methode ist das *Quiz*. Dabei kann das Quiz klassisch erlerntes Wissen auf interessante Art und Weise abfragen oder auch von den Teilnehmer*innen erstellt werden, wodurch dann die kreative und inhaltliche Gestaltung in den Vordergrund rückt. Werden technische Geräte für die Umsetzung des Quiz eingesetzt wie ein Whiteboard oder Endgeräte kommt eine medienkreative Dimension hinzu, da die Teilnehmer*innen sich sowohl über den didaktischen Aufbau des Quiz als auch über die inhaltliche Gestaltung des Quiz (Einsatz von Fotos, Videos, farbliche Gestaltung etc.) Entscheidungen treffen müssen.

Schätzaufgaben sind brauchbare Methoden, um die Dimensionen, in denen sich das Digitale bewegt zu verdeutlichen. Gerade die Geschwindigkeit, mit der digitale Prozesse im Hintergrund verarbeitet werden, ist ohne konkrete Bezüge von Nutzer*innen kaum korrekt einzuschätzen. Vor allem der Vergleich zu »früheren« analogen Zeiten lässt ältere Erwachsene verstehen, warum die Digitalisierung mehr ist als die Einführung von PCs und Smartphones.

Methoden, die auf *Zuordnungen* basieren, sind in allen Methoden anwendbar. Ob es die Like-Zahlen sind, die man in einer Methode den verschiedenen Influencern von Sozialen Netzwerken zuordnen muss oder die Nutzerzahlen verschiedener Sozialer Netzwerke korrekt sortiert werden müssen, alle Methoden verdeutlichen ähnlich wie Schätzaufgaben die Dimension von Medien. Das korrekte Erklären, Einordnen und in Zusammenhang bringen dieser Zahlen ist pädagogische Aufgabe innerhalb der Methode.

Vergleiche oder Gegenüberstellungen ermöglichen als Methode den Zusammenhang und das Verhältnis von Gegenständen zueinander. Das kann z. B. der Vergleich von Datenschutzeinstellungen verschiedener Apps oder kreativen Möglichkeiten von Programmen sein. Schon die Recherche der zu vergleichenden Inhalte stellt pädagogisch ein Selbstwirksamkeitserleben dar, da die Teilnehmenden sich häufig zum ersten Mal in der Gruppe mit solchen Inhalten auseinandersetzen.

Nacherzählungen sind eigentlich klassische Methoden des Deutschunterrichts. Dabei geht es um die Wahrnehmung und korrekte Wiedergabe von Details. Die Wahrnehmung und Wiedergabe von Medieninhalten muss genauso geübt werden, wie das Nacherzählen einer gelesenen Geschichte. Man muss Nacherzählungen von Medien neben der rein inhaltlichen Wiedergabe auch um die Beobachtung der medienästhetischen Ebene erweitern, d. h. Schnitte, Kameraperspektiven, Effekte gehören zu einer korrekten Beschreibung eines Mediums. Die Nacherzählung bereitet die *Analyse* von Medieninhalten vor, die darauf zielt, das eigene Medienhandeln anhand von erarbeiteten Ergebnissen zu verbessern.

Beispiele:

- Digital Storytelling in Köln-Nippes (Stadtbibliothek Köln)[22]
- Start-Up in Datarryn (JFC Medienzentrum)[23]

6.5.3 Mit verschiedenen Medien kreativ handeln

Eine handlungsorientierte Medienkompetenz beinhaltet einen aktiven und selbstbestimmten Umgang mit Medien, die vom Individuum kreativ und kompetent genutzt werden. In dieser Dimension finden sich besonders Methoden, die den Handelnden die Möglichkeiten einer kreativen Nutzung abseits eines reinen Konsums aufzeigen.

Das *Fotografieren* hat im letzten Jahrhundert besonders durch die digitale Fotografie einen enormen Wandel erfahren. Das Fotografieren schärft für Nutzer den Blick auf ihre Umgebung, egal ob diese analoger oder digitaler Natur ist. Smartphones haben aus der Fotografie die gegenwärtigste aller klassischen medienpädagogischen Tätigkeiten gemacht, die jedoch in Projekten häufig eher eine Randnotiz einnimmt. Dabei ermöglichen Smartphones, die Aufnahme, Bearbeitung

---

22 https://www.spieleratgeber-nrw.de/Digital-Storytelling-in-Koln-Nippes.5084.de.1.html
23 http://www.bigdata.jfc.info/methoden.html

und Veröffentlichung in einem Gerät. Digitales Fotografieren ermöglicht mit allen Zielgruppen ein thematisches Arbeiten verbunden mit einer analogen Raumerfahrung. Darüber hinaus geht es beim Fotografieren immer um das in Beziehung setzen von Ort und Individuum. Filter und Greenscreentechnologie ermöglichen dabei neue Zusammenhänge und Kompositionen. *Das gemeinsame thematische Gestalten einer Collage* ist dabei eine Methode, die durch die Digitalisierung von Bildern und Videos, die eine Loslösung vom Ursprungsmaterial in Größe, Gestaltung und Qualität ermöglicht. Neue Arten der Fotografie wie die In-Game Fotografie, d. h. das Erstellen von Screenshots in Games schlägt hier wiederum Brücken zwischen klassischen medienpädagogischen Techniken und Methoden und den populären digitalen Spielen. Die Teilnehmenden erhalten hier genauso wie im analogen Raum eine Förderung ihres ästhetischen Empfindens und ein Gefühl für Kamerawinkel und Perspektive.

Für die *Videoarbeit* als medienpädagogische Methode gilt aus technischer Sicht das Gleiche wie im Bereich der Fotografie. Smartphones ermöglichen eine Qualität und Verarbeitungsmöglichkeiten, die vor zwanzig Jahren undenkbar erschienen. Videoplattformen bringen Videoformate hervor, die die klassische Videoarbeit zunehmend verändern. Neben klassischen Erzählformaten sind es die kommerziellen Formate von Influencern, die von Kindern und Jugendlichen nachgestellt werden wollen. Dabei kommt der Medienkonvergenz eine entscheidende Rolle zu, da z. B. Let's Plays der Videoarbeit zugeordnet werden können, obwohl das Kernelement die Grafiken eines Videospiels ist. Das Videospiel dient hier als Bühne für die Nutzenden. *Populäre Videoformate selbst zu drehen* ist der Wunsch vieler Jugendlicher in offenen Medienprojekten.

Audioformate wie Podcasts sind abseits der Musikstreaming Apps besonders bei Erwachsenen beliebt, während ältere Kinder und Jugendliche in der Jugendarbeit erfahrungsgemäß eher die Videoarbeit präferieren. *Audioguides* für die eigene Stadt, Stadtteil oder eine Sehenswürdigkeit zu erstellen ist jedoch auch für ältere Jugendliche ein lohnenswertes Ziel, in dem die Audioarbeit in allen Zielgruppen an Attraktivität gewinnt. Hörspiele zu erstellen, ist für jüngere Kinder eine erprobte Methode, bei der jedoch leider häufig bekannte Geschichten und Figuren nicht benutzt werden können, ohne dass Probleme mit dem Urheberrecht entstehen.

Coding ist nicht gleichzusetzen mit der Fähigkeit des Programmierens. Coding bezeichnet vielmehr eine Denkweise, die digitale Prozesse beschreibt und erfahrbar macht. Methoden um zum Thema Coding arbeiten zu können, reichen von einfachen Rätseln über die Simulation komplexerer Schaltungen bis hin zum Bau und der Steuerung von Robotern. Dabei geht es darum mit einer Abfolge von Befehlen eine Art Befehls-Kettenreaktion auszulösen. Für jüngere Kinder eignen sich als erste Schritte Methoden, in denen *analoge und digitale Kettenreaktionen* ausgelöst werden. Es geht darum, zu verdeutlichen, dass ein Befehl direkte Auswirkung auf den nächsten Befehl hat. Um digitalen Code zu verstehen und digitale Abläufe verstehen zu können, benötigt es eine Vorstellung von der gegenseitigen Abhängigkeit zweier Befehle.

Making wird häufig in einer direkten Verbindung mit Coding gebraucht. Making bezeichnet dabei nicht nur das Herstellen oder Basteln von Gegenständen, sondern setzt sich mit der digitalen Planung, Produktion, Gestaltung und dem Zusammenbau von technischen Apparaturen auseinander. Themenübergreifende Methoden setzten dabei auf eine direkte Verbindung zu gesellschaftlichen Themen. So können die Planung und der Bau eines Roboters mit der Fragestellung nach ethischen Grenzen aber auch Chancen für den Einsatz von Robotern in verschiedenen Bereichen wie der Pflege oder dem Militär genutzt werden. 3D-Drucker bieten innerhalb des Themenbereichs Making neue umfangreiche Möglichkeiten, z. B. das Gestalten und Erstellen eines eigenen Brettspiels.

Methoden um mit digitalen Spielen kreativ zu werden, finden sich in späteren Kapiteln. Daher wird auf sie an dieser Stelle nicht weiter eingegangen.

Beispiele:

- Brettspiel robo rally spielen[24]
- Geräuschejagd (medien+bildung)[25]
- JUZ macht Druck – in 3D! (JFF – Institut für Medienpädagogik in Forschung und Praxis)[26]

6.5.4 Methoden, um Medien zu bewerten

Medienkompetenz ist immer gekoppelt an ein Wissen über Medien und Medienschaffende. Moral meint hier die Normen, Grundsätze, Werte, die das zwischenmenschliche Verhalten einer Gesellschaft regulieren, d. h. das Verhalten das von ihr als verbindlich akzeptiert wird. Methoden innerhalb dieser Dimension nehmen einerseits das Verhalten von Medienunternehmen und andererseits das Verhalten der Nutzer*innen in den Mittelpunkt der Betrachtung.

Der Jugendschutz reguliert den Zugang für Kinder und Jugendliche zu bestimmten digitalen Medien und bildet die Wirkungsannahme von digitalen Medien auf Jugendliche durch die Vergabe von Kennzeichen direkt ab. Die Simulation von Jugendschutzprüfungen im Film und Gamesbereich eigenen sich als Methode, um mit Kindern, Jugendlichen und Erwachsenen über die Wirkung von Inhalten auf Menschen ins Gespräch zu kommen. Durch die Übernahme verschiedener Rollen können die Teilnehmenden viel kritischer sein als in der direkt betroffenen Rolle der Heranwachsenden oder Eltern.

Medienbiografische Methoden eignen sich vor allem für die Arbeit mit Erwachsenen, die als Eltern oder Fachkräfte Verantwortung für Kinder und Jugendliche tragen. Zum einen kann anhand der eigenen Biografie die Wirkung von Medien auf den eigenen Werdegang aber auch die eigene Erziehung herausgearbeitet und bewusst gemacht werden. Zum anderen wird die Veränderung der Gesellschaft durch die Veränderung von analogen zu digitalen Medien verdeutlicht

---

24 https://stadt-bremerhaven.de/robo-rally-das-spiel-bei-dem-ein-master-in-ingenieurswissenschaften-nicht-schadet/
25 https://medienundbildung.com/fileadmin/dateien/pdfs/Brosch%C3%BCren/mec_Broschue_re_web.pdf
26 https://www.jff.de/meldungen/details/juz-macht-druck-in-3d/

und die veränderte Erfahrung der Individuen in der Phase des Aufwachsens verdeutlicht.

Die Methode der »Redaktion« ist eine medienpädagogische Metamethode. In ihr laufen viele Dimensionen und Methoden zusammen. Redaktionen haben ihre größte Verbreitung sicherlich in der klassischen Schülerzeitung, die heute auch digital erstellt und publiziert wird. Die Bewertung von Medien ist gerade bei Jugendlichen erfahrungsgemäß sehr beliebt, da sie dort aus der Rolle der Konsumierenden handlungsmächtig in die Rolle der Kritiker*innen wechseln.

Beispiele:

- Heldenleine (Landesmedienzentrum Baden Württemberg)[27]
- Meine Medienbiografie (digitalyouthwork)[28]
- »Das sind wir.« – Wir basteln uns ein Familien-Fotobuch! (medienentdecker)[29]
- »Big Data direkt erfahren« (Medienpädagogik-Praxisblog)[30]
- spinxx.de – das Onlinemagazin für junge Medienkritik (JFC)[31]

6.5.5 Medien gemeinsam nutzen

Die digitale Kommunikation hat sich in den letzten Jahren durch die Entwicklung sozialer Netze immer stärker weg von einer linearen Kommunikation entwickelt. Der Nutzer ist heutzutage ebenso Sender, wie Empfänger einer Werbebotschaft. Die digitalen kommunikativen Möglichkeiten gehen einher mit einem immer stärkeren Einfluss der sozialen Dimension auf alle weiteren Dimensionen. So werden z. B. Videos heute gezielt daraufhin produziert, um Follower zu gewinnen und Likes zu erhalten.

Das Soziale im Netz ist heute eng verknüpft mit sozialen Netzwerken. Dabei ist nicht immer vordergründig ersichtlich, was die Beweggründe für Handlungen auf den Plattformen sind. Die Simulation von Sozialen Netzwerken und Plattformen arbeitet die verschiedenen Funktionen der sozialen Interaktion aus und ermöglicht es dabei an Themen wie »Datenschutz« oder »Hate Speech« anzuknüpfen. Besonders gut funktionieren diese Simulationen, wenn Sie sich auf aktuelle Netzwerke und ihre Möglichkeiten beziehen und möglichst aktuelles Geschehen implementieren.

Generationsübergreifende Methoden eigenen sich, um eine Gesprächs- und Begegnungsebene zwischen Eltern und ihren Kindern herzustellen. Kinder können dabei Erwachsenen Medien vorstellen, die sie nutzen und gemeinsam über die Faszination, aber auch die problematischen Aspekte zu diskutieren. Jugendli-

---

27 https://www.lmz-bw.de/medien-und-bildung/medienwissen/medienbildung/definitionen-von-medienkompetenz-und-methoden/methoden/heldenleine/
28 https://www.digitalyouthwork.eu/wp-content/uploads/sites/4/2019/04/Meine_Medienbiographie_DE.pdf
29 https://medientdecker.wordpress.com/2013/02/25/praxisbericht-fotoworkshop/
30 https://www.medienpaedagogik-praxis.de/2017/11/07/big-data-mal-anders-erfahren/
31 http://www.spinxx.de/home.html

che können auch Senioren an Medien heranführen und als Experten bei der Bedienung helfen.
Beispiele:

- Faceboom (medienpädagogik-praxisblog)[32]
- Jugendliche als Web-MentorInnen für SeniorInnen (Medienpädagogik-Praxisblog)[33]

6.5.6 Methode, um die Wirkung von Medien einzuschätzen

Medien schaffen gemeinsame Erlebnisse. Das fängt bei klassischen Kinobesuchen oder Filmabenden in der Jugendeinrichtung an und hört sicherlich beim gemeinsamen weltweiten Klimaprotest über das Internet nicht auf. Kinder und Jugendliche sind in ihrer Entwicklung auf gemeinschaftliche Erlebnisse und die Zugehörigkeit zu Gruppen für ihre soziale Entwicklung angewiesen. Sie lernen von klein auf, dass auch der gemeinsame Konsum von Medien einen sozialen Vorgang innerhalb der Familie darstellt. Mit der zunehmenden autarken Nutzung von Medien innerhalb des Jugendalters tritt auch die eigene Zeiteinteilung und Auswahl von Inhalten immer mehr in den Vordergrund der eigenen Betrachtung.

Medienpädagogische Methoden, die die Wirkung von Medien auf das eigene körperliche und seelische Wohlbefinden thematisieren, helfen den Teilnehmenden, sich mit den eigenen Bedürfnissen im Hinblick auf ihren Medienkonsum auseinanderzusetzen. Das kann beim gemeinschaftlichen schauen von Lieblingsclips in der Jugendgruppe geschehen, wie auch in einem Spiel, dass die Bindungsfaktoren verschiedener Medien offenlegt.

Die psychologischen Mechanismen, die bei der Nutzung digitaler Medien und besonders bei der Nutzung sozialer Netzwerke greifen, können z. B. thematisiert werden, indem die Teilnehmenden eine »süchtigmachende« App entwickeln und diese mit möglichst vielen Bindungsmechanismen versehen.

Die Werbung hat sich in den letzten Jahren vor allem auf non-linearen Medien stark verändert und ist für Kinder und Jugendliche schwer zu durchschauen. Vor allem die Definition, was eigentlich zu Werbung zählt und was Bestandteile der Programme sind, ist nicht immer auf den ersten Blick ersichtlich. Die Zielgruppen können also methodisch erarbeiten, wo sie in Apps und auf Webseiten Werbung entdecken können und wie diese funktioniert.
Beispiele:

- Games-Entwickler (Spieleratgeber-NRW)[34]

---

32 https://www.medienpaedagogik-praxis.de/tag/offline/
33 https://www.medienpaedagogik-praxis.de/2012/12/20/jugendliche-als-web-mentorinnen-fur-seniorinnen/
34 https://www.spieleratgeber-nrw.de/site.3929.de.1.html

- InGame-Käufe thematisieren mit »Crash Loyale SchnickSchnackSchnuck« (Medienpädagogik-Praxisblog)[35]

6.5.7 Methoden, um Medien zu erfahren

Diese Dimension schwingt innerhalb aller anderen Dimensionen mit, weil Medien Vermittler von Ausdrucks- und Informationsmöglichkeiten sind. Medieninhalte wollen gestaltet werden und dazu benötigen Nutzer*innen spezifische Fähigkeiten. Digitale Endgeräte sind in der Bedienung mittlerweile »kinderleicht« und ermöglichen das Bearbeiten und Veröffentlichen von Inhalten mit wenigen Klicks. Die User-Generated-Content Plattformen haben die Erstellung von Videos und Fotos zu einer alltäglichen, fast beiläufigen Tätigkeit von Jugendlichen werden lassen. Dabei kommen spezielle Ausdrucksformen und Codes zum Tragen, die als Bestandteile einer eigenen Jugendkultur gesehen werden können. Bei der Erstellung von Medien geht es auch immer um eine Ästhetik, eine persönliche Ebene, die Wirkung auf das Individuum. Der Austausch über Medien und wie sie von den Teilnehmenden wahrgenommen werden kann in Austauschrunden wahrgenommen werden.

6.6 Im Netz verfügbare Methodensammlungen

Schaut man sich gängige Methodensammlungen im Netz an, so stellt man fest, dass diese häufig mehr eine Sammlung von Projekten mit konkreten Bezügen denn allgemeine übertragbare Methoden sind. Zudem adressieren sie häufig eine bestimmte Zielgruppe (meist Jugendliche) und einen spezifischen Handlungsbereich (z. B. Schule oder Jugendarbeit). Die folgende Liste enthält exemplarische Methodensammlungen und erhebt natürlich keinen Anspruch auf Vollständigkeit.

- Der Medienpädagogik-Praxis-Blog veröffentlicht Methoden und Grandlagenartikel in allen medienpädagogischen Bereichen. Verschiedenen Autor*innen veröffentlichen unregelmäßig Methoden für alle medienpädagogischen Praxisfelder. Die meisten veröffentlichten Methoden sind dabei bereits in der Praxis erprobt worden.[36]
- Die Gesellschaft für Medienpädagogik und Kommunikationskultur hat eine Projektsammlung zur medienpädagogischen Qualifizierung für die pädagogische Arbeit mit geflüchteten und zugewanderten Kindern und Jugendlichen

---

35 https://www.medienpaedagogik-praxis.de/2018/06/12/ingame-kaeufe-thematisieren-mit-crash-loyale-schnickschnackschnuck/
36 https://www.medienpaedagogik-praxis.de/

veröffentlicht. Dabei werden einerseits die besonderen Bedürfnisse dieser Zielgruppe beachtet andererseits gute Übertragungen von bekannten Methoden in den Bereich der interkulturellen Arbeit geleistet. Viele der Methoden sind von den Medienpädagogen des Trägers durchgeführt und erprobt worden.[37]
- Der Verein Blickwechsel hat eine Methodensammlung vor allem für die medienpädagogische Arbeit mit Vorschulkindern zusammengestellt. Dabei werden Methoden für alle relevanten Zielgruppen innerhalb dieses pädagogischen Feldes bereitgestellt, d. h. für Erzieher*innen, Eltern und Kinder.[38]
- Der Fachverband Medienabhängigkeit hat Methoden zur Prävention von Medienabhängigkeit gesammelt und bereitgestellt. Die Methoden richten sich an Fachkräfte, die mit Schüler*innen der 7. bis 10. Jahrgangsstufe arbeiten. Der Blick liegt zwar auf der Prävention von problematischem Medienverhalten, viele Methoden lassen sich jedoch auch in andere Kontexte oder als Ergänzung einbinden.[39]
- Eine umfangreiche Sammlung von Methoden für die Jugendarbeit hat medien+bildung in PDF Form veröffentlicht. Es wird ein breites Spektrum an Methoden zu verschiedenen Bereichen der Medienpädagogik geboten, das sich als solide Grundlage für eine medienpädagogische Arbeit in der Jugendarbeit eignet.[40]
- Eine Methodensammlung hat das JFC Medienzentrum zum Thema Big Data zusammengestellt. Hier wird eine Methodensammlung zu gesellschaftlich relevanten Themen geboten, die sich zwar im Kern an die Arbeit mit Jugendlichen richtet, aber durchaus auch auf die Arbeit mit Erwachsenen übertragen werden kann.[41]
- Ein Praxisleitfaden des Projekts »hello world« der Fachstelle für Jugendmedienkultur NRW für Einstiegsworkshops in Technik, Robotik und Coding. Es werden viele Ansätze geboten, wie Einsteigern eine Brücke zwischen analoger und digitaler Welt gebaut werden kann und damit Einstiegshürden ins Thema möglichst klein gehalten werden können.[42]

---

37 https://www.gmk-net.de/2018/03/08/methodensammlung-der-gmk-praxisworkshops-zur-medienpaedagogischen-qualifizierung/
38 https://www.blickwechsel.org/medienpaedagogik/praxis-methoden
39 http://www.fv-medienabhaengigkeit.de/fileadmin/images/Dateien/Publikationen/Methodenhandbuch_Medienabhaengigkeit.pdf
40 https://medienundbildung.com/uploads/tx_ttproducts/datasheet/eBook_PDF_VERSION-FINAL.pdf
41 http://bigdata.jfc.info/methoden.html
42 https://www.hellohelloworld.org/media/pages/angebot/material-files/2257692741-1568199970/hello_world_handbuch_digital.pdf

6.7 Ausblick

Medienpädagogische Methoden werden bisher zu sehr nach Bedarf entwickelt. In den nächsten Jahren werden in der Medienpädagogik bisher weniger beachtete Zielgruppen wie Senioren und die Berufsbildung zunehmend an Bedeutung gewinnen. Vorhandene Methoden müssen an diese neuen Bedingungen angepasst werden. Zudem wird in den persönlichen Hilfen und den Hilfen zur Erziehung zunehmend Hilfe durch Medienpädagog*innen benötigt werden, so dass die bisherigen Methoden, die überwiegend für Gruppen ausgelegt sind, eine Anpassung auf die Arbeit mit Individuen und Kleingruppen benötigen. Diese Arbeit wird in überdisziplinären Teams stattfinden, so dass eine klare Kompetenzorientierung von Methoden immer wichtiger werden wird. Auch in der Sozialen Arbeit und Kulturellen Bildung wird diese überdisziplinäre Arbeit an Bedeutung gewinnen und eine klare Orientierung an einem definierten Kompetenzrahmen bedeutet für die handelnden Akteure Sicherheit in der Zusammenarbeit und beim Erreichen der gemeinsamen Ziele. Durch den schnellen technischen Wandel und vielen neuen Themen war die Medienpädagogik in den letzten Jahren geprägt durch situatives Handeln und der Entwicklung von Pilotprojekten. Möchte die Medienpädagogik sich als Teil von professionell agierenden Berufsgruppen stärker profilieren und in der Ausbildung neben vielen Allroundern auch Spezialisten hervorbringen, wird eine Professionalisierung mit einer stärkeren Standardisierung von Methoden in der Hochschulausbildung dringend notwendig sein.

Quellenverzeichnis

Aufenanger, S. (2003): Medienkompetenz und Medienbildung. In: AJS-Informationen, 39 (2003) 1 (S. 4-8). Bundesarbeitsgemeinschaft Kinder- und Jugendschutz: Berlin.

Baacke, D. (1999a): Medienkompetenz als zentrales Operationsfeld von Projekten. In: Handbuch Medien: Medienkompetenz – Modelle und Projekte (S. 31-35). Bonn: Bundeszentrale für politische Bildung.

Baacke, D. (2004): Medienkompetenz als zentrales Operationsfeld von Projekten. In: Bergmann Susanne/Lauffer Jürgen/Mikos Lothar/Wiedemann Dieter (Hrsg), Medienkompetenz (S. 21-26). Bonn: Bundeszentrale für politische Bildung.

Beer, B.: »Methode«, »Methodik« und »Methodologie« in der Ethnologie In: https://www.ethnologie.uni-hamburg.de/pdfs-de/ethnoscripts-pdf/es10_2_artikel.pdf, Zugriff am 10.08.2020.

Deinet, U. (2008): Offene Kinder- und Jugendarbeit. In: Grundbegriffe Ganztagsbildung Das Handbuch (S. 467 – 475). Wiesbaden: Verlag für Sozialwissenschaften | GWV Fachverlage GmbH.

Engels, D. et al. (2016): Zweiter Teilhabebericht der Bundesregierung über die Lebenslagen von Menschen mit Beeinträchtigungen. Teilhabe – Beeinträchtigung – Behinderung. Bonn: Bundesministerium für Arbeit und Soziales, Referat Information, Monitoring, Bürgerservice, Bibliothek.

Feierabend, S. et al. (2020): JIM 2019. Jugend, Information, Medien. Basisuntersuchung zum Medienumgang 12- bis 19-Jähriger in Deutschland. Stuttgart: Medienpädagogischer Forschungsverbund Südwest.

Hill, B. (2013/2012): Kulturelle Bildung in der Sozialen Arbeit. In: KULTURELLE BILDUNG ONLINE: https://www.kubi-online.de/artikel/kulturelle-bildung-sozialen-arbeit, Zugriff am 10.08.2020.

Hugger, K. (2017): Professionalisierung der Medienkompetenzförderung in der politischen Bildung In: https://www.bpb.de/lernen/digitale-bildung/medienpaedagogik/medienkompetenz-schriftenreihe/257613/professionalisierung-der-medienkompetenzfoerderung-in-der-politischen-bildung, Zugriff am 10.08.2020.

Keilhauer, J./Schorb, B. (Hrsg.) (2010): Themenzentrierte Medienarbeit mit Jugendlichen. Ein Modellprojekt mit deutschen und tschechischen Jugendlichen zum Thema Präimplantationsdiagnostik. München: kopaed.

Knaus, T. (2013) Eine Forschungswerkstatt für die Medienpädagogik – Ausgangslagen, Begründungen und Ziele eines Publikationsprojekts. In: http://publ.forschungswerkstatt-medienpaedagogik.de/download/FWMP-Editorial_Thomas-Knaus_17Dez13.pdf, Zugriff am 10.08.2020.

Krauß, E. J. (1996): Methoden der Sozialarbeit/Sozialpädagogik. In: Kreft, D./Mielenz, I. (Hrsg.): Wörterbuch Soziale Arbeit. Aufgaben, Praxisfelder, Begriffe und Methoden der Sozialarbeit und Sozialpädagogik (S. 396 – 399). Weinheim u. Basel: Beltz.

Medienberatung-NRW (2020): Medienkompetenzrahmen NRW. In: https://medienkompetenzrahmen.nrw/fileadmin/pdf/LVR_ZMB_MKR_Broschuere.pdf, Zugriff am 10.08.2020. Münster/Düsseldorf: Medienberatung NRW.

Motzke, K. (2014): Soziale Arbeit als wissenschaftlich fundierte Praxis. In: Soziale Arbeit als Profession: Zur Karriere »sozialer Hilfstätigkeit« aus professionssoziologischer Perspektive (S. 19 – 66). Leverkusen: Verlag Barbara Budrich.

Rathgeb et al. (2015) miniKIM 2014 Kleinkinder und Medien. Basisuntersuchung zum Medienumgang 2- bis 5-Jähriger in Deutschland. Stuttgart: Medienpädagogischer Forschungsverbund Südwest.

Stute, D. und Wibbing, G. (2014): Kulturelle Bildung als Baustein der Unterrichtsentwicklung. In: KULTURELLE BILDUNG ONLINE: https://www.kubi-online.de/artikel/kulturelle-bildung-baustein-unterrichtsentwicklung, Zugriff am 10.08.2020.

Thiersch, H. (1992): Lebensweltorientierte Soziale Arbeit. Aufgaben der Praxis im sozialen Wandel. Weinheim/München: Juventa.

Schorn, B., & Timmerberg, V. (Hrsg.) (2009): Neue Wege der Anerkennung von Kompetenzen in der Kulturellen Bildung. Der Kompetenznachweis Kultur in Theorie und Praxis. München: kopaed.

7 Spielpädagogik, Spieldidaktik und Spielmethodik

Thomas Wodzicki & Martin Geisler

Über die Definition und Bedeutung von Methoden im Kontext der Sozialen Arbeit hat Torben Kohring im vorherigen Kapitel bereits Aussagen getroffen. Diese lassen sich zum großen Teil auch auf die Spielpädagogik (vgl. Baer 2008) übertragen. Die Berliner Professorin Natascha Adamowsky beschreibt, dass erst der Spieltrieb uns zum Menschen macht. Und das geschieht, wenn der Mensch zum Kulturwesen wird, also aus der Naturgeschichte ausschert (vgl. Adamowsky. In: Walde & Kreitling 2005). Das Spiel bietet, sehr vereinfacht gesagt, einen Übergang vom konkreten zum abstrakten Denken. Spielen ist sozusagen die Grundlage einer sich weiterentwickelnden Gesellschaft.

7.1 Begriffliche Differenzierung

Der Begriff der *Spielmethodik*, welcher sich im Kontext der angeleiteten und/oder pädagogischen Verwendung von Spiel verortet, bezeichnet den Weg, der zu sinnvollem und durch Expertise geprägtem Spiel führen soll. Was sinnvolles Spiel ausmacht, erklärt die *Spieldidaktik*. Die Didaktik erinnert uns daran, Aussagen darüber treffen zu müssen, wer wann was warum durch das Spiel lernen sollte (vgl. Weniger 1926). Die Methodik ist der Weg, den Lehrende wählen, um diese Frage in der Praxis zu beantworten. Das Besondere an der *Spielpädagogik* (Kreuzer 1983, 1984) ist, dass sie beide Fragen nicht nur theoretisch, sondern in und durch Praxis beantwortet (vgl. Baer 2007). Wie der Name bereits verrät befasst sich die Spieldidaktik mit den pädagogischen Absichten im Einsatz von Spielen. Die dabei stets existierenden pädagogischen Ziele setzen voraus, dass sich Spielleitete mit den didaktischen Sinnelementen auseinandersetzen. »Die Sinnfrage ist die Hauptaufgabe der Spieldidaktik für das Spiel und seine Verarbeitung. Früherzieher wie Friedrich Schiller, Guts Muths, Hans Scheuerl, Frederik Jacobus, Johannes Buytendijk oder Andreas Flitner haben bereits darüber nachgedacht. Der spontane Wunsch zu spielen scheint keine weitere Reflexion zu erfordern. Vor allem aber erfordern anspruchsvollere, gefährlichere und umstrittenere Spielformen und -ziele eine Reflexion über die Bedeutung und Folgen des Spiels. Wer sich diesen Sinnfragen nicht stellt, läuft Gefahr, sich einseitig zu orientieren, z. B. nur Kriegs- oder Glücksspiele zu spielen und meditatives Glücksspiel nicht zu entdecken. Als Führungskraft wird er nicht in der Lage sein, einigen der legitimen Bedürfnisse des Spiels gerecht zu werden« (Deutscher Lernspielpreis 2020). Spielleitete sind demnach keineswegs nur Menschen, die ihre persönliche Freude am Spiel zum Beruf gemacht haben. Sie positionieren sich vielmehr in ihrer Ausrichtung und ihren Handlungen bei Sozialarbeiter*innen, Lehrer*innen, Coaches und Trainer*innen. Auch wenn das Spiel in ihren Händen zu einer Methode der Bildung wird, dürfen sie nicht übersehen, dass Spiel stets auch aus dem Instinkt der Menschen sowie den Anforderungen und Anpassungen der Umwelt entspringt.

Ulrich Baer postuliert, dass Spiel – und zwar jedes Spiel – eine eigene erfundene Welt, mit entsprechenden Regeln, Figuren und Handlungen ist (vgl. Baer 2013). Er betont damit den Wesenszug der Als-Ob-Situation des Spiels, in der eine eigene Wirklichkeit durch die Gedanken und Handlungen der Spielenden entsteht. Es liegt in den Händen der Spielenden diese Fantasiewelten zu konstruieren, zu kommunizieren und aufeinander aufbauend anzunehmen. »Ja« zu den Spielentwürfen anderer zu sagen ist insbesondere beim gemeinschaftlichen Spielen eine wichtige Voraussetzung, welche zugleich als sozial-kommunikative Fähigkeit anzusehen ist und im Spiel erprobt wird. Spiel ist daher ein Freiraum für Experimente und Lernprozesse. Dieser Raum ist lustvoll und bietet Möglichkeiten sich von den Begrenzungen der alltäglichen Realität zu erholen. Spielende beziehen dennoch oder gerade deshalb auch Symbole der Realität ins Spiel ein und entwerfen alternative Ansätze mit diesen Realitäten umzugehen. Dieses Prinzip ist auch aus der Humorforschung (z. B.: Effinger 2006; Titze & Patsch 2012) oder künstlerischen Aktivitäten bekannt. »Der Form nach betrachtet, kann man das Spiel also zusammenfassend eine freie Handlung nennen, die als ›nicht so gemeint‹ und außerhalb des gewöhnlichen Lebens stehend empfunden wird und trotzdem den Spieler völlig in Beschlag nehmen kann, an die kein materielles Interesse geknüpft ist und mit der kein Nutzen erworben wird, die sich innerhalb einer eigens bestimmten Zeit und eines eigens bestimmten Raums vollzieht, die nach bestimmten Regeln ordnungsgemäß verläuft und Gemeinschaftsverbände ins Leben ruft, die ihrerseits sind gern mit einem Geheimnis umgeben oder durch Verkleidung als anders von der gewöhnlichen Welt abgehoben.« (Huizinga 1956, S. 22)

7.2 Spielzeug und Reizquellen

All jene, die Spiel innerhalb eines methodischen oder didaktischen Prozesses verwenden, müssen sich auch mit den Materialien und Symbolen befassen, die im Spiel existieren (vgl. Retter 1979). Es ist durchaus ein Qualitätskennzeichen für Spielzeuge, wenn diese nach dem eigenen Sinn der Spielenden verwendet und modifiziert werden. Mit Puppen werden eigene Szenen entworfen und gelebt, für Autos Strecken gebaut, mit Baukästen Gebäude und Maschinen erschaffen, mit bestimmten Computerspielen lassen sich Welten bauen und auch Alltagsgegenstände können sich in diesem Verständnis als wertvolle Spielzeuge herausstellen. Bietet ein Spielzeug wenig Raum für neue Deutungsmuster oder ist in seiner Anwendung zu eingeschränkt, reduziert sich in gewisser Weise sein Spielwert. Aber natürlich sind auch die Spielenden selbst Bestandteil der Spielwelt. Kinder adaptieren und kopieren oft Aktivitäten und Rollen von Erwachsenen. So ist das Spiel der Kinder ein symbolischer Ausschnitt aus dem komplexen Alltagsleben der Erwachsenen und erlaubt in gewisser Weise die Eindrücke des Alltags zu verarbeiten. Über das Mittel der Wiederholung werden sich diese Szenen zu Eigen gemacht und bemächtigt. Spielende erproben ihre Einfluss- und Entfaltungsmöglichkeiten und fühlen sich dadurch in diesem Raum weniger fremdbestimmt. Vielmehr erhalten sie im Spiel »Macht«. Die Macht etwas zu machen. Ohne also mit pädagogischen Rahmungen aufgeladen zu sein, ist das Spiel eine wichtige Komponente zur Persönlichkeitsentfaltung und somit ein wichtiger Baustein der Kulturellen Bildung. »Spiel ist ein Hilfsmittel auf dem langen Weg in ein selbständiges Leben, also ein richtiges ›Lebens-Mittel‹. Im Spiel geht es immer um die Bewältigung von (oft selbst gesetzten oder von Erwachsenen abgeschauten) Aufgaben – und zwar auf einem mittleren Spannungsniveau, d. h.: Die Probleme und Aufgaben im Spiel werden gelöst und bewältigt, das Ziel wird erreicht, aber es bleibt das Risiko des Scheiterns – genau das macht jedes Handeln im Spiel so spannend, interessant und lustvoll.« (Baer 2013)

Spiel bewegt sich in einem Zwischenzustand von Unterforderung und Überforderung. Dies ist zugleich die Voraussetzung für das Entstehen des »Flows« (Csíkszentmihályi 1995). Ist ein Spiel zu leicht verliert es an Spannung. Ist ein Spiel zu schwer entsteht Frust. In der Mitte der beiden Pole wechseln sich An- und Entspannung ab, werden bestimmt durch die Herausforderung und Bewältigung eigener Aktivität, sowie der Dynamik der Herausforderungen des Spiels. Daher fällt bei einer Analyse von Spielen auf, dass diese oftmals im Regelwerk mit künstlichen Herausforderungen verbunden sind, um eine Balance zwischen den Polen herzustellen und Flow zu fördern. Es ist an sich leicht einen kleinen Ball in ein Loch zu befördern. Wenn die Regeln jedoch festlegen, dass dieser nur mit einem Schläger als Spielzeug berührt werden darf und das kleine Loch mehrere hundert Meter entfernt auf einer Wiese liegt, wird die Aufgabe plötzlich zum reizvollen Spiel.

Das Wesen des Spiels ist gekennzeichnet von freiwilliger Handlung. Die Handlung selbst und nicht das fertige Produkt stehen im Fokus. Daher wird die Handlung häufig wiederholt und der/die Spielende erhält die Möglichkeit sein Vorgehen anzupassen. Ist die Anpassung perfektioniert, muss eine Steigerung der Aufgabe oder des Schwierigkeitsgrades erfolgen oder das Spiel verliert an Reiz. Im Prozess des Spiels erzeugt Wachstum eigener (körperlicher oder geistiger) Handlungsoptionen ein gutes Gefühl. Der Spielende wächst, entwickelt sich und erhält neuen Handlungs-(spiel-)raum. Damit ein Spiel dieser Entwicklung des Spielenden gerecht wird, sind insbesondere Spiele mit- oder gegeneinander beliebt. So kann die eigene Entwicklung mit der anderer verglichen werden. Damit ein Spiel für alle Teilnehmenden reizvoll bleibt, müssen die Spielenden auch über soziale und kommunikative Kompetenzen verfügen und diese (weiter-)entwickeln. Jürgen Fritz erklärt in seiner Spieltheorie »Das Spiel verstehen« (Fritz

2004), was den Reiz des Spiels für Menschen aller Altersgruppen ausmacht. Er beschreibt und unterscheidet elf Reizquellen: Wettkampf, Wagnis, vom Zufall bestimmt werden, Spaß/Überraschung, Rausch, Entspannung, Sammelleidenschaft, sich in andere verwandeln, ästhetischer Genuss, künstlerische Gestaltung und Problemlösung. Ulrich Baer ergänzt diese um das Erlebnis von Gemeinsamkeit und Interaktion beim Zusammenspiel (vgl. Baer 2013). Beim gemeinsamen Spiel kann jedoch ein Unterschied im Erleben und den Erkenntnissen/Erfahrungen bestehen, ob die Spielenden mit- oder gegeneinander spielen.

7.3 Kompetitive und kooperative Spiele

Eine grundsätzliche Diskussion innerhalb der Spielmethodik ist die Debatte über die pädagogische Bewertung kompetitiver und kooperativer Spiele (Baer 1984; Bear & Thole 1985). Kompetitive Spiele oder auch Konkurrenzspiele werden aus Sicht der Pädagogik auch kritisch betrachtet: Erfolgen die Aktionen der Spielenden einzeln gegeneinander, wird ein ständiger Leistungsvergleich zwischen den Spieler*innen vollzogen und der Leistungsstand bedeutet am Ende des Spiels für einen Spielenden den Sieg und für andere Misserfolg (vgl. Baer 1981, S. 116). Die spielpädagogische Interpretation kompetitiver und kooperativer Spiele hängt meist von der Weltanschauung, dem pädagogischen Konzept und der, von den Anleitenden vertretenen, Spieltheorie ab. Befürworter*innen von Konkurrenzspielen betonen den gemeinsamen Spielspaß, der aus dem Wettbewerb entspringt. Danach gewinnen stets beide Parteien, weil Spaß und Spannung das gemeinsame Ziel der Spielenden ist. Insbesondere bei Mannschaftssportarten ohne besondere Belohnungen, also im Freizeitspiel, ist dieses Argument nachzuvollziehen. Anleitende müssen hier darauf achten, entsprechende Wertungen über Erfolge oder Misserfolge nicht an der Spielleistung festzumachen.

Kritiker*innen der Konkurrenzspiele sehen die hohe Spannung beim gemeinsamen Spiel durch die Hoffnung, zu gewinnen. Sie stellen jedoch ein partnerschaftliches Ziel in Frage bzw. kritisieren, dass dies nur auf Kosten der Niederlage anderer zu erreichen ist. Eine Gemeinsamkeit beruht ihrer Ansicht nach auf dem jeweils höchst egoistischen Kampf um den Sieg. Hier wird abermals deutlich wie eng Spielmethodik und Spieldidaktik mit den bestehenden Mustern der Gesellschaft in Verbindung stehen. So stellt sich durchaus die Frage, ob in einer wettbewerbsorientierten Welt, durch Spiele, die in ihr nötigen Fähigkeiten trainiert werden sollen oder ob es nicht ggf. Aufgabe der Spielpädagogik ist, alternative Konzepte aufzuzeigen. Die Einflussmöglichkeiten der Spielpädagog*innen auf Kinder und Jugendliche könnten für Verständnis, Toleranz, Gewaltfreiheit, Freundschaft/Solidarität und Kooperation genutzt werden (vgl. Heimlich 1989). Zu einem kleinen Teil, tragen Spielpädagog*innen somit zur Veränderung von Gesellschaft bei. Zugleich muss jedoch berücksichtigt werden, dass sich Anleiter*innen an den Bedürfnissen ihrer Teilnehmenden orientieren. Wichtig ist in jedem Fall, dass auch Verlierende eines Spiels nicht an Selbstvertrauen oder Handlungsvielfalt verlieren.[43] Daher lassen sich bestimmte Kriterien für den Einsatz von Konkurrenzspielen festhalten: Kinder, Jugendliche und Erwachsene sind Wettkampfspiele gewöhnt. Die Wertung der Spiele sollte nicht über einen längeren Zeitraum gesammelt werden und keine zu große Bedeutung erlangen.[44] Denkbar ist auch, die »Siegerehrung« zu verharmlosen und ihr somit etwas Bedeutung zu nehmen. Mannschaften, Gruppen und Teams sollten oft in ihrer Zusammenstellung wechseln[45] und die Art der Spielanforderungen variieren. Auf diese Weise haben alle teilnehmenden Gelegenheiten sich neu einzubringen. Ein dauerhaftes Ausscheiden von Spielenden ist selbstverständlich zu vermeiden. Anfeuerungen (Lob und Tadel) sind seitens der Spielleitung mit großer Sensibilität einzusetzen. Spielleitete sollten angemessen an die jeweilige Situation die Spielregeln spontan anpassen. Vergleiche und kritische Analysen in Richtung digitaler Spiele und insbesondere E-Sport können diesen Grundsätzen folgen.

Die Debatte um das Konkurrenzspiel ist alt. Es erscheint stimmig, dass sich im Zuge der Proteste gegen den Vietnamkrieg in den USA Friedensbewegungen verstärkt für Spiele ohne Gewinnende und Verlierende aussprachen. Aus diesen Bemühungen entsprangen die »New Games« (Deacove 1992). Ihr Ziel war friedlich, aber intensiv miteinander zu spielen. In Parks und auf Freiflächen spielten die Initiator*innen mit Kindern und Erwachsenen, um die Idee der »New Games« in die Welt zu tragen und gleichzeitig mehr Spielraum für Kinder zu erstreiten. In einer Gesellschaft, in der das Konkurrenzdenken und nicht das gemeinsame Miteinander überwiegt, geraten Kinder mit ihren Interessen leicht in den Hintergrund. Dies lässt sich auch am 20-jährigen Prozess bis zur Ratifizierung der, bereits 1989 verabschiedeten, UN-Kinderrechtskonvention durch die Bundesrepublik Deutschland festmachen. Kinder haben demnach ein Recht auf Spiel und Freizeit.

---

43 Denkbar aber mit großer Sensibilität umzusetzen ist auch, bestimmte Spieler*innen, die immer nur gewinnen und mit übertriebenem Selbstbewusstsein auftreten, im Spiel bewusst eine für sie zu schwere Aufgabe (einen Dämpfer) zu geben und sie über ihre Haltungen und Handlungen – auch gegenüber anderen – zum Nachdenken anzuregen. Das geschieht z. B. über Regeländerungen bzw. eine bewusste Lenkung durch die Spielleiteten.
44 Dies gilt nicht in gleicher Weise für Spiele ohne Wertung oder Spiele mit Wertungen, die sich jedoch zunächst auf den eigenen Spielstil beziehen. Z. B.: »World of Classcraft« oder Pen-&-Paper-Spiele, die über einen langen Zeitraum andauern oder Olympiaden bei Ferienfreizeiten.
45 Oder die Gruppenzusammensetzung muss von vornherein möglichst heterogen aufgeteilt sein. Feste Teams erlangen im Kontext gruppendynamischer Prozesse soziale Bedeutung.

7.4 Kindliches Spiel, Spielpädagogik und Spieldidaktik

Zunächst sollte nochmals betont werden, dass im Kontext der Spielpädagogik (aber auch Theaterpädagogik und oft der Medienpädagogik) stets von angeleiteten Spielen gesprochen wird. Dabei ist nicht zu vergessen, dass das freie Spiel, insbesondere beim kindlichen Spiel, ebenfalls eine enorme Bedeutung in der Entwicklungspsychologie erfährt und dies zumindest gleichwohl im Kontext der Spielpädagogik über die Auseinandersetzung mit der Spielbiografie thematisiert werden sollte. Gerade für die Sozialwissenschaft nimmt das Spiel innerhalb der frühkindlichen Sozialisationsprozesse eine große Bedeutung ein. Hierbei lernt ein Kind wichtige Grundqualifikationen des sozialen Handelns wie die Anpassung an Erwartungen der Umwelt aber auch den eigenen Einfluss auf die Umwelt und somit die eigene Identität (siehe: Akkommodation und Assimilation nach Jean Piaget, z. B.: Piaget 1999). Kindliches Spiel ist demnach eng verbunden mit Sozialisationsprozessen, der geistigen Leistungsfähigkeit, den sozialen Fähigkeiten und gefühlsmäßigen Dispositionen (vgl. Krappmann 2010, S. 187ff.). Spiel ist auch ohne Anleitung eine Methode der Weltaneignung und des Abgleiches in ihr. Entsprechend ist Spiel nicht nur einer einzelnen akademischen Disziplin zuzuordnen, sondern stellt, ähnlich wie die Medienpädagogik, eine interdisziplinäre Handlungskategorie dar (vgl. Winter 2011).

Die Bedeutung des Spiels liegt jedoch nicht nur in seiner Sozialisationsfunktion. In vielen Bildungskontexten ist Spiel längst methodisches Instrument. »Die Spielpädagogik als sozialwissenschaftliche Methodenlehre ist in Deutschland zu Beginn der 1970er Jahre in den pädagogischen Aus- und Fortbildungseinrichtungen [z. B. Akademie der Kulturellen Bildung des Bundes und des Landes NRW, Universität der Künste Berlin, TH Köln, Anm. d. Verf.] verstärkt in die Curricula aufgenommen worden und durch die neue Entwicklung praktischer Modelle in der Kinder-, Jugend- und Sozialarbeit auch konzeptionell voran gebracht worden.« (Baer 2013)

Bei angeleiteten Spielprozessen treffen, vereinfacht nach Hans-Wolfgang Nickel, eine Spielgruppe (1) und ein/e Spielleiter*in (2) aufeinander. Meist regt die Anleitung ein Spiel an und definiert die Regeln (3). Diese nennt Nickel auch Intervention. »Eine solche Intervention beruht auf einer Analyse der Situation (Zustand A). Der Spielleiter formuliert daraufhin eine Aufgabe (eine Spielregel) und überführt damit den Zustand A in einen neuen Zustand B (der natürlich nicht immer der vom Spielleiter intendierte ist!)« (Nickel 2005, S. 14). Ob sich die Dynamik eins Spiels entfaltet, liegt in den Händen aller am Prozess beteiligten Faktoren: Die Gruppe, die Spielregel, der/die Spielleiter*in (das didaktische Dreieck). So stehen alle Elemente in einem voneinander abhängigen Verhältnis. Meist sind Gruppe und Anleitung relativ klar definiert und können sich in ihrer Motivation und Verhalten anpassen. Die Spielregeln sind dagegen verhältnismäßig flexibel. Daraus folgt jedoch, dass die Spielleitung über die gewählten Spielregeln (Interventionen) stark zum Gelingen der Spieldynamik beitragen kann. Das Spiel wird so zum Handwerk der Spielleitung. Über die Veränderung der Spielregeln lässt sich z. B. Kreativität freisetzen oder blockieren. Spielleitete sind daher dazu aufgerufen, in der Planung didaktische Vorüberlegungen anzustellen und zugleich aufmerksam im Prozess zu sein. Grundlagen für diese Didaktik der Spielleitung kommen aus der Psychologie, Kommunikation, der Spieltheorie und Pädagogik. »Zur Didaktik der Spielleitung gehört es also, einen wechselseitigen, tunlichst alle Spieler*innen einbeziehenden Prozess mit Hilfe von Spielregeln (Interventionen) zu ermöglichen; Spielleitung muss immer wieder versuchen, die jeweilige Situation der Gruppe zu erkennen um daraufhin den nächsten Schritt vorzuschlagen« (ebd., S. 18).

Spielpädagog*innen sehen sich innerhalb von bestimmten institutionellen Bedingungen verschiedenen und variierenden soziokulturellen Herausforderungen gegenübergestellt. Diesen versuchen sie im Rahmen von Projekten mit, an diesen Bedingungen orientierten, Themen und Zielen zu begegnen. Praktisch stehen ihnen dafür Methoden und Settings sowie Medien und Materialien zur Verfügung. Sie agieren also in einem komplexen Muster von Abhängigkeiten. Dieses Muster lässt sich auch auf die Aktive Medienarbeit übertragen. Im Vergleich zur Medienpädagogik kann die Spielpädagogik in Deutschland auf eine längere Geschichte zurückblicken und hatte dabei in ihren Anfängen mit weniger Schwierigkeiten in der Anerkennung zu kämpfen. Im Verlauf haben sich pädagogische Spieltheorie, ihre Spielkonzeption und ihre Praxis erheblich ausdifferenziert. Ulrich Bear (2012/2013) beschreibt einige der bestehenden Funktionen des Spiels für die Pädagogik (▶ Tab. 1).

Tab. 1: Funktionen des Spiels für die Pädagogik

Funktionen des Spiels für die Pädagogik	Beschreibung
Bildungsfunktion	»Durch die Fantasieentwicklung im Spiel und den Experimentalcharakter von Spielhandlungen können Kinder ihrem Alter und Entwicklungsstand entsprechende Erfahrungen sammeln. Diese kulturellen Bildungsprozesse, die im Spiel stattfinden, können durch die Auswahl der Spielmaterialien, durch bestimmte Spielangebote und Interventionen beim Spielen von den pädagogischen Fachkräften unterstützt und beeinflusst werden.« (Bear 2012/2013)
Lernfunktion	»Spiel wird als Aktionsform häufig in mehreren Phasen der Entwicklung einer Gruppe verwendet, sei es eine schulische Projektgruppe oder eine außerschulische Freizeitgruppe. Da spielerisches Handeln eine Aktionsweise ist, können beliebige (Lern-)Inhalte zum Spielthema gemacht werden. Die spielerische Herangehensweise und Bearbeitung eines Themas entspricht dabei mehr einem kreativen, künstlerischen und ganzheitlichen Umgang mit Inhalten als einer systematischen, wissenschaftlichen, fachspezifischen Methodik. Dadurch eignen sich Spielformen besonders gut, wenn es um interdisziplinäres, projektorientiertes Lernen geht, bei dem Experimente, Fiktionen, Analogien und Umwege eine Rolle spielen dürfen.« (ebd.)
Analysefunktion	»Durch die Beobachtung und Dokumentation des Verhaltens der Kinder beim Spielen kann erfasst und bewertet werden, was die

7.4 Kindliches Spiel, Spielpädagogik und Spieldidaktik

Tab. 1: Funktionen des Spiels für die Pädagogik – Fortsetzung

Funktionen des Spiels für die Pädagogik	Beschreibung
	Kinder auf welchen Gebieten und in welchen Leistungs- und Fähigkeitsbereichen können. Im Spiel drücken die Kinder – häufig ungehemmter als in Realsituationen – ihre Ängste, Sorgen und Wünsche aus. Dies wird in der Spieltherapie zur Problemanalyse genutzt.« (ebd.)
Beschäftigungsfunktion	»Nicht nur in der Familie, auch in der pädagogischen Einrichtung dient das Spiel der Kinder ihrer eigenständigen Beschäftigung in einer relativ sicheren, betreuten Umgebung.« (ebd.)
Bestätigungsfunktion	»Kinder verbessern durch Spielwiederholungen ihre Leistungen, differenzieren und vertiefen ihre Fähigkeiten und verschaffen sich durch die wiederholte Bewältigung der Spielanforderungen Bestätigungen, Anerkennungen und Erfolgserlebnisse.« (ebd.)
Kommunikationsfunktion	»Bei allen Spielaktivitäten, die in Kindergruppen stattfinden, wird nonverbal, präverbal und verbal kommuniziert. Je nach Spiel ist das Miteinander-Sprechen ein notwendiger Spielbestandteil. Viele Spiele erfordern zusätzliche spielexterne Absprachen (z. B. über die Spielmaterialien) und Klärungen der Spielregeln. Alle sprachlichen Interaktionen fördern die Sprachentwicklung der Kinder.« (ebd.)
Verarbeitungsfunktion	Im Spiel ver- und bearbeiten Kinder Erlebnisse und Situationen, die sie aufgewühlt, beeindruckt oder psychisch belastet haben. Sie können mit manchen Bewegungsspielen aufgestaute Aggressionen abreagieren oder versuchen, Konflikte durch das Nachspielen im Puppen- oder Rollenspiel zu verarbeiten.« (ebd.)
Unterhaltungsfunktion	»«Die überwiegende Zahl der Spiele besitzt für die meisten Spielenden einen Freude bereitenden Unterhaltungswert – sie machen Spaß und ermöglichen Abwechslung durch Spannungserlebnisse (kontrollierte Angst-Lust-Erfahrungen). Riskante Spiele verschaffen den Kindern material- und zufallsgesteuerte Abenteuer. In den pädagogischen Einrichtungen werden die Spielbedingungen derart organisiert, dass möglichst keine ernsthafte Gefährdung oder nicht zu bewältigende Folgen beim Spiel hervorgerufen werden.« (ebd.)
Sozialordnungsfunktion	»Spiele dienen in den Gruppen in der Einrichtung auch dazu, die Sozialstruktur der Kindergruppe zu bilden und zu festigen. Viele Spiele werden von Kindern dazu genutzt, die Rangordnung untereinander zu organisieren, Hierarchien festzulegen, Untergruppen zu bilden und zu erproben und Freundschaften zu entwickeln und zu kultivieren.« (ebd.)
Zeitstrukturierungsfunktion	»Für den Alltag in der Einrichtung dienen bestimmte ritualisierte Spiele der Orientierung im Tagesablauf – ein Kreisspiel am Morgen, das Aufräumspiel kurz vor dem Verlassen der Einrichtung. Spielfeste und Spiele bei Feieranlässen markieren Höhepunkte und ergeben Zeitstrukturen – bis hin zu jahreszeitlich bedingten Spielformen.« (ebd.)

Wenn bei der Spielpädagogik von Bildungsmöglichkeiten gesprochen wird, kann dies also nicht pauschal gelten, sondern muss differenziert werden. Empirische Sozialforschung, die entsprechend valide Aussagen über die zahlreichen Einflussfaktoren beschreibt, fällt auf Grund der Komplexität spielerischer Dynamiken sehr schwer. Als dienlich für die praktische Arbeit und für die methodische Vielfalt haben sich in den letzten Jahren und Jahrzehnten insbesondere Spielesammlungen[46] herausgestellt (Bear 1994; Baer 2007; Baer 2008). Hilfreich kann dabei auch ein Blick über den Tellerrand sein. So haben sich z. B. Anklam, Meyer und Reyer Gedanken über die Didaktik und Methodik in der Theaterpädagogik gemacht und dabei ebenfalls ganz konkrete Methoden beschrieben (Anklam, Meyer, Reyer 2018). Auch im Internet finden sich zahlreiche Spielesammlungen.[47]

Ulrich Bear geht davon aus, dass sich die Ausdifferenzierung verschiedener Spielwelten fortsetzen wird. Dabei erwähnt er explizit digitale Spiele (Baer 2012/2013). Natürlich bringen diese in gewisser Weise besondere Bedürfnisse seitens der Anleitung mit sich (vgl. Geisler 2019). Dennoch müssen auch Videospiele als Spiele betrachtet werden. Für die Spieldidaktik lassen sich daher Erfahrungen aus der Planung von Spielsequenzen übertragen.

7.5 Planung von Spielsequenzen

»Damit Spiel stattfinden kann, bedarf es eines entspannten Feldes, das frei sein muss von allzu großen Ängsten und starken Impulsen.« (Fritz 1993, S. 34) Neben der bereits thematisierten Vorbereitung der Spieleinheit und der Achtsamkeit, Spontaneität und Flexibilität der Spielleitung im Prozess, muss der Reflexion nach einer Spieleinheit Beachtung geschenkt werden. So lassen sich folgende Punkte für die Spieldidaktik festhalten: 1. Voraussetzungen, 2. Ziele, 3. Planung, 4. Durchführung und 5. Reflexion.

Als *Voraussetzungen* sind zumeist die Gruppe, die Spielleitung, der Ort und Raum[48], der zeitliche Rahmen (Tageszeit) anzusehen. Hinsichtlich der Gruppe gilt es für die Spielleitung auf das Alter, die Geschlechterverteilung, auf eventuelle Vorerfahrungen, bestimmte besondere Bedingungen und ggf. auf Probleme innerhalb der Gruppe zu achten. Idealerweise erhält die Spielleitung im Vorfeld der Aktion Kenntnis hierüber. Die Spielleitung sollte sich aber auch selbst in

---

46 Der Einsatz einer Spielesammlung sollte jedoch ebenfalls mit dem Bewusstsein über mögliche Effekte bzw. Wirkungen stattfinden. Diese Wechsel entsprechend unterschiedlicher Gruppen. Ein Spielbuch ist wie ein Kochbuch: Man kann etwas kochen, um satt zu werden. Man kann jedoch auch zielgerichtet, entsprechend eines bestimmten Anlasses kochen oder um zum Beispiel eine Mangelernährung abzubauen. Ein Kochbuch mit Wissen über Ernährung und den Bedarf der Essenden ist optimal.
47 Z. B.: https://improwiki.com
48 Ort als regionaler Bezug. Raum als umgebende Struktur.

den Blick nehmen. Dazu zählt die (möglichst) bewusste Auseinandersetzung mit der eigenen Spielbiografie. Wichtig ist zudem persönliche Vorlieben und Abneigungen von Spielen zu reflektieren. Auch andere Einflüsse, Ängste, Wünsche und persönliche Ziele gehören zu den Voraussetzungen. Daneben nehmen der Ort, das für die Spielsequenzen ausgesuchte Material und der Raum Einfluss auf das Spielgeschehen. So gilt es die Bedingungen der Institution, des Ortes, (Lautstärke, Ablenkungen/Störungen, Atmosphäre) zu kennen. Auch weitere Bedingungen des Raumes, wie Größe, Boden, Fenster und Temperatur gilt es zu beachten. Den zeitlichen Rahmen können Anleitende ggf. im Vorfeld mitgestalten. Hier ist der Gesamtzeitraum (Dauer der Einheiten) und die Pausen zu berücksichtigen. Einfluss nimmt natürlich auch die Tageszeit. Die *Ziele* sind u. a. abhängig von den Voraussetzungen der Gruppe, der Spielleitung, des Ortes und der zeitlichen Struktur. Da von einem absichtsvollen Handeln auszugehen ist, stellt sich die Frage, ob die Ziele den Bedürfnissen der Auftraggeber*innen oder der Zielgruppe gerecht werden. Im Idealfall wäre beides gegeben. Manchmal hat die Spielleitung den Luxus selbst über die Ziele zu bestimmen. Entsprechend müssen sie ausgewählt und begründet werden. Unabhängig davon erfolgt auf Grundlage der ausgewählten Ziele die *Planung*. Dabei muss die Spielleitung im Detail überlegen, wie sie die Spielsequenz anfangen möchte, welche Spiele gespielt werden und welche didaktische Aufgabe sie einnehmen. Auch die Reihenfolge der einzelnen Spiele ist relevant, beispielsweise sind Phasenwechsel, Sozialformwechsel und Aktionsformwechsel zu beachten. Für die Flexibilität der Anleitung ist es dienlich alternative Spiele in der Hinterhand zu haben. Dabei können auch zeitliche Strukturen verloren gehen, womit Überlegungen über zusätzliche Angebote sinnhaft sein können. In der Durchführung hängt viel von der Persönlichkeit der Anleitung ab. Zu oft vernachlässigt wird die *Reflexion* der Spielsequenz. Auch die Gefühle und Erfahrungen der Spielleitung können dabei in den Blick genommen werden. Wichtig ist in jedem Fall, wie die Gruppe auf die Angebote reagiert hat. Entsprach die Durchführung der Planung? Wo waren Änderungen nötig und warum? Welche Konsequenzen sind daraus zu ziehen? Aus all diesen Überlegungen sind Schlussfolgerungen für die nächste Spieleinheit zu entnehmen. Dabei darf jedoch nicht vergessen werden, dass sich dann ggf. wiederum andere Rahmenbedingungen und Gruppenprozesse ergeben haben. Selbst bei gelingenden Prozessen kann daher keine Garantie für künftige Prozesse gegeben werden. Bei aller Planung, Reflexion, kritischen Herangehensweise und akademischen Auseinandersetzung sollte jedoch nicht vergessen werden, dass Spiel insbesondere ein freud- und lustvoller, sozialer Prozess ist, der im Wesentlichen vor allem eines macht: Spaß. Und Spielspaß kann durchaus auch ein didaktisches Ziel sein.

Quellenverzeichnis

Anklam, S./Meyer, V./Reyer, T. (2018): Didaktik und Methodik in der Theaterpädagogik. Szenisch-Systemisch: Eine Frage der Haltung!? Seelze: Klett Kallmeyer.
Baer, U. (1981): Wörterbuch der Spielpädagogik. Basel: Lenoz-Verlag.
Baer, U. (1984): Kooperative Spiele in der Jugendarbeit. In: Kreuzer, K. J. (Hrsg.): Handbuch der Spielpädagogik, Band 3 (S. 129-139). Düsseldorf: Schwann.
Baer, U. (1994): 666 Spiele für jede Gruppe – für alle Situationen. Seelze: Friedrich.
Baer, U. (2007): Spielpraxis. In: Gruppe & Spiel, 5+6/2007, 3-78.
Baer, U. (2008): Spiel. In: Coelen, Th./Otto, H.-U. (Hrsg.): Grundbegriffe Ganztagsbildung. Das Handbuch (S. 155-163). Wiesbaden: VS Verlag.
Baer, U. (2012/2013): Spiel und Bildung. In: Kulturelle Bildung Online, https://www.kubi-online.de/artikel/spiel-bildung, Zugriff am 03.06.2019.
Baer, U./Thole, W. (Hrsg.) (1985): Kooperatives Verhalten im Spiel. Projektergebnisse, Spielaktionen, Brettspiele. Remscheid: Akademie Remscheid.
Csíkszentmihályi, M. (1995): Das Flow-Erlebnis. Stuttgart: Klett-Cotta.
Deacove, J. (1992): Spiele ohne Tränen: Kooperative Kinderspiele (Friedens-Spiele). 7. Auflage. Ettlingen: Ettlinger-Verlag.
Deutscher Lernspielpreis. Spieldidaktik. https://deutscher-lernspielpreis.de/spieldidaktik, Zugriff am 16.06.2020.
Effinger, H. (Hrsg.) (2008): Die Wahrheit zum Lachen bringen. Humor als Medium in der Sozialen Arbeit. Weinheim und München: Beltz Juventa.
Fritz, J. (1993): Theorie und Pädagogik des Spiels. Weinheim und München: Juventa.
Fritz, J. (2004): Das Spiel verstehen. Eine Einführung in Theorie und Bedeutung. Weinheim: Juventa.
Geisler, M (2019): Digitale Spiele in der Medienpädagogik – Einstellungen, Erfahrungen und Haltungen von Spielleitenden. München: kopaed.
Heimlich, U. (1989): Soziale Benachteiligung und Spiel. Trier: Wissenschaftlicher Verlag.
Huizinga, J. (1956): Homo Ludens. Vom Ursprung von Kultur und Spiel. Hamburg: Reinbek.
Krappmann, L. (2010): Prozesse kindlicher Persönlichkeitsentwicklung im Kontext von Gleichaltrigenbeziehungen. In: Harring, M./Böhm-Kasper, O./Rohlfs, C./Palentien, C.: Freundschaften, Cliquen und Jugendkulturen: Peers als Bildungs- und Sozialisationsinstanzen (S. 187 – 222). Wiesbaden: VS Verlag.
Kreuzer, K. J. (Hrsg.) (1983, 1984): Handbuch der Spielpädagogik, Band 1 – 4. Düsseldorf: Schwann.
Nickel, H.-W. (2005): Regie: Thema und Konzept. Berlin, Milow, Strasburg: Schibri.
Piaget, J. (1999): Theorien und Methoden der modernen Erziehung. 9. Aufl. Frankfurt am Main: Fischer.
Retter, H. (1979): Spielzeug. Weinheim: Beltz.
Titze, M. & Patsch, I. (2012): Die Humor-Strategie. Auf verblüffende Art Konflikte lösen. München: Kösel-Verlag.
Walde, G. & Kreitling, H. (2005): Erst das Spiel macht uns zu Menschen. Interview mit Natascha Adamowsky. Die Welt. https://www.welt.de/print-welt/article365538/Erst-das-Spiel-macht-uns-zu-Menschen.html, Zugriff am 12.05.2020.
Weniger, E. (1926): Die Grundlagen des Geschichtsunterrichts – Untersuchungen zur geisteswissenschaftlichen Didaktik. Leipzig: B. G. Teubner.
Winter, A. (Hrsg.) (2011): Spielen und Erleben mit digitalen Medien. München: Reinhardt.

8 Digitale Spiele und Bildung

Dirk Poerschke & Denise Gühnemann

> »Der Mensch spielt nur, wo er in voller Bedeutung des Worts Mensch ist,
> und er ist nur da ganz Mensch, wo er spielt.« *(Schiller 1795)*

Lernen stellt nicht immer die pure Lust, sondern den ernsthaften Erwerb von Wissen in den Mittelpunkt. Doch zur intrinsischen Motivation des Spielens gehören Spaß und Lust. Wie bekommen wir diese beiden so gegensätzlichen Punkte übereinander? Welche Auswirkungen hat ein spielerischer Kontext auf den angestrebten Lerneffekt? Und wann verliert das Spiel seine Eigenschaft, ein Spiel zu sein? Wie sind spontane Spielaktivitäten, motivierende Spielerlebnisse, Selbstwirksamkeit oder die Übernahme von Rollen im Spiel überhaupt als Lernprozesse messbar? Diese Fragen stellen sich beim Nachdenken über und Nutzbarmachen von digitalen Spielen für Bildungskontexte. Der folgende Artikel beleuchtet den Zusammenhang digitaler Spiele und Bildung. Welche Rolle nehmen Spiele beim Lernen ein? Wieso können wir Entwicklung nicht ohne Spiel denken? Und wie macht sich die Bildung das Spiel zu Nutze?

8.1 Spielen und Lernen: Warum eigentlich?

Das Spiel dient der Aneignung wichtiger Fähigkeiten ganz unterschiedlicher Bereiche, etwa Motorik und Reaktion, Sprache und Kommunikation, Sehen und Verstehen oder Emotionen und Empathie (Greiner 2014). Wichtiger Faktor hierfür ist sein Charakteristikum des Probehandelns. Im Spiel wird sich ausprobiert und das meist glimpflich[49], also im besten Fall konsequenzlos. Viele Computerspiele präsentieren sich dabei als Experimentierräume, herausragendes Beispiel ist hier »Minecraft«. Das Spiel erfreut sich, besonders dank seiner vielen Möglichkeiten im Bereich von Spiele-Mods, hoher Beliebtheit und wird nicht nur privat gespielt, sondern auch in den Bereichen Schule und Jugendarbeit eingesetzt.[50] Je offener die Spielwelt gestaltet ist, desto mehr Raum bleibt oftmals für die Kreati-

---

[49] Realweltliche Bezüge können auch realweltliche Auswirkungen haben, vgl. etwa In-App-Käufe, die sich auf die finanzielle Situation der Spielenden auswirken.
[50] Beispiele für diesen Einsatz unter: http://minecraftbildung.de/ oder auch https://www.bpb.de/lernen/digitale-bildung/werkstatt/239420/lernen-mit-minecraft, Zugriff am 25.05.2020.

vität der Spielenden, sowohl im als auch mit dem Spiel[51]. Spielereihen wie »The Sims« oder »GTA« erfreuen sich ebenfalls aus genau diesen Gründen großer Beliebtheit. Die Spielenden müssen nicht durchgehend den Aufgaben des Spiels folgen, sondern haben die Freiheit – meist im Rahmen der Spielregeln – selbst entscheiden zu können, wie sie ihre Zeit im Spiel ausgestalten. »Was das Spiel und somit die Spielenden [...] brauchen und zugleich im Spiel erschaffen, ist Freiraum und die Möglichkeit diesen Freiraum zu besetzen und nach eigenen Wünschen zu gestalten« (Geisler 2018, S. 27).

Dabei können sich auch Formen entwickeln, die das Spiel nicht primär impliziert. Ein schönes Beispiel hierfür ist etwa die »In-Game-Fotografie«. Die Spielenden folgen dabei meist nicht den Zielen des Spiels[52], sondern schaffen sich selbst eine Aufgabe in der virtuellen Umgebung. »In der First-Person-Perspektive steuert der Spieler sozusagen eine körperlose Kamera, [...] Der subjektive Blickwinkel, die Auswahl des Bildausschnitts und das Auge für Komposition und den perfekten Moment sind [...] die souveräne Leistung des Fotografen. Ich erschaffe die Umgebung nicht, ich besetze sie mit meinen Erlebnissen.« (Geisler[53]) Längst hat sich dieses Phänomen zu einer eigenen kleinen Szene entwickelt und mittlerweile bieten immer mehr Spiele die Möglichkeit zu solcher In-Game-Fotografie. Dieses Beispiel zeigt, dass digitale Spiele eine besondere Form der Involvierung schaffen. Solche sogenannten »Involvierungsstrategien des Computerspiels« (Neitzel 2012, S. 75ff.), beinhalten Immersion, Interaktivität und Involvierung, wobei sich letztere weiter ausdifferenzieren lässt.

Die Immersion meint das Eintauchen, das Hineingezogenwerden in die virtuelle Welt, die gemeinsam mit dem wichtigen Merkmal der Interaktivität in Wechselwirkung steht und welche beide in besonderen Formen der Involvierung münden. Der Begriff der Involvierung bündelt dabei aktive und passive Komponenten der Begriffe Immersion (passiv) und Interaktivität (aktiv) und wirkt auf verschiedenen Ebenen. Neitzel skizziert folgende Einzelbereiche, die hier nur knapp erläutert werden:

- aktionale Involvierung: Einbindung der Spielenden durch Handlungsanweisungen. Spielumgebungen als »Einladungen zum Herumspielen« (Neitzel 2012, S. 88).
- ökonomische Involvierung: Bereitstellung von Belohnungen, etwa in Form von Punkten, Spielgeld, Gegenständen oder neuen Spielinhalten.[54]
- temporale Involvierung: Einbindung der Spielenden in Zielvorgaben und Zeitstruktur, welche sowohl chronologisch als auch zyklisch ablaufen können.
- sensomotorische Involvierung: »Körperliche« Interaktion der Spielenden mit Hard- und Software auf der Ebene des Interfaces, also der Benutzung eines

---

51 Vgl. etwa Machinimas oder In-Game-Fotografie, zu letzterem weiter im Text mehr.
52 Manche Spiele formulieren die Aufnahme bestimmter Fotos als kleinere Aufgaben im Spiel.
53 In-Game-Photography https://www.m-geisler.de/IGP.html, Zugriff am 30.05.2020.
54 Seit den Geschäftsmodellen »Free-to-Play« und »Pay-to-Win« beinhaltet diese ökonomische Involvierung noch die Dimension der realweltlichen Auswirkung.

Controllers, einer VR-Brille, des gesamten Körpers (z. B. Kinect) oder ähnlichem.
- visuelle Involvierung: Audiovisuelle Darstellung, die sich an den Spielenden ausrichtet, etwa in perspektivischer (First-Person, Third-Person) oder stilistischer Hinsicht (2D, 3D).
- räumliche Involvierung: Ausweitung des Handlungsspielraums vom Realen ins Virtuelle und die Bewegung in letzterem (ggf. mit Karten, Pfeilen, Wegpunkten usw.).
- emotionale Involvierung: Empathie und Identifikation mit den Spielfiguren, aber auch Ärger über Niederlagen und Verluste.
- narrative Involvierung: Mitkonstruktion einer Geschichte, textuelle und erzählerische Elemente, aber auch intertextuelle, intermediale oder selbstreferentielle Verweise innerhalb des Spiels.
- soziales Miteinander und Interaktion (siehe weitere Erläuterung unten) (vgl. Neitzel 2012, S. 83ff.)

Diese verschiedenen Ebenen der Involvierung können durch das Element des »Feedback« und das Erleben von Selbstwirksamkeit ergänzt werden. Der »Experimentierraum Computerspiel« bietet Spielenden nicht nur Schutz im Sinne eines Möglichkeitsraumes (der selbstverständlich im Rahmen des jeweiligen Spiels und seiner Programmierung limitiert ist), sondern spiegelt den Spielenden ständig zurück, wie erfolgreich oder »gut« sie das Spiel bewältigen. Punkte, Bestenlisten, wirtschaftlicher Erfolg oder Spielfortschritt geben den Spielenden permanent Rückmeldung über ihre Spielweise. Gleichzeitig erleben sie sich als Handelnde, deren Entscheidungen Auswirkungen auf die Spielwelt haben und somit als wirkmächtig. Sollten die Entscheidungen »schlecht« gewesen sein, also zum Scheitern im Spiel führen, bleibt meist die Möglichkeit weiterer Versuche oder des Neustarts. Mehrmaliges Üben führt dann wiederum zum erwünschten Ergebnis. Das Selbstwirksamkeitserleben ist ein motivierendes und für das Lernen relevantes Element. Das Handeln der Spielenden hat nicht nur Einfluss auf das Spiel, sondern kann es »zum Guten wenden« und damit erfolgreich abschließen.

Wir erinnern uns daran, in der Schule oft die Frage gestellt zu haben, »wofür brauchen wir das?« Das Spiel impliziert diese Antwort stets. Auch die Form der meist direkten Rückmeldung durch das Spiel ist für die Bildung bzw. das Lernen nicht unwesentlich. Schließlich bietet das digitale Spiel eine gute Möglichkeit zur eigenen »Lernstandskontrolle«[55]. Daraus ergibt sich für die Spielenden eine zusätzliche Motivation. Sie sehen wie gut oder schlecht sie sind und können durch Übung ihre Ergebnisse verbessern.

Digitale Spiele bieten jedoch nicht nur gute »Lernumstände«, sondern sind ebenso als Artefakte selbst interessante Untersuchungsgegenstände. Sie gehören zur Lebenswirklichkeit von Kindern und Jugendlichen und sind gleichzeitig kulturelle Erzeugnisse unserer Zeit. Sie spiegeln gesellschaftliche und politische Vor-

---

55 Natürlich nicht in gleicher Form wie die Lernstandskontrolle durch das Lehrpersonal, aber doch vergleichbar.

stellungen genauso wie technische Entwicklungen. Ihre Handhabung, Analyse, Kritik und Produktion sind im Sinne von Dieter Baackes Medienkompetenzmodell (Baacke 1996, S. 119) unabdingbarer Bestandteil von Medienpädagogik, selbstverständlich auch auf kultureller und sozialer Ebene.[56]

Wir sprachen bereits von »sozialer Involvierung«. Diese nimmt besonders im Vergleich zu anderen Medien wie Film oder Literatur beim digitalen Spiel eine ganz besondere Rolle ein. Die soziale Involvierung erfolgt durch vielfältige und variierende soziale Prozesse, die hier nur grob umrissen werden können. Auf den Metaebenen von Film und Literatur lassen sich auch soziale Prozesse ausmachen. Zum lesen oder Film schauen ist aber meist keine besondere Interaktion mit anderen nötig. Dies ist beim Spiel grundlegend anders. Eine große Zahl an Spielen benötigt Mitspieler*innen, benötigt Miteinander, Kommunikation, Austausch und Auseinandersetzung mit anderen. Durch Kommunikationskanäle im Spiel (Textchat, Ausrufe oder Körpersignale der Avatare) oder außerhalb des Spiels (Video- oder Voicechat) wird die oft vorhandene räumliche Distanz mühelos überwunden. Dabei kann es zu spontanen und nicht andauernden Vergemeinschaftungen, genauso wie zu andauernden und über das virtuelle Spiel hinausgehenden Freundschaften kommen. Streaming-Plattformen wie Twitch ermöglichen die Echtzeit-Interaktion von Spielenden und Nicht-Spielenden via Smartphone, PC, Spielkonsole oder Smart-TV. Diese verschiedenen Formen der sozialen Interaktion im Rahmen digitaler Spiele bieten nicht nur besagte Involvierung und Motivation für die Spielenden, sondern erweitern gleichzeitig die Möglichkeiten digitaler Spiele in Bildungskontexten.

8.2 Spiele in Bildungskontexten: Formen

Das Spektrum digitaler Spiele ist weit. Es gibt Spiele, die nur wenige Stunden Spielspaß bieten und andere, die scheinbar niemals enden.[57] Manche sind aufwendig und über Jahre produziert, andere entstehen in Game Jams, die nicht länger als ein Wochenende dauern.[58] Alle Spielformen auszudifferenzieren ist hier weder möglich noch sinnvoll. Stattdessen wollen wir zunächst zwei grundlegende Formen unterscheiden, die von pädagogischer Relevanz sind. Das sind zum einen sogenannte »Serious Games« und zum anderen kommerzielle, sogenannte »off-the-shelf Games«[59]. Erstere dienen dazu, wie der Name nahelegt,

---

56 Auf die Zugehörigkeit zur Kulturellen Bildung wurde früher im Band bereits eingegangen.
57 Vgl. etwa Starcraft (Blizzard, 1998) oder World of Warcraft (Blizzard, 2004).
58 So lädt etwa der *Global Game Jam* Programmierer*innen und Kreative weltweit stets am letzten Januarwochenende dazu ein, Spiele unter einem speziellen Motto zu kreieren. Weitere Informationen unter https://globalgamejam.org/, Zugriff am 25.05.2020.
59 Gerne auch abgekürzt mit: COTS = commercial off the shelf.

seriöse bzw. ernsthafte Inhalte, oft Lerninhalte, zu vermitteln. Letztere sollen in erster Linie die Spielenden gut unterhalten und damit den Anbietern finanziellen Erfolg garantieren. Solche COTS-Games werden immer aufwendiger produziert und verursachen mitunter Kosten in Höhe mehrerer zwei- bis dreistelliger Millionen.[60]

Besonders in den früheren Erfolgsjahren des Mediums war die Kluft zwischen beiden Klassen digitaler Spiele oft groß. Mittlerweile weicht diese harte Grenze jedoch auf, wie etwa »Assasin's Creed: Origins«, welches mit einem gewaltfreien Erkundungsmodus Hintergründe zum historischen Schauplatz des Spiels bietet und anschaulich demonstriert. Längst finden sich zahlreiche Praxisbeispiele beider Formen, Serious Games wie COTS, in Lehr- und Lernkontexten.[61] Dabei ist die »manchmal folgenschwere Umwidmung« (Beil et al. 2017, S.8) von Spielen für andere Zwecke so alt wie das Spiel. Schon immer gab es Strategie- und Planspiele, die etwa kriegerischer Übung oder Simulation dienten. Den Anfang der »Serious Games« im Bereich digitaler Spiele machten die Flugsimulatoren bereits gegen Mitte des letzten Jahrhunderts. Für das Lernen werden »Educational Games«, eine Unterkategorie der »Serious Games« entwickelt und eingesetzt. Der Wissenserwerb soll spielerisch erfolgen, Motivation wird durch die besondere audiovisuelle Darbietung in Form des »neuen« Mediums anvisiert. Dabei verhält es sich wie bei allen Medienartefakten, es gibt gute und schlechte Ausprägungen. Und so hat sich im Zusammenhang mit einigen »Serious« bzw. »Educational Games« der Ausdruck »Chocolate-Covered Broccoli« etabliert.[62] Ein unbeliebter Lerninhalt wird ansprechend, also in Form eines Spiels präsentiert, ändert aber sein grundsätzliches Wesen nicht. Hinzu kommt das Problem, dass sich die durch den Einsatz von neuen Medien erwirkte Attraktivität abnutzt. »Ob dieses Problem auftritt, hängt natürlich insbesondere von der Qualität des Spiels und seiner Einbindung in den sonstigen Lehr- und Lernkontext ab.« (Breuer 2017, S. 19)

»Educational Games« gibt es mittlerweile in verschiedensten Formen und mit unterschiedlichsten Inhalten. Sie werden im Schulunterricht und der Berufsausbildung eingesetzt, genauso wie in der Jugendarbeit, im Familienumfeld oder – ganz allgemein gesprochen – für die Vermittlung von Wissen in unterschiedlichen Lebensbereichen. »News Games« etwa präsentieren Nachrichteninhalte und komplexe politische und/oder gesellschaftliche Sachverhalte spielerisch und anschaulich. »Museums Games« rahmen Ausstellungen von Museen. Als Teil museumspädagogischer Konzepte bieten sie dabei Hintergrundinformationen und ermöglichen die spielerische Auseinandersetzung mit den Ausstellungsinhalten. »Health Games« wiederum widmen sich unserem Körper und seiner Ge-

---

60 »Bis zu 500.000.000 Dollar: Das sind die 9 teuersten Spiele der Welt«, Meldung vom 14.03.2016, https://www.chip.de/news/Bis-zu-500.000.000-Dollar-Das-sind-die-9-teuersten-Spiele-der-Welt_90956131.html, Zugriff am 30.05.2020.
61 Literatur und Links zum Thema im Anhang.
62 Eingeführt im Artikel von Klopfer, E., Osterweil, S., & Salen, K. (2009): Moving Learning Games Forward. Obstacles, Opportunities & Openness. https://education.mit.edu/wp-content/uploads/2018/10/MovingLearningGamesForward_EdArcade.pdf, Zugriff am 30.05.2020.

sundheit. Sie können helfen, Krankheiten zu verstehen, aber auch Therapien unterstützen.

Bogost spricht von »Persuasive Games« (vgl. Bogost 2007), also Spielen, die uns überzeugen, unsere Meinung oder Handeln beeinflussen können. Der Begriff der »Expressive Games« fasst Spiele noch etwas weiter und beschreibt die Konfrontation der Spielenden mit psychologischen, sozialen und kulturellen Problemen und der Erfahrung von moralischen oder ethischen Dilemmata, genauso wie deren Konsequenzen (vgl. Genvo 2016, S. 92f.). Mit »Gamification« und »Serious Play« finden Elemente des Spiels den Weg in den Alltag[63] und immer häufiger auch in verschiedene Lehr- und Lernkontexte.

8.3 Was ist nun mit der Bildung?

> »Und wenn die Schule ein Vorspiel des Lebens ist, so brauchen die Vorübungen für die ernsten Geschäfte des Lebens nicht unbedingt ernste sein: sie fallen in die Jugendzeit. Vorspiele müssen sie sein, so dass man sie mit Vergnügen unternehmen und fortführen kann.«
> (Comenius 1907)

Dass wir im Spiel etwas lernen, ist heute unwidersprochen. Wenn wir über das Spielen sprechen, sprechen wir über eine Tatsache, die offensichtlich zu allen Zeiten und überall einen wichtigen und hohen Stellenwert hatte und, so wissen wir heute, eine unverzichtbare Grundlage für unsere Entwicklung darstellt (vgl. Winnicott 1973). Aber was lernen wir im Spiel, außer das Spiel an sich besonders gut zu beherrschen? Wenn wir uns die Zeit vor der formalisierten Bildung durch Kindergarten und Schule anschauen, finden wir dort schon erstaunliche Phänomene. Offensichtlich macht es den Jüngsten Spaß, Gegenstände aus der Umwelt zu greifen, Sachen umzustoßen oder sich an etwas hochzuziehen, Geräusche aus der Umwelt nachzuahmen, zu stapeln und zu sortieren. Die Kleinsten machen dabei grundlegende Erfahrungen, sie lernen sich die Umwelt spielerisch anzueignen und dabei eigene Fortschritte zu verzeichnen (vgl. Mogel 2008). Mit fünf Jahren ist dann, unter anderem, die aktive Wortschatzentwicklung mit ca. 2.000 Wörtern weitestgehend abgeschlossen und Kinder beherrschen komplexe Satzstrukturen (Richter 2001, S.46). Ihre jetzigen Spiele brauchen klare Regeln und einen klaren Sieger. Soziale wichtige Prozesse wie der Umgang mit Frustration und Einfühlungsvermögen werden spielerisch trainiert. Sie können zählen und manche schreiben ihren Namen. Körperbezogene Funktionsspiele, wie die Zehen in den Mund nehmen, haben sich in Kürze zu Experimentier-, Rollen- und Symbolspielen entwickelt. Dies ist für die Jüngsten ein Sprint durch die altersgemischte Bildung, der heute auch immer stärker durch digitale Spiele unterstützt werden soll.

---

63 Dazu mehr im folgenden Artikel.

Schaut man sich den fast unüberschaubaren digitalen Markt für Vorschulkinder an, ist man erstaunt. Fast hat man das Gefühl, die Kinder lernen die ersten Formen, Zahlen und Farben durch Bildschirme. Dem ist natürlich nicht so. Trotzdem lohnt es sich, die digitalen Spiele für die Bildung genauer unter die Lupe zu nehmen. 2019 hat eine App den Kindersoftwarepreis Tommi[64] in der Rubrik Kindergarten und Vorschule gewonnen, »Fiete World Ahoiii«. In der medienpädagogischen Begründung heißt es: »Mit weitem Abstand vor all den anderen Apps und Spielen hat ›Fiete World‹ das Herz der Kinder erobert. Dort gibt es tolle Gelegenheiten, sich spielerisch auszuprobieren, in andere Figuren hineinzuversetzen und eine eigene kleine Welt zu bauen. Mit der Möglichkeit, alles mit einem Knopfdruck noch als Video aufzunehmen, werden schon die jüngsten kleine Filmemacher und ihre Medienkompetenz wird gefördert. Durch das freie Erkunden in der Open World von Fiete können Kinder sich selbst erproben, in verschiedene Rollen schlüpfen und damit mit Spaß ihrer Kreativität und Fantasie freien Lauf lassen. Genau das machen medienpädagogisch wertvolle Anwendungen für Kinder aus.«[65]

Die App wurde gemeinsam mit verschiedenen Kindergärten getestet und erfolgreich zum Einsatz gebracht. Fast allen guten Apps, inkl. dieser ausgezeichneten App, ist dabei eins gemeinsam: Sie sprechen die dem Alter angemessenen Fähigkeiten an und verbinden dies mit einem intrinsisch motivierten, zielorientierten Handeln, welches den Maßstab des Erfolgs definiert, der wiederum meist positive Emotionen hervorruft. Allerdings konzentrieren sich auch die meisten Apps für die Vorschule auf das Lesen, Schreiben oder Mathematik. Wir wollen nicht sagen, dass das nicht auch spielerisch geschieht oder sogar Spaß machen kann. Eine Tendenz ist allerdings durchaus erkennbar, das »Fitmachen für die Zukunft« beginnt sehr früh.

Wir wollen nicht verschweigen, dass dieses frühe zielorientierte mediale Lernen nicht auch seine Kritiker*innen hätte. Z. B. Peter Gray, Professor der Psychologie am Boston College, der im informellen Spiel die natürliche Form des Lernens erkennt und jede Form des formellen Lernens als einen falschen Weg ansieht (vgl. Gray 2015). Damit meint er nicht, dass Computerspiele nicht angemessen zum Lernen wären, sondern dass wir in Institutionen wie Kindergärten oder Schulen Wissen vermitteln und Kindern Inhalte zumuten, welche oft nicht wirklich dem Interesse des Kindes entsprechen. Das Ganze wird dann durch extrinsische Motivationen gestützt. In eine ähnliche Richtung argumentiert Albert Vincent vom Rudolf-Steiner-Institut Kassel: »Das Recht des Kindes auf Spiel habe denselben Rang wie die verfassungsmäßig garantierte Befugnis zur freien Rede, meint der amerikanische Spielforscher Brian Sutton Smith. Weshalb jemand auf die Idee kommt, die Bedeutung des kindlichen Spiels mit dieser juristischen Schärfe zu umreißen, hängt mit dem Rückgang spielender Kinder zusammen, also damit, dass in der Wissensgesellschaft das Spielen als Möglichkeit der menschlichen Entwicklung aus dem Blick geraten ist. Das Spiel wird von Bil-

---

64 https://www.kindersoftwarepreis.de, Zugriff am 20.06.2020.
65 https://www.kindersoftwarepreis.de/games/app-fuer-ios-android-fiete-world-ahoiii-2, Zugriff am 20.06.2020.

dungspolitikern in einer Art Planpädagogik zurechtgestutzt und in seiner Bedeutung heruntergespielt. Die Leidtragenden sind die Kinder. Immer mehr von ihnen verlernen das Spielen, bevor sie überhaupt die Chance erhalten haben, mit ihm in Berührung zu kommen« (Vinzens 2015, S. 22). Seines Erachtens wird das Spiel dem Gabentisch der Bildung geopfert.

Nicht eingehen wollen wir hier auf die Kritiker*innen, die in digitalen Medien an sich etwas Schädliches für Kinder und Jugendliche sehen. Viel wichtiger ist es, eine gesunde Balance aus medialen und analogen Aktivitäten herzustellen. Im Unterschied zur Schule gibt es in Kindertagesstätten keinen geregelten Lehrplan. Manche Kindergärten verstehen die gesamte Zeit vor der Einschulung als Vorschule, also Vorbereitung auf die Schule, manche konzentrieren sich dabei auf das letzte Kindergartenjahr. Die pädagogischen Konzepte sind weder verbindlich noch einheitlich. Dabei haben alle Bildungsansätze im besten Falle spielerische Aspekte und bringen uns etwas bei, was uns in der Schule wirklich weiterhilft, nämlich etwas zu tun, was wir jetzt gerade nicht tun wollen. Zum Glück finden sich viele spielerische Aspekte anschließend auch in der Grundschule und den weiterführenden Schulen. Welche Rolle diese einnehmen, wollen wir uns jetzt ansehen.

8.4 Grundschule

»It's time to play the work.«
(Amerika. In: Cermack-Sassenrath 2010, S. 178)

In Johan Huizingas kulturanthropologischer Monographie »Vom Ursprung der Kultur im Spiel« (1938) konnte er überzeugend nachweisen, dass fast alle Elemente unseres Miteinanders, der Ökonomie, der Technik, der Politik oder Wissenschaften von spielerischen Prinzipien durchdrungen sind, so natürlich auch die Bildung. Man erinnere sich nur an Sachaufgaben, Quizspiele, Kreuzworträtsel, Lückentexte oder das Rollenspiel zwischen der Lehrkraft und den Schüler*innen.

Mit dem *DigitalPakt Schule*[66] haben die deutsche Bundesregierung und der Deutsche Bundestag im Jahr 2018 die Absicht bekundet, die Digitalisierung in den allgemeinbildenden Schulen mit 5 Milliarden zu fördern. Ein Teil dieser Gelder wird für die technische Ausstattung der Schülerinnen und Schüler aufgebracht, womit zusätzliche spielerische Elemente in den Bildungskontext kommen könnten. Wir wollen nicht so weit gehen wie Daniel Cermak-Sassenrath, der in der täglichen Nutzung von Computern eine immer engere Annäherung an spielerische Prinzipien vermutet und Interaktivität an sich als ein Spiel begreift (vgl. Cermack-Sassenrath 2010). Aber es ist schon erstaunlich, mit welchen

---

66 https://www.digitalpaktschule.de, Zugriff am 30.05.2020.

digitalen, spielerischen Methoden und Apps Bildung unterstützt werden soll. Die spielerischen Anteile haben heute einen ungleich höheren Anteil als bei den bisherigen Bildungsmedien. Bisher konzentrierte sich in den Kernlehrplänen und Richtlinien für die Schule das Thema Spiel weitestgehend auf den Sportunterricht.[67] Das ändert sich immer mehr. Wie sich dieser Aspekt auf die Bildung auswirkt, bleibt abzuwarten. Bisher galt: »Beim schulischen und außerschulischen Lernen mittels klassischer Methoden (Hildegard & Bower 1966) oder in neueren medial vermittelten Formen (Vosniadou, deCorte, Glaser, Mandl 1996) steht der ernsthafte Erwerb von Wissen im Vordergrund. Dem Spielen als Tätigkeit, von konventionellen bis hin zu Computerspielen, wird dagegen die emotionale Qualität des lustvollen Entspannens zugeschrieben. Der Spaß ist das zentrale Moment (Oerter, 1993; Mogel, 1994). Daraus wird in der Pädagogik abgeleitet, dass sich Spielen und Lernen problemlos zu spielerischem Lernen kombinieren lassen. Wir halten diese Position für kurzschlüssig. »Bettet man Lernformen, z. B. das Lernen von Sachverhalten, in einen spielerischen Kontext ein, so bleibt dies nicht ohne Konsequenzen für den intendierten Lerneffekt, und auch der Spielanteil wird unter Umständen nicht mehr als Spiel erlebt« (Nieding et al. 2015, S.179).

Schauen wir uns einige der heutigen Apps zur Unterstützung des Unterrichts in der Grundschule an: In vielen Grundschulen wird die App »ANTON«[68] zum Einsatz gebracht. Das ist eine Lern-App, die werbefrei und außerhalb der Pro Version kostenlos Übungen für die Fächer Deutsch, Mathematik, Sachkunde, Deutsch als Zweitsprache, Biologie und Musik von Klasse 1-10 anbietet. Ganz praktisch kann die Lehrkraft eine Schulklasse in der App anlegen, Aufgaben zuweisen und ab der Pro Version auch den Lernfortschritt verfolgen. Die Lernstandsdiagnose ist der wesentliche Faktor zur Benotung. Die App erklärt in einigen der Aufgaben kurz die Inhalte, in der Regel fragt sie das Verständnis von vorher gelernten Inhalten ab und vergibt für perfekt gelöste Aufgaben Pokale und Münzen. Ein wenig herumprobieren geht natürlich auch, das gibt aber keine Belohnungen. Diese können dann wiederum in kleine, schön gemachte Spiele investiert werden. Zum Zeitpunkt unserer Recherche waren das 17 verschiedene und eher für jüngere Kinder ansprechende Spiele, so z. B. »Brick Breaker«, »Puzzles« oder »Marble Maze«. Dies alles sind klassische Arcade Games. Obwohl man den spielerischen Teil vom übenden Teil trennt, wird hier versucht, mit Spielelementen und Belohnungssystemen die Motivation zu unterstützen. Die Spiele sind so kurz gehalten, dass diese in den Unterricht mit eingebaut werden können. Für etwas ältere Kinder oder auch Kinder mit Erfahrungen in digitalen Spielen sind die Angebote wahrscheinlich eher willkommene Pausen vom Unterricht als spannende Unterhaltung.

Ein weiteres Beispiel ist die an Grundschulen beliebte Serie »Lego We Do 2.0.« aus der Education Reihe[69] der Firma »Lego«. Mit den mittlerweile als Spiel-

---
67 vgl. Bildungspläne/Lehrpläne der Länder, https://www.kmk.org/dokumentation-statistik/rechtsvorschriften-lehrplaene/uebersicht-lehrplaene.html, Zugriff am 20.06.2020.
68 https://anton.app/de, Zugriff am 30.05.2020.
69 https://education.lego.com/de-de, Zugriff am 30.05.2020.

zeugklassiker geltenden Legosteinen wird auch in der Schule gearbeitet. Dazu gibt es sogenannte Maker-Aufgaben, die sich im Rahmen von Unterricht und mit begleitendem didaktischen Material dem Thema Verständnis für Modellbildung widmen.
Modellbau wird bei Roger Caillois' Klassiker zur Klassifikation der Spiele »Die Spiele und die Menschen: Maske und Rausch« von 1958 in die Grundkomponente der Maskierung einsortiert. Im Bereich der Maskierung nehmen die Nachahmungen der realen Welt einen besonderen Platz ein. Dass Modellbildung und Simulation einen immer stärkeren Platz auch in der Primarbildung bekommt, zeigt sich außerdem an vielen anderen Beispielen: Da sollen mit Hilfe von Apps kleine Trickfilme produziert werden, mit Apps Musik gemacht oder mit Hilfe von Platinen oder Robotern spielerisch das Programmieren gelernt werden. Damit implizierte Lernziele erreicht werden können, bedarf es einer guten didaktischen Einbettung.

Für die Spielformen, die in der Grundschule zum Einsatz kommen, ist dabei eine Tendenz erkennbar, die offensichtlich auch mit vielen Veränderungen unserer Arbeits- und Lebenswelt zu tun hat. Viele digitale Angebote stellen bisher noch korrekte Antworten und die Kontrolle über die gelernten Inhalte in den Mittelpunkt. Das Ganze wird durch zusätzliche extrinsische Belohnungen verstärkt und findet sich in den Lerntheorien eher in einem Behavioristischen Lernmodell wieder. Dies ist ein Modell, das sich auch in der Grundausrichtung der klassischen Schulstruktur, im System der Noten, Bewertungen durch die Lehrkraft und dem Versetzen in die nächste Stufe wiederfindet. In immer mehr digitalen Spielen für die Schule finden wir allerdings auch verstärkt die Selbststeuerung in Form von Simulationen oder die Bildung von mentalen Modellen wieder, also klassische konstruktivistische und kognitive Lernansätze. Als zentrale Komponente des Lernprozesses wird zunehmend die intrinsische Motivation in den Mittelpunkt gestellt. Diese Form der Selbststeuerung findet sich in der »self-determination-theory«[70] von Ryan und Deci (2000) wieder, die davon ausgehen, dass Lernprozesse von dem Willen, etwas zu lernen, stark beeinflusst werden. Drei Bedürfnisse werden bei Ryan und Deci beim Lernenden in den Mittelpunkt gestellt: Autonomie, Kompetenz und Beziehungen. Eine auf diese Weise gestaltete pädagogische Umgebung, die den Kindern Möglichkeiten zu selbständiger Arbeit bietet, verändert zunehmend auch die Rolle der Lehrkräfte. Wichtig werden in diesem Zusammenhang indirekte Formen der pädagogischen Beeinflussung, die nicht durch direkte Einwirkung, sondern durch Vorbereitung und Beobachtung von Situationen bestimmt sind.

Wie weit diese Form des Lernens in den Alltag von Schule integriert ist, zeigte sich schmerzhaft in der Zeit des Lockdowns während der Corona-Krise 2020. Der Ruf nach digitaler Vernetzung ist durch die Schulschließungen so unüberhörbar laut geworden, dass mit großer Sicherheit die Digitalisierung als Gewin-

---

70 Deci, E. L., & Ryan, R. M. (2012): Self-determination theory. In P. A. M. Van Lange, A. W. Kruglanski, & E. T. Higgins, Handbook of theories of social psychology (S. 416–436). Sage Publications Ltd. http://sk.sagepub.com/reference/hdbk_socialpsychtheories1/n21.xml, Zugriff am 30.05.2020.

ner aus der Corona-Krise hervorgehen wird.[71] Das Thema Homeschooling musste in dieser Zeit gezwungenermaßen in den Mittelpunkt gestellt werden und auch der erzwungene Frontalunterricht nach einer schrittweisen Öffnung der Schulen wird seine Spuren in den Überlegungen zu den didaktischen Konzepten hinterlassen.

Spielerische Ansätze werden wohl einen stärkeren Einfluss auf die Lernumgebungen unserer Kinder bekommen. Die Möglichkeiten, Kinder stärker auch selbständig arbeiten und lernen zu lassen, ist dabei ein eher altes Prinzip, das mit einigen Konsequenzen in der Pädagogik der italienischen Ärztin und Reformpädagogin Maria Montessori (1870-1952) seit langem realisiert wird.

> »Das alte Modell, des jede/r geht und sitzt in einem Klassenzimmer, und der Lehrer steht vor diesem Klassenzimmer und unterrichtet diese Klasse, und Sie machen das in der ganzen Stadt, im ganzen Staat, in all diesen Gebäuden, in all diesen physischen Klassenzimmern – warum mit all der Technologie, die Sie haben?« (Bloomberg In: Westphalen 2020)

8.5 Weiterführende Schulen

Dass digitale Spiele vor allem bei Jugendlichen einen festen Platz im Medienalltag der Zwölf- bis 19-Jährigen haben, wird im jährlichen Turnus durch die JIM Studie des Medienpädagogischen Forschungsverbundes Südwest[72] aufgezeigt. 2019 spricht die Studie von 87 % aller Zwölf- bis 19-Jährigen, die zumindest selten oder mehr über digitale Plattformen spielen, nur 13 % spielen nie digital. Dabei zeigen Jungen eine deutlich höhere Spiel- Affinität als Mädchen (ebd. S. 44ff).

Warum dieses digitale Spielverhalten einen so großen Raum einnimmt, wo doch der Ernst des Lebens in Form von Abschlüssen, Qualifikationen und Pubertät seinen Raum fordert, kann unterschiedliche Gründe haben. Das spielerische Erforschen der Umwelt wie beim Kleinkind wird es eher nicht sein. Ein Aspekt ist sicher die Bewahrung und Orientierung in einer grundsätzlichen Spielhaltung. Die Suche nach einem Spielraum differenziert sich meist auch im Jugendalter stärker aus. Sport, Tanz, Musik, digitale Spiele oder Theater gewinnen stärker an Bedeutung (vgl. Mogel 2008). Diese Suche nach einem eigenen Spielraum kann auch regressiven Charakter haben, manchmal einer Flucht aus dem Alltag oder Regeneration dienen. Wenn dieser digitale Spielraum vorrangig zur Problem- und Konfliktbewältigung benutzt wird, kann man dabei von nicht angemessenen Bewältigungsstrategien sprechen. Beim Übergang in das Erwachsenen-

---

71 https://bildungsklick.de/fruehe-bildung/detail/virus-deckt-schwachstellen-des-bildungssystems-auf-1, Zugriff am 30.05.2020.
72 Medienpädagogischer Forschungsverbund Südwest (2019): JIM-Studie 2019 – Jugend, Information, Medien. https://www.mpfs.de/fileadmin/files/Studien/JIM/2019/JIM_2019.pdf, Zugriff am 20.06.2020.

alter erwartet man verstärkt andere Bewältigungsstrategien. Die Übernahme von Verantwortung, selbständige Entscheidungen und verantwortliches Handeln nehmen stärker im Leben der Jugendlichen Raum ein. Bei den hohen Zahlen der Nutzung digitaler Spiele sollten wir allerdings auch nicht die kulturell-adaptive Funktion dieser Form der Regelspiele außer Acht lassen. Digitale Spiele sind heute auch ein Kulturgut und Mainstream in der Unterhaltungsindustrie.

In den weiterführenden Schulen werden, wie auch in der Grundschule, immer schon nicht-digitale Spiele eingesetzt. Das können, wie in der Grundschule, Kennenlernspiele, Geschicklichkeitsspiele oder ganz konkret Knobel- und Ratespiele für den Mathematikunterricht sein. Seit geraumer Zeit sind zusätzlich auch digitale Spiele stark im Kommen, was auch mit der technischen Ausstattung in den Schulen zusammenhängt. Ein Beispiel dafür ist die Bildungs-App »BIPARCOURS«[73] von Bildungspartner NRW. In der App werden Gaming-Elemente konkret in das Lernziel eingebaut. Mit der App können Rallyes erstellt werden, optimaler Weise mit dem Erkunden von neuen Orten. Dabei lassen sich Informationen in Form von Schrift- und Hörtexten, Bildern, Videos oder Weblinks einbinden. Damit wiederum sollen Quizfragen beantwortet werden. Man kann Punkte vergeben, Turnieraufgaben einbinden und kreative Lösungsansätze implementieren. Ein anderes Beispiel sind die frei verfügbaren, interaktiven Lerneinheiten vom European Space Education Resource Office (ESERO)[74] als gemeinsames Projekt der ESA und des Deutschen Zentrums für Luft- und Raumfahrt (DLR) zum Thema Weltall. Insbesondere in den MINT-Fächern und dem Fach Geographie kommen diese Lerneinheiten gut an. Regelmäßige Fortbildungen für Lehrkräfte sind schnell ausgebucht und an den Wettbewerben wie z. B. »Code4Space« beteiligen sich bereits Grundschulkinder. Orientieren sich die Inhalte an den Schulcurricula der Länder, so ist auch hier nicht zu übersehen, wie hoch der spielerische Anteil in der Vermittlung von Fachwissen angesiedelt wird. Überall finden sich Rätsel, Sortieraufgaben und Rollenspiele, im Gegensatz zum üblichen Frontalunterricht.

Auch auf die Stärkung von Medienkompetenz wird verwiesen. Für NRW wird mit dem Medienkompetenzrahmen NRW[75] diese Kompetenzstärkung in eine für die Schule annehmbare Form gebracht. Die Anbindung von digitalen Spielen zeigt sich in allen fünf Kompetenzbereichen des zugrundeliegenden Kompetenzrahmens: Bedienen und Anwenden, Informieren und Recherchieren, Kommunizieren und Kooperieren, Produzieren und Präsentieren sowie Analysieren und Reflektieren. Dabei geht es den Bildungseinrichtungen nicht mehr nur, wie in der Vergangenheit vorrangig, um spielerischen Umgang mit Hard- und Software, sondern immer stärker auch um die Mehrwerte von kooperativen Spielerfahrungen und die Fähigkeit, sich zu vernetzen. Unserer Meinung nach, eine notwendige Kernkompetenz in einer sich immer stärker auch vernetzten digitalen Welt.

---

73 https://biparcours.de, Zugriff am 30.05.2020.
74 http://www.esero.de/unterricht, Zugriff am 30.05.2020.
75 https://medienkompetenzrahmen.nrw, Zugriff am 30.05.2020

Hier wollen wir einen Punkt stärker herausarbeiten. Es geht den Autor*innen nicht um das Fördern des reinen digitalen Lernens, sondern um die spielerischen Aspekte der digitalen Angebote zum Lernen. Wie bei allen digitalen Programmen und Apps ist die Anschlussfähigkeit an die Zielgruppe notwendig, um erfolgreich am Bildungsmarkt zu sein. Für alle Zielgruppen, vom Kindergarten bis zur weiterführenden Schule, ist dabei die Schnittstelle Spiel die naheliegendste Komponente. Wenn die Begeisterungsfähigkeit durch die Lehrkraft nicht unbedingt gegeben ist, können spielerische Elemente die Motivation steigern. Diese Elemente werden ihre Spuren in der didaktischen Planung von Wissensvermittlung hinterlassen. Hier könnte man, zusätzlich zum Medienkompetenzrahmen, über einen Spielkompetenzrahmen für Lehrkräfte nachdenken. Wenn Spiel Lernmotivation steigern kann, müssten Lerninhalte, Didaktik und Methodik mit spielerischen Elementen verknüpft werden, wozu es einer curricularen Einbettung bedarf.

Für die Wissensvermittlung ist der interpersonelle Kontakt zwischen Schüler*in und Lehrkraft aber immer noch die wesentliche Komponente. Zum Lernen gehören immer zwei: der Lehrende sowie die Lernenden mit ihrer Motivation, ihren Talenten und ihrer Herkunft, wie in der Meta-Studie[76] von John Hattie, Professor für Erziehungswissenschaften an der University of Melbourne, offensichtlich wurde.

Auch andere einflussreiche Bildungsforscher*innen gehen in eine ähnliche Richtung.

Andreas Schleicher, PISA-Koordinator der OECD, ist ebenfalls in Bezug auf rein digitales Lernen kategorisch: »Wir müssen es als Realität betrachten, dass Technologie in unseren Schulen mehr schadet als nützt« (Schleicher 2016).[77] Hier muss man dann doch widersprechen. Entsprechende technische Rahmenbedingungen würden vieles heute vereinfachen oder manches sogar erst ermöglichen. Die gesellschaftlichen Diskussionen um die fehlende Digitalisierung der Schulen und Bildungsinhalte in Deutschland waren während der Corona-Krise 2020 und auch schon lange davor nicht zu überhören. Wie sich allerdings Unterricht im digitalen Raum auf lange Sicht auswirken wird, bleibt eine weitere spannende Frage.

> »Ändern wir nicht wie wir unterrichten, dann haben wir in 30 Jahren große Probleme.« (…) »Werte, Überzeugung, unabhängiges Denken, Teamwork, Mitgefühl – Dinge die nicht durch reines Wissen vermittelt werden. Alles was wir lehren muss unterschiedlich von Maschinen sein. Wenn es Maschinen besser können, müssen wir darüber nachdenken.« Jack Ma, Gründer von Alibaba auf dem Weltwirtschaftsforum 2018 in Davos.[78]

---

76 Steffens, U./Höfer, D. (2014): Die Hattie-Studie – Forschungsbilanz und Handlungsperspektiven. BMBF: Wiesbaden. http://www.sqa.at/pluginfile.php/813/course/section/373/hattie_studie.pdf, Zugriff am 30.05.2020.
77 https://bildung-wissen.eu/fachbeitraege/digitalisierung-als-de-humanisierung-von-schulen.html, Zugriff am 30.05.2020.
78 https://www.youtube.com/watch?v=rHt-5-RyrJk&feature=emb_logo, Zugriff am 20.06.2020.

8.6 Fazit

Ist es nicht das Ideal jeder Didaktik, den so genannten »Motivation Crowding Effect« (vgl. Frey & Jegen 2001), also die Überschneidung externer und intrinsischer Motivation, für unsere Bildungsprozesse zu nutzen? Eine Form der Motivation, die vielen heutigen Lern-Programmen eindeutig noch fehlt. Dass sich allerdings in der allgemeinen Digitalisierung von Lerninhalten auch spielerische Elemente stärker in der Didaktik behaupten, ist zu beobachten und fordert von Lehrenden, wie auch von Schülerinnen und Schülern, ein Umdenken bezüglich der eigenen Motivation zur Wissensvermittlung und zum Wissenserwerb. Digitale Spiele schaffen durch ihre Möglichkeiten der Erweiterung von Verhaltens-, Erfahrungs- und Erlebnisräumen die Voraussetzungen für weitere Lernprozesse. Das wäre ein erster Schritt. Wir alle sind am Zug! Probleme erkennen und lösen, Regelsysteme durchschauen, die kollektive Intelligenz nutzen, Teamfähigkeit im vernetzten Spiel oder eigene Ansätze entwickeln und nicht zuletzt das experimentelle Spiel sind dabei Metakompetenzen, die heute mehr denn je gefragt sind. Und längst bieten einige Best-Practice-Beispiele Anregungen und Inspiration für zukünftiges Lehren und Lernen.

Links zur »verspielten Bildung«:

- Pinterest – Die Datenbank für Bildungsapps – schule-apps.de[79]
- TOOLKIT[80]
- LVR-Zentrum für Medien und Bildung – GamesLab[81]
- LFK – Landesanstalt für Kommunikation Baden-Württemberg – Games [82]
- Fachstelle für Jugendmedienkultur NRW – Spieleratgeber[83]

Quellenverzeichnis

Baacke, D. (1996): Medienkompetenz – Begrifflichkeit und sozialer Wandel. In: Rein, A. v. (Hrsg.): Medienkompetenz als Schlüsselbegriff. Bad Heilbrunn: Klinkhardt.
Beil, B./Bojahr P./Taubert, S. (Hrsg.) (2017): Im Spielrausch. Streifzüge durch die Welten des Theaters und des Computerspiels. Glückstadt: Werner Hülsbusch Verlag.
Bogost, I. (2007): Persuasive Games: The Expressive Power of Videogames. London: MIT Press: Cambridge.
Breuer, J. (2010): Eine Bestandsaufnahme zum (Digital) Game Based Learning. LfM-Dokumentation Band 41/Online, Düsseldorf: Landesamstalt für Medien NRW (LfM), https://

---

79 https://www.pinterest.fr/pin/525584218994502706
80 https://www.toolkit-gbl.com/start
81 https://medien-und-bildung.lvr.de/de/unser_angebot/medienzentrum_duesseldorf/medialab/computerspiele_2/computerspiele_1.html
82 https://games-im-unterricht.de
83 https://www.spieleratgeber-nrw.de

publikationen.medienanstalt-nrw.de/modules/pdf_download.php?products_id=190, Zugriff am 30.05.2020.

Breuer, J. (2017): Grenzen des Lernens mit Computerspielen. In: Zielinski, W., Aßmann, S., Kaspar, K. & Moormann P. (Hrsg.): Spielend lernen! Computerspiele(n) in Schule und Unterricht. Schriftenreihe zur digitalen Gesellschaft NRW, Band 5 (S. 17-26). München: kopaed.

Caillois R. (2017): Die Spiele und die Menschen. Maske und Rausch, (durchgesehene und erweiterte Ausgabe, erste Auflage 1958). Berlin: Matthes und Seitz Verlag.

Comenius J.A. (1907): Pädagogische Schriften 2. Band Schola Ludus – Die Schule als Spiel. Langensalza: Herman, Beyer und Söhne Verlag.

Cermack-Sassenrath D. (2010): Interaktivität als Spiel. Neue Perspektiven auf den Alltag mit dem Computer. Bielefeld: Transcript Verlag.

Deci, E. L. & Ryan, R. M. (2012): Handbook of theories of social psychology. Thousand Oaks: Sage Publications Ltd.

Fadel Ch./Bialik M./Trilling B. (2017): Die vier Dimensionen der Bildung. Hamburg: Verlag ZLL21 e. V.

Frey, B. & Jegen, R. (2001): Motivation Crowding Theory. Journal of Economic Surveys. 15. S. 589 – 611.

Friesen V./Lammes S./DeLange M./DeMul J./Raessens J. (2015): Playfull identities: the ludification of digital media cultures. Amsterdam: Amsterdam University Press.

Geisler, Martin (2018): Entfaltung und Wirksamkeit. Brücken zwischen Spieltheorie, kultureller Bildung und digitalem Spiel. In: Gross, F.v. & Röllecke, R. (Hrsg.), Make, Create & Play. Medienpädagogigk zwischen Kreativität und Spiel (S. 25-29). München: kopaed.

Genvo, S. (2016): Defining and Designing Expressive Games: The Case of Keys of a Gamespace. Journal of media studies and popular culture Université de Montréal Département d'histoire de l'art et d'études cinématographiques, Exploring the Frontiers of Digital Gaming: Traditional Games, Expressive Games, Pervasive Games, Special issue, S.90-106. https://hal.univ-lorraine.fr/hal-01502771/file/2016_Genvo.pdf, Zugriff am 30.05.2020.

Gray P. (2015), Befreit Lernen. Klein Jasedow: Drachen Verlag.

Greiner, H. (2010): Spiel als Motor der kindlichen Entwicklung. Momentaufnahmen einer modernen Spieltheorie und pädagogische Handlungsideen. Vortrag anlässlich des 5. Mentorinnentag, Heidelberg, 28. April 2010. https://www.ph-heidelberg.de/fileadmin/ms-ba-ma/Felbi/Spiel_29-04-2010_Greiner.pdf Zugriff am 20.06.2020.

Hattie, J. A. C. (2009): Visible Learning. A synthesis of over 800 meta-analyses relating to achievement. London & New York: Routledge.

Hilgard, E. R. & Bower, G. H. (1966): Theories of learning. New York: Appleton-Century-Crofts.

Huizinga J. (2014): Das Spielelement der Kultur. Berlin: Matthes & Seitz Verlag.

Klopfer, E./Osterweil, S./Salen, K. (2009): Moving Learning Games Forward. Obstacles, Opportunities & Openness. https://education.mit.edu/wp-content/uploads/2018/10/MovingLearningGamesForward_EdArcade.pdf, Zugriff am 30.05.2020.

Medienpädagogischer Forschungsverbund Südwest (2019): JIM-Studie 2019 – Jugend, Information, Medien. https://www.mpfs.de/fileadmin/files/Studien/JIM/2019/JIM_2019.pdf. Zugriff am 20.06.2020.

Mogel H. (1994): Psychologie des Kinderspiels. Von den frühesten Spielen bis zum Computerspiel. Berlin, Heidelberg: Springer Verlag.

Neitzel, B. (2012): Involvierungsstrategien des Computerspiels. In: GamesCoop (Hg.), Theorien des Computerspiels zur Einführung (S. 75-103). Hamburg: Junius.

Nieding G./Ohler P./Ray G.D. (2015). Lernen mit Medien. Paderborn: Ferdinand Schöning Verlag.

Oerter, Rolf (1993): Psychologie des Spiels. Ein handlungstheoretischer Ansatz. München: Quintessenz.

Oerter, Montanada (2002): Entwicklungspsychologie. Weinheim, Basel, Berlin: Beltz Verlage.

Richter, E. (2001): So lernen Kinder sprechen: die normale und die gestörte Sprachentwicklung. München: Ernst Reinhardt Verlag.

Ryan, R. M., & Deci, E. L. (2000): Self-determination theory and the facilitation of intrinsic motivation, social development, and well-being. American Psychologist, 55(1), 68–78. https://doi.org/10.1037/0003-066X.55.1.68. Zugriff am 20.06.2020.

Schiller, Friedrich: Über die ästhetische Erziehung des Menschen. [2. Teil; 10. bis 16. Brief.] In: Friedrich Schiller (Hrsg.): Die Horen, Band 1, 2. Stück. Tübingen, 1795, S. 51–94.

Schleicher, Andreas (2016): Making Education Everybody's Business. Eröffnungsansprache auf dem Global Education & Skills Forum 2016; Folien: https://de.slideshare.net/OECDE-DU/making-education-everybodys-business; Video: https://www.youtube.com /watch?v=YArPNnqf4nQ (A. Schleicher ab Minute 30.55), Zugriff am 30.12.2018.

Steffens, U. & Höfer, D. (2014): Die Hattie-Studie – Forschungsbilanz und Handlungsperspektiven. BMBF: Wiesbaden. http://www.sqa.at/pluginfile.php/813/course/section/373/hattie_studie.pdf. Zugriff am 30.05.2020.

Vinzens A. (2015): Spiel-Zeuge. Klein Jasedow: Drachen Verlag.

Vosniadou, S./DeCorte E./Glaser, R./Mandl, H. (1996): Technology Supported Learning Environments. New Jersey: Lawrence Erlbaum Associates.

Westphalen, A. v. (2020): Post-Corona-Träume aus Silicon Valley: Utopie oder Dystopie? Telepolis. https://www.heise.de/tp/features/Post-Corona-Traeume-aus-Silicon-Valley-Utopie-oder-Dystopie-4726194.html. Zugriff am 8.6.2020.

Winnicott, D. W. (1973): Vom Spiel zur Kreativität. Stuttgart: Klett.

Zielinski, W., Aßmann, S., Kaspar, K. & Moormann P. (Hrsg.) (2017): Spielend lernen! Computerspiele(n) in Schule und Unterricht. Schriftenreihe zur digitalen Gesellschaft NRW, Band 5. München: kopaed.

9 Praxisprojekte – Von der Idee zum Best-Practice-Projekt

Horst Pohlmann

Konkrete Zielgruppenarbeit findet im Rahmen der Kulturellen Bildung meist in Form von Projekten statt, die ergänzend zu Regelangeboten konzipiert und umgesetzt werden. Zwar wäre es wünschenswert, dass Institutionen und Einrichtungen über adäquate Mittel und personelle Ressourcen verfügten, um Projekte realisieren zu können, in der Praxis sieht dies jedoch leider anders aus. Es fehlen sowohl Personalstellen als auch Geld und das hat zur Folge, dass separate Anträge gestellt werden müssen. Um einem professionellen Anspruch gerecht zu werden, müssen aber auch innerhalb der regulären Arbeit oder unter Maßgabe vorhandener Einrichtungs- und Medienkonzepte Projekte vor ihrer Durchführung skizziert sowie inhaltlich und methodisch ausgearbeitet werden, bevor sie genehmigt werden und stattfinden können. Das folgende Kapitel beschreibt den Prozess von der Projektidee über Konzeption und Antragstellung bis hin zur Durchführung und Dokumentation. Es wird ein Raster zur Verfügung gestellt, das im Sinne einer Checkliste im Umsetzungsprozess verwendet werden kann.

9.1 Projektebenen

Kulturelle Bildung findet unter Berücksichtigung mehrerer struktureller Dimensionen statt. Das ist nicht unbedingt etwas, an das man als erstes denkt, wenn man ein Projekt plant, hat jedoch Auswirkungen auf Zielgruppen, Projektausrichtungen, Einrichtungen, übergeordnete Institutionen und auch Antragstellung und Mittelakquise. Wolfgang Zacharias zeichnet ein Koordinatensystem und benennt eine horizontale und eine vertikale Ebene Kultureller Bildung (vgl. Zacharias 2010, S. 417ff): Auf der horizontalen Ebene sind Kulturelle Bildungsangebote Teil von *Kulturpolitik* und finden im Rahmen von *Jugendarbeit und Jugendhilfe* auf der einen sowie *Schule und Ausbildung* auf der anderen Seite statt. Abhängig vom jeweiligen Projektvorhaben können zusätzlich weitere Kontexte wie Familie, Gleichaltrige oder soziales Umfeld und Umwelt eine Rolle spielen. Die vertikale Ebene beschreibt die (strategische) Platzierung Kultureller Bildung, die *vor Ort* (Lebenswelten, Kulturorte, Jugendzentren, Kitas, Schule, informelle »dritte Orte«), *auf kommunaler Ebene* (Netzwerke, kooperative Infrastrukturen, Informationen, persönlicher Austausch mit Akteuren), *auf föderaler Ebene* (Länderspezifische Angebote, Bildungs- und Kulturhoheiten der Länder), *auf nationa-*

ler Ebene (Modellprojekte, Wettbewerbe, Verbundsysteme, Theorie-Praxistransfer) sowie *auf internationaler Ebene* (UN, Unesco, EU, Jugend- und Fachkräfte-Austausch, inter- und transkulturelle Vielfalt) stattfinden kann. Diese grundsätzliche strukturelle Verortung von Einrichtungen und Projektvorhaben kann maßgeblichen Einfluss auf Zielgruppen, Ziele und Veranstaltungsorte haben und auch die Entscheidung beeinflussen, wo Projektmittel überhaupt beantragt werden (können).

Das wichtigste Ziel medienpädagogischer Arbeit ist nach wie vor die Vermittlung von Medienkompetenz. Klassische Handlungsfelder wie Kita, Schule, Jugendeinrichtung oder Erwachsenenbildung sind weiterhin relevant, allerdings tragen die fortschreitende Digitalisierung und die Entwicklung digitaler Medien dazu bei, dass zielgruppenspezifische Angebote realisiert werden müssen, um den jeweiligen Nutzungsgewohnheiten und individuell zu betrachtenden Medienkompetenzen gerecht werden zu können. »Es geht vielmehr darum, die Bedeutung bestimmter medialer Formen und Nutzungsweisen aus den jeweiligen Kontexten heraus unter Berücksichtigung ihrer jeweiligen Verortungen, feldspezifischer Herausforderungen sowie bestimmter Akteur/-innen zu verstehen und den Medienumgang eingebettet in diese unterschiedlichen Alltagskontexte zu begleiten.« (Kutscher/Kreß 2017, S. 285) »Somit geht es weniger um vorrangig medienpädagogische Aktivitäten als vielmehr um eine Einbettung medienbezogener Bildung und Erziehung in andere pädagogische Kontexte.« (ebd.) Hinzu kommt, dass Herausforderungen oder Effekte der Digitalisierung nicht auf Medien beschränkt bleiben, sondern Einfluss auf andere Bereiche haben. Fragestellungen rings um z. B. Urheber- oder Persönlichkeitsrechte, die algorithmische Auswertung von BigData, die Verbreitung von Fake-News oder die zunehmende Etablierung Künstlicher Intelligenz tangieren alle Menschen, alle Lebensbereiche und somit auch Kulturelle Bildungsangebote. Zielgruppen sind nicht nur Kinder und Jugendliche sondern auch Erwachsene, die in die Lage versetzt werden müssen, Technologie verstehen, ihre Chancen und Risiken einschätzen, für sich bewerten und Handlungsoptionen daraus ableiten zu können.

9.2 Projektformen

Eine handlungsorientierte Medienpädagogik stellt nicht das Medium, sondern den Menschen in den Mittelpunkt: »Die Subjekte sollen in der Lage sein, als Souveräne Medien in den Dienst zu nehmen, das heißt sie als Mittel zur Auseinandersetzung und Gestaltung ihrer Lebenswelt zu gebrauchen, zur Erforschung dieser Lebenswelt, zur Artikulation innerhalb dieser Lebenswelt und zur Durchsetzung eigener Interessen. Die Rezipierenden sollen auch zu Medienproduzierenden werden« (Schorb 2017, S. 135). Diese Handlungsorientierung hat auch zur Aufgabe, die Entwicklung von Kindern und Jugendlichen in anderen Kompetenzbereichen zu fördern. Dabei folgt sie den drei Prinzipien der Bedürfnisorientierung, Situationsorientierung sowie Erfahrungs- und Entwicklungsorientierung (vgl. Tulodziecki/Herzig 2010, S. 180). Im Sinne der praktischen Herangehensweise lassen sich grob zwei unterschiedliche Formen benennen: Rezeptive und Aktive Medienarbeit. Die rezeptive Medienarbeit stellt die kritische und reflexive Auseinandersetzung mit Medien und ihren Inhalten in den Mittelpunkt und verfolgt das Ziel, Medienkritik zu fördern und die (eigene) Mediennutzung zu thematisieren (vgl. Dallmann 2017, S. 363). Beispiele sind die Methode der Filmanalyse oder die (pädagogische) Beurteilung von Computer- und Videospielen durch Gamer selbst. Die Aktive Medienarbeit folgt den Prinzipien des handelnden und exemplarischen Lernens sowie der Gruppenarbeit und fokussiert die Emanzipation des/der Einzelnen, sich mit gesellschaftlichen Themen auseinanderzusetzen und eine aktive Rolle in Veränderungsprozessen einzunehmen (vgl. Rösch 2017, S. 9). Entscheidende Elemente der aktiven Medienarbeit und Vermittlung von Bildungsinhalten sind auch die als »4K-Skills« benannten Kompetenzen: »Bei einem 4K-Lernsetting finden Kommunikation, Kollaboration, Kreativität und kritisches Denken gleichzeitig statt. Freiheit spielt innerhalb dieser Lernprozesse eine wichtige Rolle. Sie begünstigt die 4Ks und persönlich sinnstiftendes, wirksames und nachhaltiges Lernen« (Mihajlovic 2019, S. 172). Häufig sind Medienproduktionen essentieller Bestandteil der Projekte und die eingesetzten Medien fungieren dabei als Werkzeuge der Kommunikation und Öffentlichkeitswirksamkeit. Beispiele sind Film- und Videoprojekte, Podcasts oder Blogs, die von Zielgruppen selbst gestaltet werden und sich mit einem gesellschaftlich relevanten Thema auseinandersetzen. Medien sind in der aktiven Medienarbeit einerseits Mittel zum Zweck des Ausdrucks und der Meinungsvielfalt, andererseits aber auch zentraler Gegenstand im (technischen) Umsetzungsprozess hin zu einem Produkt. Auch wenn das Produkt letztlich das Ziel der thematischen und medialen Auseinandersetzung darstellt, erfolgt die Erstellung in einem pädagogischen Setting und gruppendynamischen Prozess, »denn in den Projekten geht es um soziales Lernen, um soziale Kompetenz und die gemeinsame Auseinandersetzung mit einem relevanten Thema. Pädagoginnen und Pädagogen müssen dabei an den Bedürfnissen, Gegebenheiten, Interessen und Potentialen der Teilnehmerinnen und Teilnehmer ansetzen und Bildungsräume eröffnen« (Demmler & Rösch 2012, S. 24).

Bei der Planung eines Projekts sollte zu Beginn die Frage gestellt werden, welches Ziel erreicht und welcher Kompetenzerwerb primär gefördert werden soll. Auch der Fokus will wohl überlegt sein: Soll der Prozess oder das Produkt im Mittelpunkt stehen? Diese Frage wird in der Medienpädagogik durchaus kontrovers diskutiert. Herausforderung ist, dass sich Prozess und Produkt gegenseitig bedingen und beeinflussen. Blickt man auf die geforderte Förderung von Medienkompetenz, so geschieht dies auch »nebenher« in der Auseinandersetzung mit Medium und Technik auf dem Weg zum Produkt. Somit wäre sie kein relevantes Argument für die Entscheidung. Vielmehr überwiegt die pädagogische Fragestellung, welche Bedürfnisse und Erwartungen die Zielgruppe hat und welche Kompetenzen sie vorrangig erlangen soll. Im laufenden Prozess werden sich Gewichtungen aber auch wieder verändern und das verlangt von den Anleitenden und Pädagog*innen, das Verhältnis von Produktfokussierung und Prozess ständig zu reflektieren, anzupassen, ggf. gegenzusteuern und eine Balance aufrechtzuerhalten. Eike Rösch hat sechs Regeln für die Abwägungen formuliert (vgl. Rösch 2012, S. 52f):

1. Medienpädagog*innen haben die Aufgabe, immer aufs Neue zwischen Prozess und Produkt zu vermitteln und das Gesamtprojekt im Blick zu haben; im Zentrum stehen die Teilnehmenden
2. kontinuierlich Zwänge, Motive und Interessen reflektieren; Medienpädagog*innen müssen sich immer wieder fragen, welche Erwartungen beteiligte Institutionen, die Medienmacher*innen selbst, Außenstehende und auch die pädagogischen Fachkräfte haben und entsprechende Konsequenzen im Sinne der Projektsteuerung ziehen
3. Transparenz gegenüber den Teilnehmer*innen herstellen, Entscheidungen begründen und am besten gemeinsam treffen
4. keine Instrumentalisierung von Kindern und Jugendlichen (z. B. kostenlose Erstellung eines Produkts); die Zielgruppe steht im Mittelpunkt
5. Offenheit gegenüber Kooperationspartner*innen; Reflexion des Projektverlaufs, Deutlichmachen von problematischen Zusammenhängen und Absprache von Alternativen
6. auch das Produkt ist wichtig – ohne ein Produkt ist alles nichts.

In der Praxis trifft man häufig auf Projektverantwortliche, die gegen Ende eines Projekts mit Kindern oder Jugendlichen selbst nachts am heimischen Computer sitzen und Medienproduktionen finalisieren, weil die Zeit nicht gereicht hat oder die Zielgruppe keine Lust mehr hatte. Das geschieht vor allem bei aufwendigeren Projekten, wie Filmen oder Internetseiten und hat etwas mit der Menge und Art der zu bewältigen Aufgaben zu tun. Bei Filmen bspw. machen die Dreh- und schauspielerischen Arbeiten Spaß, der anschließende notwendige Filmschnitt vollzieht sich aber sehr kleinschrittig und mühsam und das Ergebnis lässt auf sich warten, was häufig dazu führt, dass Kinder und Jugendliche die Motivation verlieren und aussteigen. Vielleicht hätte man im Prozess gegensteuern können, aber letztlich steht die Zielgruppe im Mittelpunkt und wenn sie entscheidet, den Film nicht zu Ende zu bringen, ist das zu respektieren, vor allem dann, wenn das Projekt auf freiwilliger Basis und nicht verpflichtend stattfindet. Wenn im Vorfeld die Prioritäten auf den Prozess gelegt und auch entsprechende Kompetenzen als Ziele benannt und erreicht wurden, ist das Projekt durch ein fehlendes Endprodukt nicht gescheitert. Wenn aber das Produkt als einziges Ziel definiert wurde, wird es schon schwieriger, Geld- oder Auftraggebern zu begründen, warum es keine sichtbaren Ergebnisse gibt. Hier ist es also empfehlenswert, schon bei der Konzeption oder Antragstellung auf Projektrisiken hinzuweisen. In der außerschulischen Kinder- und Jugendarbeit mit freiwilliger Angebotsstruktur kann ein solches Risiko auch bereits eben diese Freiwilligkeit sein, wenn Zielgruppe nicht erscheint, weil bspw. durch schönes Wetter eine andere Aktivität bevorzugt wird. Hat man dieses Risiko vorher nicht benannt, war es dem/der Mittelgeber*in nicht klar und er könnte Mittel zurückfordern, wenn es aber zuvor transparent kommuniziert und der Antrag bewilligt wurde, ist man schon auf der sichereren Seite.

Ein weiterer wichtiger Aspekt mit Einfluss auf die Form und den Verlauf von Projekten ist die Partizipation der Zielgruppe. »Partizipation wird als wesentliches Prinzip Kultureller Bildung beschrieben, von dessen Realisierung die Wirkung der Praxis in Hinsicht auf kulturelle und gesellschaftliche Teilhabe abhängig ist. Kinder und Jugendliche* sollen Idee, Konzept, Ablauf, künstlerische Arbeit, Themen und Fragestellungen wesentlich bestimmen bzw. mitgestalten« (Witt 2017, S. 22). Ein Vorteil liegt klar auf der Hand: Wenn Kinder und Jugendliche den Eindruck haben, dass sie tatsächlich etwas bewegen und gestalten können, dass sie und ihre Meinung von Erwachsenen ernst genommen werden und ein Dialog auf Augenhöhe stattfindet, wird ihre Motivation, sich auf Projekte und Prozesse einzulassen, größer sein, denn schließlich wird es damit zu ihrem eigenen Projekt, mit dem sie ihre Ziele verfolgen und an die Öffentlichkeit bringen können. Hinzu kommt, dass Kinder und Jugendliche heute gewohnt sind, partizipative Mediensysteme wie Soziale Netzwerke zu nutzen und sich dort aktiv zu beteiligen (vgl. Wagner 2011, S. 93). Projekte, die zwar das Medium mit Bezug zur Lebenswelt aufgreifen, diese Medienkultur aber nicht berücksichtigen oder abbilden und somit die Interessen der Zielgruppe nicht ernst nehmen, sind in den Augen der Digital Natives ein Rückschritt und warum sollten sie sich darauf einlassen? Nun wäre es aber praxisfern davon auszugehen, dass Projekte immer durch die aktive Beteiligung der Zielgruppe initiiert werden können. Oftmals werden Projekte konzipiert und beantragt, ohne zu wissen, welche Kinder und Jugendlichen konkret daran teilnehmen werden und somit können sie auch nicht in die Planungsprozesse miteinbezogen werden. Hier müsste demnach schon in der Planungsphase berücksichtigt werden, dass im Projektverlauf entsprechende Steuerungsmöglichkeiten oder Gestaltungsspielräume vorhanden sind. »Entscheidet man sich für die Umsetzung partizipativer Projekte muss in jedem Fall vorher definiert werden, in welchem Rahmen die Beteiligung erwünscht, sinnvoll und überhaupt möglich ist. Jugendliche* reagieren äußerst allergisch darauf, wenn sie den Eindruck bekommen, dass ihre aktive Mitwirkung lediglich auf dem Papier vorhanden ist und sie in Wirklichkeit gar nicht wirklich mitbestimmen können oder dürfen. Hier ist es unumgänglich, damit offen umzugehen und von vorneherein transparent den Rahmen oder Spielraum zu benennen, in dem Partizipation stattfinden kann« (Pohlmann 2017, S. 89). Hilfreich kann sein, sich die Stufen der Partizipation anzusehen und zu entscheiden, welchem Partizipationsgrad ein Projekt folgen soll. Ein solches Stufenmodell hat Roger Hart entwickelt: Am unteren Ende der Skala rangieren ohne jegliche Einflussmöglichkeiten die Fremdbestimmung, Dekoration und Alibiteilnahme, im Mittelfeld werden Teilhabe, informierte Zuweisung und Konsultation sowie Mitwirkung und Mitbestimmung benannt und am oberen Ende stehen mit höchstem Partizipationsgrad Selbstbestimmung oder gar Selbstverwaltung (vgl. Hart 1992, o. S.). Die meisten Medienprojekte werden im Mittelfeld irgendwo zwischen Mitwirkung und Mitbestimmung verortet sein, wenngleich es hier auch wiederum weitere Abstufungen geben kann. Sind alle Projektbeteiligten, also nicht nur Zielgruppe, sondern auch Träger*innen und Förder*innen, darüber informiert und einverstanden, ist sozusagen der Vertrag geschlossen. Mit dieser Festlegung gibt es allerdings keinen Spielraum mehr nach unten, denn ist er einmal gesetzt, wird er auch eingefordert und Teilnehmende können sich darauf berufen.

Ein Veranstaltungsformat, das den größtmöglichen Partizipationsgrad von Teilnehmenden ermöglicht, ist ein sogenanntes *Barcamp*. Im Gegensatz zu üblichen Tagungsformaten gibt es keine Expert*innen, die Vorträge halten, sondern alle agieren auf Augenhöhe. Die Annahme ist, dass jede*r Teilnehmer*in Expertise in Themenfeldern vorzuweisen hat und entsprechend auch ihre/seine Kenntnisse weitergeben kann. Damit folgt ein Barcamp dem Peer-to-Peer-Prinzip, in dem Gleichgesinnte oder Gleichaltrige voneinander und miteinander lernen, was wiederum Einfluss auf Motivation und Involviertheit hat. Von den Veranstalter*innen wird lediglich der organisatorische und strukturelle Rahmen vorgegeben und ein Oberthema, um das sich das Barcamp drehen soll. Den Rest bestimmen die Teilnehmenden. In »Sessions« als Adäquat zu Workshops tauschen sich die Beteiligten untereinander aus, jede*r kann das Wort ergreifen oder einen Vortrag einbringen. Die Sessions wiederum werden von allen gemeinsam in einer Planungsrunde bestimmt: Jede*r kann ihre/seine Ideen einbringen und finden sich genügend Interessierte, findet die Session statt. Die Ergebnisse der einzelnen Sessions werden digital dokumentiert, in das Plenum zurück gespiegelt und die nächste Session-Runde geplant. Haben sich aus einer Session Anschlussthemen ergeben, kann das Thema weiterverfolgt werden oder die Ergebnisse fließen in den weiteren Diskussions- und Arbeitsprozess mit ein (vgl. Seitz/Rösch 2012, S. 91ff). Ein medienpädagogisches Projekt, das diese Barcamp-Methode verfolgt, ist das Gamescamp: Jugendliche sind zu einem Wochenende eingeladen, sich mit Computer- und Videospielen auseinanderzusetzen. Man könnte annehmen, dass sie alle nur zum Daddeln kommen, aber das Gegenteil ist der Fall: Die Jugendlichen selbst benennen teilweise hochkomplexe Themen zu Game-Design, Programmierung, Gaming-Community oder Wirkungen von Games, diskutieren von sich aus über Jugendmedienschutz oder Fördermöglichkeiten für Spielentwicklungen und das Spielen an sich gerät völlig in den Hintergrund. Der Austausch und die Diskussion mit Gleichgesinnten stehen absolut im Vordergrund. Dies gelingt vor allem deshalb, weil das Format eine höchst-mögliche Beteiligung vorsieht und sogar darauf baut, dass das Barcamp-Prinzip im Sinne einer Selbstbestimmung und Selbstorganisation durch die Jugendlichen die nötigen Rahmenbedingungen schaffen kann. Das Gamescamp wird mit Fördermitteln der Bundeszentrale für politische Bildung in Kooperation mit zahlreichen medienpädagogisch tätigen und bundesweit verorteten Institutionen und Personen mehrmals im Jahr umgesetzt und wurde 2013 mit dem Dieter-Baacke-Preis für innovative Medienprojekte ausgezeichnet.[84]

---

84 Dieter-Baacke-Preis, Gamescamp – Barcamp zu Computerspielen, https://dieter-baacke-preis.de/gamescamp-barcamp-zu-computerspielen, Zugriff am 03.07.2020.

9.3 Projektplanung

Kein Projekt kommt ohne Planung aus. Sie bildet den organisatorischen und inhaltlichen Rahmen, bündelt Vorbereitung, Durchführung und Auswertung und ist Teil einer professionellen Herangehensweise. »Gute Planung erleichtert es die konzeptionellen und medienpädagogischen Ziele und Ansprüche mit Rahmenbedingungen und Handlungsmöglichkeiten in Einklang zu bringen« (Ring/Struckmeyer 2012, S. 44). In der Arbeit mit Menschen und unter Berücksichtigung der individuellen Bedürfnisse bei der Partizipation der Teilnehmer*innen wird auch eine noch so durchdachte Planung an ihre Grenzen stoßen und erfordert entsprechende Flexibilität auf Seiten der Projektdurchführenden. »Diese Flexibilität ist ein Kennzeichen pädagogischer Professionalität« (ebd.). Es kann nichts schaden, schon bei der Vorbereitung Steuerungsmöglichkeiten mit einzuplanen und Alternativen im Petto zu haben, aber oftmals bedarf es auch eines gewissen Improvisationstalents und spontaner Entscheidungen. Im Laufe des Prozesses sollten Änderungen wiederum in den weiteren Ablauf integriert und dieser ggf. angepasst werden. Die Planung geht also in ein aktives Projektmanagement über.

In der Praxis hat es sich bewährt, mit einem Katalog an W-Fragen zu arbeiten und so schrittweise die Eckpunkte eines Projektes zu skizzieren. Die W-Fragen sind als Arbeitsraster gedacht, orientieren sich aber an gängigen Antragsformularen, so dass eine Übertragung relativ einfach gelingen kann. Je nach Förderrichtlinie bzw. Mittelgeber*in kommen noch weitere Aspekte hinzu, die entsprechend unter den einzelnen Fragen verortet werden können. Bei der Bearbeitung können Fragen zunächst kurz und knapp beantwortet und dann in weiteren Schritten konkretisiert und ausgearbeitet werden. Das spiegelt den Prozess der Antragstellung wider, die noch ohne konkrete Methoden und Abläufe auskommt. Rückt die Umsetzung näher, folgt die Detailplanung innerhalb des vorgegebenen Rasters. Folgende Tabelle (▶ Tab. 2) benennt die W-Fragen (links) mit den jeweiligen Informationen (Mitte) und die Angaben zu einem Beispiel-Projekt (rechts):

Tab. 2: Projektplanung anhand von W-Fragen

W-Frage	Beschreibung	Beispiel »Medien- + Kunstprojekt«
Wohin?	Projektziele, Projektwirkungen	Erstellung eines künstlerischen Medienprodukts; Vermittlung von Medienkompetenzen XYZ (s. u.); vom »Consumer zum Prosumer«; Näherbringen kultureller und künstlicher Praktiken; Stärkung personaler und sozialer Kompetenzen
Wo?	Zielgruppe, Projektumfeld	Jugendliche im Alter von 12 bis 14 Jahren aus dem Stadtteil Erneumich in Musterstadt
Warum?	Ausgangslage, Handlungsbedarf, übergeordnete Ziele	Strukturschwacher Stadtteil; kaum Freizeitangebote für Kinder und Jugendliche; viele Familien mit Migrations- und Fluchthintergrund; konsumorientierte Mediennutzung herrscht bei der Zielgruppe vor

Tab. 2: Projektplanung anhand von W-Fragen – Fortsetzung

W-Frage	Beschreibung	Beispiel »Medien- + Kunstprojekt«
Wer?	Projektbeteiligte (Arbeitsebene)	Gerda Müller (Sozial- und Medienpädagogin), Uwe Seeltzer (Medienkünstler), N.N. (Honorarkräfte)
Mit wem?	Projektorganisation, Partner (institutionelle Ebene)	Hiltraut-Erneumich-Gesamtschule; Stadtteilbüro Erneumich; Jugendamt der Stadt Musterstadt; Galerie Schönkunst im Einkaufszentrum Erneumich-Mitte; Studierende des MA Medienpädagogik Universität Musterstadt (Evaluation)
Was?	Projektinhalt, Aktivitäten, Bezug zur Kulturellen (Medien)Bildung, Projektrisiken	Erstellung eines Films über das Leben im Stadtteil; Präsentation mit Vernissage in der Galerie Schönkunst; freiwilliges Angebot in AG-Form mit Bezug zu den Ganztagsangeboten an der Hiltraut-Erneumich-Gesamtschule; Projektunterbrechung in den Osterferien
Wann?	Projektbeginn und -Ende, Phasen, Zwischenziele, Meilensteine	01.04.2020 – 30.06.2020; wöchentliche Treffen; in den Pfingstferien drei Tage am Stück (Dreharbeiten); Vernissage mit öffentlicher Filmvorführung am 04.07.2020 um 19h
Wie?	Methoden (grobe Übersicht bis hin zu konkreten Tagesabläufen)	Story- und Drehbuchentwicklung, Schauspieltraining, Dreharbeiten, Filmschnitt und Nachvertonung; Vorbereitung der Präsentation und Umsetzung
Womit?	Ressourcen (Material, Räume, Technik etc.) und Finanzen	Kamera, Licht, Ton, Greenscreen, Stative, Schnitt-Rechner und Software, Schulaula, Informatikraum; Kosten 9.593€ (Aufschlüsselung siehe Finanzierungsplan)

Für die weitere Ausarbeitung bietet es sich an, den zeitlichen Ablauf in Form eines Phasen- oder Meilensteinplans zu konkretisieren. Hier können zu den einzelnen Projekttagen die konkreten Inhalte und Methoden sowie einzelne Vorbereitungs- und Arbeitsschritte mit Verantwortlichkeiten jeweils ergänzt und in Form eines Ablaufplans ausgeführt werden. Ein detaillierter Finanzierungsplan kann ausgekoppelt werden, was insofern Sinn macht, als dass er in vielen Antragsformularen als Anhang beizufügen ist. In der Tabelle sind die Projektrisiken dem Inhalt und den Aktivitäten (was?) zugeordnet mit dem Hintergrund, dass in dieser Rubrik vermeintlich die meisten Stolpersteine zu erwarten sind. Antragsformulare sehen meist keine Rubrik für Risiken vor, so dass man sich entscheiden muss, wo man sie anführt, ob man sie unterordnet oder einen separaten Absatz dazu formuliert. Die Zeit für ein Projekt sollte grundsätzlich großzügig geplant werden, da im Prozess erfahrungsgemäß Teile länger dauern, als angenommen oder Zwischenergebnisse nicht als zufriedenstellend wahrgenommen werden und wiederholt werden müssen. »Da in der Regel in Kleingruppen gearbeitet wird, können Aktivitäten wie z. B. Die Gestaltung von CD-Covern, das Anfertigen von Plakaten für die Abschlusspräsentation oder von Einladungen dazu von den Teilnehmenden ausgeführt werden, die mit einer Aufgabe eher fertig sind als gedacht. Falls es zum Ende hin zeitlich eher eng wird, kann man den Teilnehmenden Anreize bieten, in der Freizeit weiter zu arbeiten, indem man ihnen die nötigen Ressourcen zur Verfügung stellt und die nötige Verantwortung überträgt« (Ring & Struckmeyer 2012, S. 45). Bei den räumlichen Gegebenheiten sollte darauf geachtet werden, dass auch Räume für Kleingruppenarbeiten vorhanden sind und ungestört in ihnen gearbeitet werden kann.

Mit Blick auf die Förderziele (wohin?) wird es kaum ausreichen, lediglich die Meta-Ebene der Medienkompetenzvermittlung anzuführen. Vielmehr sollten die konkreten Kompetenzen benannt und ggf. mit Bezug zur Methode detailliert dargestellt werden. Oft ist es allerdings gar nicht so leicht, sie alle zusammenzutragen und manche werden übersehen oder nicht an sie gedacht. Eine äußerst hilfreiche Ressource sind hier die Dimensionen der Medienkompetenz, wie sie bspw. Dieter Baacke oder Norbert Gröben definiert haben, vor allem aber der Medienkompetenzrahmen NRW. Hier werden in sechs Kompetenzbereichen (Bedienen und Anwenden, Informieren und Recherchieren, Kommunizieren und Kooperieren, Produzieren und Präsentieren, Analysieren und Reflektieren, Problemlösen und Modellieren) insgesamt 24 Teilkompetenzen benannt, mit Beispielen ausgeführt und mit Methoden unterfüttert. Geht man die Liste der Teilkompetenzen durch und überprüft, ob sie auf das eigene Projektvorhaben zutreffen, können so recht einfach und schnell die konkreten Medienkompetenzen zusammengestellt werden, ohne Gefahr zu laufen, etwas zu vergessen. Im Beispielprojekt wären das zumindest die Bereiche Bedienen und Anwenden (Kamera, Schnittsoftware), Kommunizieren und Kooperieren (Kleingruppenarbeit), Produzieren und Präsentieren (Medienprodukt Film, Vernissage). Überprüft man dann noch die untergeordneten Teilkompetenzen, kommt auch bei vermeintlich kleinen Projekten schnell eine lange Liste zusammen und manchmal erhält man noch Ideen, wie zusätzliche Methoden weitere Kompetenzen abdecken können. Bezogen auf personale und soziale Kompetenzen existieren ähnliche Zusammenstellungen, mit denen ebenso verfahren werden kann. Je vollständiger die Kompetenzen aufgeführt sind, desto durchdachter und professioneller wird das Projekt wahrgenommen, was wiederum die Chance auf Bewilligung erhöht. Darüber hinaus wird auch deutlich, wie komplex Projekte sein können und welche konkreten Fördermöglichkeiten sich für die Zielgruppe ergeben. Ein lohnenswerter Schritt für alle Projektvorhaben.

9.4 Projektanträge und Finanzierung

Wie eingangs bereits erwähnt, müssen im Sinne der Professionalität Projektvorhaben grundsätzlich skizziert und ausgearbeitet werden, ganz gleich, ob sie nur vom Träger*innen der verantwortlichen Einrichtung genehmigt oder zusätzliche Fördermittel beantragt werden. Für die eigenen Strukturen wird die Konzeption kürzer ausfallen können, Mittelgeber*innen verlangen aber mehr Informationen und dementsprechend gestalten sich Anträge komplizierter und umfassender, sind aber in keinster Weise Hexenwerk. Verfolgt man den Vorschlag der W-Fragen sind die meisten benötigten Eckdaten schon zusammengetragen und müssen lediglich in Antragsformulare übertragen und um noch fehlende Informationen ergänzt werden. Antragsteller können in der Regel nur anerkannte Träger*innen oder Institutionen sein und keine Privatpersonen. Das hat etwas mit dem Rechtsrahmen zu tun, denn bei Personen greift das Privatrecht und hier es wird es wesentlich komplizierter, Gelder zurückzufordern oder bei Auseinandersetzungen rechtliche Maßnahmen durchzusetzen, als im öffentlichen Recht und hier sichern sich Geldgeber verständlicher Weise gerne ab.

Als Fördertöpfe kommen öffentliche Mittel (Kommune, Land, Bund, EU, International), Stiftungsmittel und Spenden von Wirtschaftsunternehmen (Geld- und Sachspenden) in Frage. Letzt genannte sind meistens die unkompliziertesten und oft kommt man sogar ohne ausführliche Konzepte aus und es braucht lediglich einen formlosen Antrag mit einer Vorhabenbeschreibung und der Darlegung, wofür die Geld- oder Sachmittel konkret benötigt werden. Persönliche Kontakte sind hier hilfreich und es kann sich bspw. lohnen, das Geldinstitut anzusprechen, bei dem auch die Konten der Einrichtung oder des Trägers liegen. Sparkassen sind außerdem sogar verpflichtet, einen Anteil ihrer Gewinne an die Gesellschaft zurückzugeben. Aber auch lokale Unternehmen, wie Supermärkte und Einzelhandel sind oft gerne bereit, mit Sachspenden zu unterstützen und sei es nur für die Verpflegung der Teilnehmenden oder die Getränke auf der Abschlussveranstaltung. Auch das kann sich läppern. Wirtschaftsunternehmen möchten meistens als Unterstützer von Projekten benannt werden und öffentlichkeitswirksam Werbung für sich machen, wie z. B. mit Logo auf Plakaten oder im Impressum des entstandenen Medienprodukts. Daher sollte von vorneherein bedacht werden, dass das Unternehmen auch zum Inhalt des Projektes passt – sich bspw. ein Projekt zum Thema gesunde Ernährung von einer Fastfood-Kette finanzieren zu lassen, wäre vermutlich nicht die geschickteste Herangehensweise, wenn auch provokant.

Öffentliche Mittel werden häufig in Verbindung mit einem konkreten Förderprogramm ausgeschrieben, in dem Themen oder Handlungsfelder klar umrissen sind. Bevor man einen Antrag in einem Förderprogramm stellt, sollte man sich die Förderrichtlinien ansehen und das Projekt entsprechend darauf abstimmen. Das umfangreichste Kultur-Förderprogramm in den letzten Jahren »Kultur macht stark. Bündnisse für Bildung« wurde vom Bundesministerium für Bildung und Forschung (BMBF) initiiert und fördert ausschließlich *Kulturprojekte* in der *außerschulischen Arbeit* und mit *benachteiligten Kindern und Jugendlichen*. Treffen diese drei Bedingungen auf die eigene Arbeit oder das Projekt nicht zu, können hier auch keine Mittel beantragt werden. Eine Breite im Sinne Kultureller Bildung wird dadurch gewährleistet, dass unterschiedliche Verbände und Institutionen übergeordnete Konzepte oder Richtlinien für ihre Mitglieder entwickelt haben, die das jeweilige kulturelle Feld abdecken. Mittel gehen zunächst an den Verband, der seinen Mitgliedern auf Antrag die benötigten Gelder zur Verfügung stellt. Die verwaltungsmäßige Abwicklung erfolgt so also über mehrere Instanzen. Bei öffentlichen Mitteln kann es sein, dass zusätzlich sogenannte Projektträger dazwischengeschaltet sind, die sich um die organisatorische Abwicklung im Auftrag von Behörden kümmern. Das BMBF bedient sich z. B. der Dienstleistung des Deutschen Luft- und Raumfahrtzentrums (DLR). Die Mittel werden zwar vom Ministerium zur Verfügung gestellt, aber Anträge, Verwendungsnachweise und Berichte liegen im Zuständigkeitsbereich des DLR und dieser ist wiederum verpflichtet, für die korrekte Abwicklung zu sorgen und muss entsprechende Rechenschaft beim Ministerium ablegen. Es ist verständlich, dass sich der Projektträger entsprechend absichert, so dass es bei Unstimmigkeiten durchaus arbeitsintensiv oder aufwendig werden kann. Aber auch der Projektträger hat letztlich ein Interesse daran, dass Mittel in der Praxis ankommen und verausgabt werden. Bei Klärungsbedarf sollte immer der direkte Kontakt zu den Mitarbeiter*innen gesucht werden, am besten im persönlichen Gespräch mit anschließender Fixierung der Absprachen in Form einer Gesprächsnotiz oder eines Kurzprotokolls. Ein rein schriftlicher Weg empfiehlt sich ausdrücklich nicht.

Gängige Annahme ist, dass je höher die jeweilige Mittel-gebende Institution in der Hierarchie angesiedelt ist, desto aufwändiger sich auch die organisatorische Abwicklung oder der bürokratische Aufwand gestaltet. Vor Anträgen für europäische oder internationale Mittel wird so häufig zurückgeschreckt, aber unterm Strich sind die Anträge nicht wirklich komplizierter oder wesentlich aufwendiger, als bei anderen Förderprogrammen. Da hier weniger Anträge eingehen, bedeutet das aber auch, dass diese Fördertöpfe nicht ausgeschöpft werden und sehr gute Chancen bestehen, dass Mittel vorhanden sind und eine Bewilligung des Projektes erfolgt. Für europäische und internationale Mittel bietet es sich an, vor der Antragstellung Beratung einzuholen, wie z. B. bei Eurodesk mit Sitz in Bonn. Eurodesk ist dem Bundesministerium für Familie, Frauen, Senioren und Jugend untergeordnet und hat die Aufgabe, Fachkräfte und Jugendliche über europäische und internationale Förderprogramme bzw. Auslandsaufenthalte zu informieren und zu beraten. Wenn ein Antrag im Entwurf vorliegt, empfiehlt es sich, einen Termin zu vereinbaren und den Antrag durchzugehen. Im Idealfall ist er dann so ausgearbeitet, dass alle notwendigen Angaben enthalten sind und der Einreichung nichts mehr im Wege steht. Entsprechende Beratung und Unterstützung bei Projektanträgen bieten aber auch die Spitzenverbände der Wohlfahrtspflege wie der Paritätische, die Caritas oder Diakonie für ihre Mitgliedsorganisationen an.

Anträge bei Stiftungen sind eine weitere Möglichkeit, Projektmittel zu beantragen. Wie auch bei den öffentlichen Förderprogrammen agieren Stiftungen zu einem festgelegten Zweck. Es gibt sowohl Stiftungen, die bundesweit Projekte fördern, als auch solche mit einer lokalen Ausrichtung. Auch die Themen von Projekten können im Stiftungszweck fixiert sein. Vor Beantragung sollte daher sorgfältig geprüft werden, was überhaupt bei der jeweiligen Stiftung beantragt werden kann und mit welchem Auftrag eine Stiftung agiert. »Geldgeber*innen haben eigene Interessen. Je genauer diese bekannt sind, desto größere Chancen hat ein darauf abgestimmter Antrag« (Netzwerk Selbsthilfe e. V. 2017, S. 11). Es kann auch durchaus vorkommen, dass (politische) Gesinnungen von Stiftungen nicht zur Einrichtung oder zum Projekt passen, so dass grundsätzlich überprüft werden sollte, »ob man die Motive der Geldgeber*innen teilt und inwieweit deren Interessen mit den eigenen übereinstimmen. Durch die Förderungen wird das eigene Projekt immer auch Träger*in der Ideen und Ziele ihrer Geldgeber*innen« (ebd.). Bei der Suche nach einer geeigneten Stiftung können die Datenbanken des Bundesverbands Deutscher Stiftungen[85] oder die Maecenata-Stiftungsdatenbank[86] abgefragt werden, die rund 21.000 deutsche Stiftungen umfassen. Eine lohnenswerte Handreichung mit ausführlichen Tipps zur Antragstellung und einer detaillierten Beschreibung der größten Stiftungen gibt das Netzwerk Selbsthilfe in Berlin heraus (s. Quellenangabe).

Grundsätzlich gilt, dass beantragte Gelder zweckgebunden sind, also nur für die im Antrag ausgewiesenen Ausgaben verwendet werden dürfen. Das gilt auch für Unterposten, zwischen denen keine oder lediglich prozentuale Anteile hin- und hergeschoben werden dürfen. Darüber hinaus existiert eine Transparenzpflicht, durch die Änderungen oder Abweichungen der/dem Mittelgeber*in unverzüglich angezeigt und mitgeteilt werden müssen. Geschieht dies nicht, läuft man Gefahr, Gelder zurückzahlen zu müssen. Auch hier gilt die Empfehlung des persönlichen Gesprächs. Alle angefallenen Kosten müssen in einem Verwendungsnachweis zusammengestellt und nachgewiesen werden. Bei öffentlichen Mitteln prüft das jeweils zuständige Verwaltungsamt bzw. Rechnungshof, so dass man gut daran tut, sich mit den geltenden Richtlinien schon vor Projektstart auseinanderzusetzen. Beispielsweise kann es sein, dass Teilnehmer*innen-Nachweise erbracht werden müssen, in denen alle namentlich aufgeführt sind und ihre Teilnahme durch Unterschrift bestätigt werden muss. Liegen diese Listen an den einzelnen Projekttagen nicht vor, wird es schwer, sie später entsprechend nachzureichen. Sinnvoll ist auch, sich frühzeitig über mögliche Fristen zu informieren. Das gilt für Antragsfristen ebenso, wie für Nachweise und Berichte. Im Idealfall sind die Fristen im Ablaufplan eingearbeitet, damit sie nicht vergessen werden.

Bleibt die Frage, welche Kosten denn überhaupt beantragt werden können und welche nicht. Auch wenn es Unterschiede zwischen einzelnen Förderprogrammen oder Stiftungen gibt, treffen zumindest die folgenden Kostenarten auf alle Anträge zu: Personalkosten können gemäß der tariflichen Eingruppierung abgerechnet werden. Honorarkosten können ebenfalls beantragt werden, wobei es sein kann, dass die Stundensätze in den Förderrichtlinien festgesetzt sind. Gleiches gilt für ehrenamtliches Personal. Da hier keine Gelder fließen, können ehrenamtliche Tätigkeiten im Sinne eines Eigenanteils angegeben werden. Bei den meisten Förderungen kann nicht die Gesamtsumme eines Projektes beantragt und abgerechnet werden, sondern der Antragsteller muss einen prozentualen Anteil der Gesamtkosten selbst mit Eigenmitteln bestreiten. In der Regel sind das zwanzig Prozent der Antragssumme. Dieser Eigenanteil füllt sich z. B.

---

85 Datenbank des Bundesverbands Deutscher Stiftungen: https://www.stiftungen.org, Zugriff am 03.07.2020.
86 Maecenata-Stiftungsdatenbank: https://www.stiftungsdatenbank.info, Zugriff am 03.07.2020.

mit vorhandenen Büroräumen und -ausstattung (Verwaltung des Projekts), räumlicher und technischer Infrastruktur, die für das Projekt – und nur für das Projekt – verwendet wird, Teilnahmegebühren sowie über Dritteinnahmen, wie bspw. zusätzliche Spendengelder oder den Wert von Sachspenden. Vorsicht bei mehreren gleichzeitig laufenden Projekten: Die Zweckgebundenheit der Mittel verlangt es, dass Projekte sauber voneinander getrennt sind. Wurden bspw. für das eine Projekt Eigenmittel in Form von Büroarbeitsplatz und Raumnutzung angegeben, können diese nicht auch gleichzeitig den Eigenanteil für ein anderes Projekt bilden, wenn sie nicht zeitlich und organisatorisch voneinander getrennt sind. Das ist durchaus Gegenstand von Finanzprüfungen und kann Ärger bedeuten. Neben den Personalkosten können natürlich reale Ausgaben wie Sachkosten, Veranstaltungskosten, Reisekosten und Materialkosten sowie Kosten für PR, Öffentlichkeitsarbeit und die Dokumentation von Projekten angegeben werden. Hinzu kommen Verwaltungskosten (z. B. Telefon, Porto, Büromaterialien, Betriebskosten etc.), die oft auch einfach mit einer Pauschale veranschlagt werden können, also nicht einzeln nachgewiesen werden müssen, was den bürokratischen Aufwand minimiert. Ob mit einer Pauschale gearbeitet werden kann, steht in den Förderrichtlinien oder kann erfragt werden. Bei öffentlichen Mitteln kann diese Pauschale zwischen 10 und 20% der Antragssumme ausmachen.

Schwierig wird es bei teureren Anschaffungen für z. B. Technik. Da Projekte grundsätzlich nur über einen festgelegten Zeitraum laufen, der im Normalfall weit unter den gesetzlich festgelegten Abschreibungszeiträumen für Anschaffungen liegt (z. Zt. 4 Jahre), bedeutet dies, dass die Anschaffungen nicht ausschließlich für das beantragte Projekt verwendet werden, sondern auch für die Regeltätigkeit der Einrichtung und/oder andere Projekte. Ein*e Mittelgeber*in hat aber kein Interesse daran, dass seine Gelder anderen Projekten zugutekommen und somit klammert er solche Anschaffungen aus. In der Praxis bedeutet das, dass nur Anschaffungen getätigt werden können, die eine gewisse Summe (um 500€) nicht überschreiten. Was allerdings kein Problem darstellt, ist stattdessen Technik zu mieten, selbst wenn das im Endeffekt teurer ausfällt, als Gerätschaften zu kaufen. Das muss nicht unbedingt über Dritte geschehen, denn wenn eine Einrichtung Technik über den allgemeinen Haushalt, also für die Regelangebote, anschafft, kann sie sie auch selbst an das Projekt vermieten. So ist es möglich, entweder per Mietvertrag und tatsächlichem Geldfluss zu arbeiten oder die Mietkosten im Sinne eines Eigenanteils (vorhandene Technik) auszuweisen. Was leider nie finanziert werden kann, ist der Arbeitsaufwand für die Erstellung des Projektkonzepts und für die Beantragung. Das muss also in der Regelarbeitszeit umgesetzt werden. Auch hier gilt Vorsicht, denn sind Mitarbeiter*innen für ein Projekt angestellt, können sie nicht innerhalb dieser Arbeitszeit (Zweckgebundenheit) Anträge für andere Projekte bearbeiten. Auch ausgeschlossen sind Gewinne, die bei der Einrichtung verbleiben – am Ende muss eine schwarze Null stehen. Werden Gewinne erzielt, reduzieren sie die Fördersumme und es muss entsprechend Geld zurückbezahlt werden.

9.5 Durchführung, Dokumentation und Evaluation

Ist der Projektantrag formuliert und der Antrag bewilligt, kann es theoretisch losgehen. Bislang sind aber nur die Eckdaten skizziert, der konkrete Ablauf der einzelnen Projekttage mit Methoden und Vorgehensweisen ist der nächste Schritt der Vorbereitung. Hier bietet es sich an, mit einem Ablaufplan zu arbeiten, in dem Inhalte, Ziele, Methoden, zu erwartende Zwischenergebnisse, benötigte Materialien und Technik, offene To-Dos und Zuständigkeiten sowie die detaillierte Zeitplanung einzelner Projekttage festgehalten werden (vgl. Ring/ Struckmeyer 2012, S. 49). Dieser Ablaufplan ist die Arbeitsgrundlage für den gesamten Projektverlauf. Ergeben sich Änderungen, können diese mitaufgenommen sowie inhaltlich und methodisch ausgearbeitet werden. Der Ablaufplan kann darüber hinaus auch schon die Basis für die Dokumentation sein. Überlegenswert ist, ihn auf einer Projektseite oder in einem Blog im Internet zu platzieren, den Verlauf zu beschreiben, die einzelnen Tage je mit Fotos zu ergänzen und so nebenher schon die Grundlage für den Projektbericht zu erstellen. Das spart Arbeit und bei einer zeitnahen, tageweisen Umsetzung sind auch noch Abläufe und Rückmeldungen frisch genug im Gedächtnis, um sie mitaufnehmen zu können. Die jeweiligen Erfahrungen der einzelnen Projekttage sollten in jedem Fall reflektiert werden, da sich Anpassungen für den weiteren Verlauf ergeben können. Nicht alle so zusammengetragenen Informationen werden für die Öffentlichkeit bestimmt sein, hier ist also zwischen einer reinen Projektdokumentation und einer Projektauswertung zu unterscheiden. Für die Auswertung sollten sowohl das Endergebnis als auch der Prozess des Projektes analysiert und Schlussfolgerungen für die nächsten Projektvorhaben gezogen werden. Entsprechende Auswertungsbögen mit Leitfragen sind im Internet verfügbar.

Mittel- und Auftraggeber*innen lieben Fotos und sichtbare Ergebnisse. In der Praxis ist es allerdings nicht leicht, neben der Arbeit mit und der Unterstützung der Zielgruppe auch noch Zeit zu haben, aussagekräftige Fotos anzufertigen. Im Idealfall gibt es eine Person, die nur diese eine Aufgabe hat. Das können auch Teilnehmer*innen sein, wenn die Konzeption es vorsieht, dass bspw. täglich im Wechsel eine Kleingruppe für diese Foto-Dokumentation zuständig ist. Im Vorfeld sollten natürlich Einverständniserklärungen für die Veröffentlichung von Fotos, aber auch der entstehenden Medienproduktionen von den Erziehungsberechtigten eingeholt werden. Gerade bei Medienprojekten sollte unbedingt daran gedacht werden, die jeweiligen Tages-Ergebnisse der Teilnehmer*innen zu sichern, denn es gibt nichts Ärgerlicheres, als Stunden an Arbeit zu verlieren oder Teile neu machen zu müssen, wenn mal die Technik streikt.

Im Sinne eines Theorie-Praxis-Transfers kann es sinnvoll sein, Student*innen einschlägiger Studiengänge einzubinden. Sie können einerseits wertvolle Praxiserfahrungen sammeln, wenn sie in der praktischen Arbeit involviert sind und/ oder das Projekt nach wissenschaftlichen Standards evaluieren und anderseits die konkrete Arbeit mit der Zielgruppe personell unterstützen. »Vielmehr zeigte sich die Möglichkeit, eine ›Win-Win‹-Situation herzustellen: Studierende sollten sich fernab von klassischen Seminaren und Vorlesungen quasi nebenbei bzw. ›by doing‹ – während sie ein konkretes Projekt umsetzen – wichtige (Meta)Kompetenzen und methodisches Wissen für ihre spätere Berufspraxis aneignen. […] Es zeigte sich, dass die Studierenden es als äußerst positiv empfanden, ein Projekt praktisch mit einer konkreten Zielgruppe umzusetzen – eine ›Tätigkeitserfahrung‹, die viele in ihrem Studium bisher vermisst hatten« (Unger 2015, S. 70).

9.6 Best-Practice-Projekte

Eine gute Projektdokumentation verfolgt neben der Nachweispflicht aber auch noch einen weiteren Zweck: Andere können von den gewonnenen Erkenntnissen profitieren und müssen das Rad nicht neu erfinden. Hier sind positive Erfahrungen genauso wichtig, wie Dinge, die nicht funktioniert haben und künftig vermieden werden könnten. Im Sinne der Professionalität medienpädagogischer Arbeit und Vernetzung mit anderen Medienpädagog*innen ist es wünschenswert, dass Projekte an zentraler Stelle gebündelt und vorgestellt werden.

Der Medienpädagogik-Praxis-Blog (www.medienpaedagogik-praxis.de) verfolgt dieses Ziel und stellt Informationen zu Praxisprojekten als Ressource und Ideenpool für eigene Vorhaben zur Verfügung. Jede/r kann Autorenschaft übernehmen und eigene Beiträge einstellen. Die Beiträge stehen unter Creative-Commons-Lizenz, so dass sie, Teile oder beigefügte Materialien auch weiterverwendet werden können. Bei Fragen können die Autor*innen direkt kontaktiert werden.

Weitere Quellen für Projekte und Ideen sind die einschlägigen Netzwerke, wie z. B. Medienpädagogische Gruppen auf facebook. Hier werden fast täglich Projekte eingebracht oder Internetseiten verlinkt, auf denen Projekte vorgestellt werden. Außerdem kann man die Autor*innen und Projektverantwortlichen auch hier direkt ansprechen, Fragen stellen oder Unterstützung einholen.

Konkret zum Thema Games hat die Fachstelle für Jugendmedienkultur NRW auf dem Spieleratgeber-NRW (www.spieleratgeber-nrw.de) eine Rubrik zu Praxisprojekten eingerichtet, in der an die einhundert Projekte vorgestellt werden.

Und schließlich prämiert die Gesellschaft für Medienpädagogik und Kommunikationskultur (GMK) jährlich innovative Medienprojekte mit dem Dieter-Baacke-Preis. Alle Preisträger*innen werden auf der Internetseite (www.dieter-baacke-preis.de) mit Kurzbeschreibung, Laudatio und Verweis zur jeweiligen Projektseite vorgestellt.

All diese Internetseiten bzw. die Verantwortlichen und letztlich alle Medienpädagog*innen freuen sich über neue Projekte und wünschen viel Erfolg und Spaß!

Quellenverzeichnis

Dallmann, C. (2017): Rezeptive Medienarbeit. In: Schorb, B./Hartung-Griemberg, A./Dallmann, C. (Hrsg.): Grundbegriffe Medienpädagogik. München: kopaed.
Demmler, K. & Rösch, E. (2012): Aktive Medienarbeit in Zeiten der Digitalisierung. In: Rösch, E./Demmler, K./Jäcklein-Kreis, E./Albers-Heinemann, T. (Hrsg.): Medienpädagogik Praxis Handbuch. München: kopaed.
Hart, R. A. (1992): Children's Participation: From Tokenism to Citizenship. In: Innocenti Essays 4. https://www.unicef-irc.org/publications/pdf/childrens_participation.pdf, Zugriff: 03.07.2020.
Kutscher, N. & Kreß, L.-M. (2017): Medienpädagogische Handlungsfelder. In: Schorb, B./Hartung-Griemberg, A./Dallmann, C. (Hrsg.): Grundbegriffe Medienpädagogik. München: kopaed.
Medienkompetenzrahmen NRW: https://medienkompetenzrahmen.nrw/medienkompetenzrahmen-nrw, Zugriff: 03.07.2020.
Medienpädagogik-Praxis-Blog: https://www.medienpaedagogik-praxis.de, Zugriff:03.07.2020.
Mihajlovic, D. (2019): Kommunikation, Kollaboration, Kreativität und kritisches Denken – mehr als Buzzwords. In: Krommer, A./Lindner, M./Mihajlovic, D./Muuß-Merholz, J./Wampfler, P. (Hrsg.): Routenplaner #Digitale Bildung. Hamburg: Verlag ZLL21 e.V.
Netzwerk Selbsthilfe e. V. (2017): Fördertöpfe für Vereine, selbstorganisierte Projekte und politische Initiativen. Berlin: Netzwerk Selbsthilfe e. V.
Pohlmann, H. (2017): Mediale Sozialräume. In: Hübner, K./Kelb, V./Schönfeld, F./Ullrich, S. (Hrsg.): Teilhabe. Versprechen?! – Diskurse über Chancen- und Bildungsgerechtigkeit, Kulturelle Bildung und Bildungsbündnisse. München: kopaed.
Ring, S. & Struckmeyer, K. (2012): Projektplanung. In: Rösch, E./Demmler, K./Jäcklein-Kreis, E./Albers-Heinemann, T. (Hrsg.): Medienpädagogik Praxis Handbuch. München: kopaed.
Rösch, E. (2012): Der ewige Battle. Prozess versus Produkt. In: Rösch, E./Demmler, K./Jäcklein-Kreis, E./Albers-Heinemann, T. (Hrsg.): Medienpädagogik Praxis Handbuch. München: kopaed.
Rösch, E. (2017): Aktive Medienarbeit. In: Schorb, B./Hartung-Griemberg, A./Dallmann, C. (Hrsg.): Grundbegriffe Medienpädagogik. München: kopaed.
Schorb, B. (2017): Handlungsorientierte Medienpädagogik. In: Schorb, B./Hartung-Griemberg, A./Dallmann, C. (Hrsg.): Grundbegriffe Medienpädagogik. München: kopaed.
Seitz, D. & Rösch, E. (2012): Jugend-Barcamps – ein Format selbstgestalteten Lernens. In: Lutz, K./Rösch, E./Seitz, D. (Hrsg.): Partizipation und Engagement im Netz. München: kopaed.
Tulodziecki, G. & Herzig, B. (2010): Mediendidaktik. München: kopaed.
Unger, A. (2015): My first Project – Pädagogikstudierende entwickeln Medienprojekte als Beitrag zur Stadtentwicklung. In: Schrob, B./Theunert, H./JFF – Institut für Medienpädagogik in Forschung und Praxis (Hrsg.): merz – Zeitschrift für Medienpädagogik, Nr. 5 Oktober 2015, #partizipation. München: kopaed.
Wagner, M. (2011): Aufwachsen in einer medialen Partizipationskultur. In: Hoffmann, D./Neuß, N./Thiele, G. (Hrsg.): stream your life!? – Kommunikation und Medienbildung im Web 2.0. München: kopaed.
Witt, K. (2017): Teilhabe und Partizipation – Auftrag und Bildungsziel. In: Hübner, K./Kelb, V./Schönfeld, F./Ullrich, S. (Hrsg.): Teilhabe. Versprechen?! – Diskurse über Chancen- und Bildungsgerechtigkeit, Kulturelle Bildung und Bildungsbündnisse. München: kopaed.

10 (Digital) Game-Based Learning – eine praxisorientierte Vertiefung

Gerrit Neundorf & Jürgen Sleegers

Im Beitrag »Digitale Spiele und Bildung« (Poerschke & Gühnemann), werden aktuelle Wege des Digital Game-Based Learning (DGBL) aufgezeigt. Neben den im Beitrag beschriebenen Lernspielen, News- und Serious Games, wird in diesem Kapitel ein weiterführender Einblick in die medienpädagogische Arbeit mit populären, digitalen Spielen bzw. Spielmechanismen gegeben. Dabei stehen vor allem Expressive Games, Serious Playing und Gamification im Mittelpunkt der Betrachtung. Diese medienpädagogisch vielversprechenden Ansätze, erlauben vielfältige, bildungsrelevante Themengebiete zu bearbeiten.

10.1 Digital Game-Based Learning und eine mögliche Einbettung in Bildungskontexte

Eine Grundvoraussetzung für die medienpädagogischen Arbeit mit Games ist die tiefergehende, praktische Auseinandersetzung mit diesem Medium. Während auf der einen Seite die pädagogisch zu erreichenden Ziele durch Lehrpläne bzw. Projektinhalte meist vorgegeben sind, bzw. im Prozess gefestigt werden, fehlen den Umsetzenden doch häufig die praktischen Erfahrungen, was verschiedene Spielemechanismen, Spielinhalte und -narrative zu leisten im Stande sind. Hier besteht ein wesentlicher Unterschied zur Arbeit mit den bereits beschriebenen DGBL-Ansätzen wie Lernspielen, News- und Serious Games, die speziell für den Einsatz in bestimmten Bildungskontexten konzipiert wurden. Im Gegensatz dazu finden sich für die meisten aktuellen und populären, digitalen Spiele, welche eben nicht konkret für den Einsatz in Bildungskontexten entwickelt wurden, weit weniger vorgefertigte Ausarbeitungen bzgl. möglicher (medien-) pädagogischer Einsatzmöglichkeiten. Hier müssen sich spiel- und medienpädagogisch Tätige ein prinzipielles Grundverständnis für die Arbeit mit diesen Games und deren Mechanismen aneignen, um zielorientiert und nachhaltig arbeiten zu können (vgl. Geisler 2019).

Wenn sich Anleitende intensiv mit einem Computerspiel, im Hinblick auf das zu erreichende Bildungsziel, beschäftigten und durch Projekt-Umsetzung erste praktische Erfahrungen sammeln konnten, lässt sich ein überwiegender Teil dieser Erkenntnisse auch auf kommende Projekte mit anderen Games, Zielen und Zielgruppen, didaktisch übertragen. Dementsprechend sollten sich die medienpädagogisch Tätigen vor Augen führen, dass die Arbeit mit dem Medium Game, ähnlich wie die mit anderen Medien in Bildungskontexten, nur dann nachhaltig gelingen kann, wenn sie sich auf das Medium einlassen und sich intensiv damit beschäftigen. Getreu dem Motto »Spiele muss man spielen, um sie zu verstehen«[87], gehört es dazu, Games selbst zu spielen, um so auch Potentiale zu entdecken und konkrete Ideen für den Einsatz in Lehr-Lernsettings zu sammeln. Transferprozesse anzuleiten setzt voraus sie selbst zu durchlaufen. Bei der tiefergreifenden Auseinandersetzung mit den Möglichkeiten bestimmter digitaler Spiele, eröffnen sich enorme Einsatzmöglichkeiten, bei den verschiedensten Zielgruppen. Es ist aktuell fast schon eine Binsenweisheit, dennoch sei auch an dieser Stelle nochmals darauf hingewiesen, dass es durchaus lohnenswert ist, Ressourcen aufzugreifen und die Zielgruppen in die Ausarbeitung von Curricula für Projekte und/oder Bildungsinhalte einzubeziehen. Es geht hierbei auch immer um ein Stück Haltung auf Seiten der Lehrenden und um den Mut, den »Stein der Weisen« einmal aus der Hand zu geben und anzuerkennen, dass für mein Gegenüber digitale Medien meist schon lange nicht mehr neu sind. Sie leben gefühlt schon immer in einer zunehmend mediatisierten Lebenswelt und verfügen über viele Erfahrungen und oft sehr große Expertise. Zudem sind sie in der Regel sehr gewillt, diese Erfahrungen zu teilen, wenn es darum geht, die ausgelatschten Pfade des etablierten Lernsystem einmal zu verlassen und andere Lehr-Lernsituation geschaffen werden. So kann von Beginn an eine Win-Win-Situation etabliert werden, welche über Ziele, Inhalte, Methoden, Umsetzung bis hin zur Evaluation expandieren kann. Den bisherigen Aussagen zum (digitalen) Spiel folgend, könnte man davon ausgehen, dass digitale Spiele insbesondere deshalb eingesetzt werden können, weil sie so eingängig sind. Die im folgenden Abschnitt dargestellte Arbeit mit Expressive Games boykottiert diese Denkweise und eröffnet dennoch großes Potential für den Einsatz in der Bildung.

10.2 Expressive Games

Games definieren sich, neben den bekannten Wesensmerkmalen von Spiel (intrinsische Motivation, Zweckfreiheit, usw.) (Oerter 1999, S. 5f), auch über zu erreichende Ziele. Für die Spielenden stellen sich diese mitunter als Herausforderung dar, bei deren Bewältigung sie in einen Flow-Zustand geraten. Dieser hält besonders intensiv an, wenn sich die Herausforderungen als nicht zu leicht

---

87 Motto des Angebots »gameskompakt«, bei dem Spielmöglichkeiten für Interessierte (Eltern, Lehrer*innen, Multiplikator*innen) geschaffen wurden, indem kostenfrei Spielkonsolen, Spielesoftware und konkrete Anregungen für deren Einsatz angeboten wurden, mit dem primären Ziel, eigene Erfahrungs- und Spielräume zu schaffen und hierüber Verständnisbrücken zu den Spielenden zu bauen.

(Unterforderung führt zu Langeweile) oder zu schwer (Überforderung führt zu Frustration) herausstellen (Csikszentmihalyi 1990, S. 49ff). Diese angesprochenen Herausforderungen in Beziehung mit den individuellen Fähigkeiten (Spielerfahrung, Regelverständnis, Steuerungskompetenz, aktionales oder taktisches- und strategisches Handeln u. a.) und aktueller oder allgemeiner Ressourcen (Spielzeit, technische Ausstattung, Spielumgebung und ggf. Mitspielende u. a.) der Spielenden, erzeugen den Zustand, welcher vom Spielenden als Spielspaß wahrgenommen wird (vgl. Juul 2007). Dabei sind alle Games als ausdrucksstark bzw. aussagekräftig zu bezeichnen, was sich in audiovisuellen, narrativen, spielerischen und performativen Kategorien darstellen lässt (vgl. Koubek 2014).

Was passiert, wenn gekannte Mechanismen des Spieldesigns in Games über den Haufen geworfen werden? Wenn z. B. weder ein konkretes Ziel verfolgt wird und der Spielspaß keine vordergründige Rolle spielt? Zunächst lässt sich feststellen, dass die Spielenden nicht mehr von Spielzielen (rette die Spielwelt; sei schneller, stärker, smarter als deine Gegner; erlebe und verändere die Spielgeschichte) vor sich hergetrieben werden. Es entstehen potentiell kreativere Lösungswege für bestimmte Herausforderungen im ganz eigenen Tempo. Zugleich steigt die Gefahr, dass sich die Spielenden verlieren und irgendwann den Sinn für ihr Handeln hinterfragen und gegebenenfalls aussteigen. Insbesondere, wenn sich kein Spielspaß einstellt.

Entwickler*innen von Expressive Games stellen genau diese Herausforderungen an die Spielenden, in dem Bewusstsein, damit nicht alle Menschen zu erreichen. Ziel dieser Games ist es, durch das Einschränken von bezugnehmenden, aussagekräftigen und antreibenden Funktionen das Spiel als Ausdrucksmittel zu verstehen, um die Spielenden zum Nachdenken anzuregen, Empathie zu fördern, Fragen aufzuwerfen (ebd.). »Compared to persuasive games, the aim of expressive games is to have a broader approach of expressiveness. Games can also be used to express views about broader societal problems and foster public debates without aiming at prescribing attitudes« (Genvo 2016, S. 103). Folgt man dieser Beschreibung, werden die Parallelen zu Themen wie Kunst, Psychologie und Therapie deutlich. *Was wollte uns die/der Künstler*in damit sagen?* Eine Frage, der, so abgedroschen sie klingt, insbesondere in Bildungskontexten, immer wieder eine wichtige Rolle zukommt. »That Dragon, Cancer« ist ein gutes Beispiel in diesem Kontext, bei dessen Beschreibung hinterfragt werden darf, ob die Begriffe »Spiel« und »Spielspaß« hier angewendet werden können. Mit der Entwicklung des »Spiels« verarbeiten Eltern den Krebstod ihres Kindes und ermöglichen anderen, an diesem Prozess teilzunehmen.

In der Medienpädagogik mit digitalen Spielen gibt es per rezeptiver und aktiver Auseinandersetzung mindestens zwei Wege, wie Expressive Games eingesetzt werden können. Überwiegend kommt hier (noch) die Methode der rezeptiven Medienarbeit (Dallmann 2017, S. 363ff) zum Einsatz. D. h. die Zielgruppe rezipiert das Game alleine oder in der Gruppe, mit oder ohne vorheriger konkreter Fragestellung, was dann im Nachgang mit den anleitenden Pädagog*innen ausgewertet wird.

Bei der Suche nach Expressive Games für Bildungskontexte wird man feststellen, dass es auf der einen Seite weit mehr von diesen Spielen gibt als vermutet, andererseits die Themengebiete nachvollziehbarer Weise beschränkt sind. Das liegt vor allem daran, dass die Entwickler*innen selten konkrete Bildungsinhalte direkt vermitteln wollen. Vielmehr geht es darum, eigene Gedanken und Erfahrungen zu verarbeiten und Denkanstöße zu gesellschaftlichen Herausforderungen zu geben. Insbesondere formelle Lerninhalte sind wenig vertreten. Dieser Umstand führt direkt zum zweiten Anwendungsgebiet, der Aktiven Medienarbeit (Rösch 2017, S. 9ff) mit Expressive Games. Medien, Kunst- und Kulturgüter werden seit je her als Ausdrucksmittel genutzt, um eigene Wünsche, Bedarfe und Fragestellungen zu transportieren. Dementsprechend können anleitende Pädagog*innen ihre Klientel dazu aufrufen eigene Aussagen, mit den Möglichkeiten von (Expressive) Games, zu formulieren. Wie immer, wenn aktive Inhalte erstellt werden sollen, ist der Arbeitsaufwand ungleich höher, als wenn auf einer rezeptiven Ebene gearbeitet wird. Hier kommt der Auswahl und der Auseinandersetzung mit verwendbaren Tools eine große Bedeutung zu.

Wahrscheinlich haben nur wenige Pädagog*innen Erfahrungen im Umgang mit Game Engines[88] und den entsprechenden Editoren, mit deren Hilfe – teils ohne Programmierkenntnisse – eigenen Spiele, Spielvariationen oder Level erstellt werden können. Zudem fehlt in Projekten oder gar Schulstunden oftmals die Zeit, um diese Kompetenzen zu erlernen oder zu vermitteln. Deshalb könnte ein Fokus hier auf digitalen Spielen mit sogenanntem »Kreativmodus« liegen. Einige der aktuell erfolgreichsten digitalen Spiele bringen die Möglichkeiten mit sich, im Spiel selbst kreativ zu werden und »User Generated Content« (UGC), also von Nutzenden generierte Inhalte zu erzeugen. Auch wenn diese Kreativspielplätze oftmals mit der ursprünglichen Intention der Hauptspiele einhergehen, in derselben Spielwelt verortet und visuell gleich geprägt sind, bringen sie dennoch das Potential mit sich, eigene Interpretationen und/oder Inhalte, Spielziele und -mechanismen zu erstellen. Hier wird deutlich, dass die Entwickler*innen die Potentiale und den Wunsch zum Selbstausdruck (siehe Geisler & Pohlmann) der Spielenden wahrgenommen haben und gezielt zur Content-Erweiterung nutzen. Als besonders empfehlenswert seien hier »Minecraft« (oder dessen kostenloses Open Source Pendant »Minetest«) und »Fortnite« erwähnt. Diese Games sind überaus beliebt und bringen alle Voraussetzungen mit, UGC mit Fokus auf Expressive Games zu erstellen. Dabei bieten sie die Möglichkeit auch in kleineren und größeren Teams zu agieren. Zudem sorgen die USK Alterskennzeichnungen von 6 und 12 dafür, dass auch mit jüngeren Zielgruppen ohne größere Einschränkungen gearbeitet werden kann. Neben diesen Games, welche sowohl auf allen mobilen Endgeräten, auf den aktuellen Konsolen und am PC eingesetzt werden können, gibt es auch Spiel- und Programmierbaukästen. Hier finden sich viele simple und zum Teil kostenfreie Tools wie »Scratch«, »Construct«, »Cospaces Edu« und »Bloxels EDU«. Aber auch große Publisher erkennen das Potential wie Sony mit ihrem Spielbaukasten »Dreams« für die Playstation 4. Vorteil dieser Baukästen ist, dass weder von den Spielmechanismen, noch von den zur Verfügung stehenden Komponenten (sogenannte Assets), Standardvorgaben in Bezug zu be-

---

88 programmiertechnisches Grundgerüst von Games

reits bestehenden Spielen gegeben werden, was der Authentizität der damit erstellten Expressive Games enorm zuträglich sein kann.

Expressive Games bieten über die genannten Zugangswege Potential sich mit und durch ein digitales Medium auszudrücken und zu reflektieren. Eine Reflexion, welche von den Spielenden ausgehen und von den Spielenden eingefordert und die durch die Spielenden forciert werden kann. Welcher Gegenstand hier reflektiert wird, hängt zumeist vom vorgegebenen Thema im Bildungskontext ab, oder wird in einem individuellen bzw. gruppendynamischen Prozess (mit all dem damit einhergehenden pädagogischen Potential u. a. in Sachen Kommunikation, Konfliktbewältigung und kooperativen Lösungsstrategien) ausgehandelt.

Die konzeptionelle Arbeit mit Games in Bildungskontexten erscheint zunächst, insbesondere für anleitende Neulinge in diesem Gebiet, als recht aufwendig und eventuell auch überfordernd. Eine spannende Alternative scheint die Arbeit mit Spielmechanismen, die in realweltliche Nicht-Spielkontexte übertragen werden.

10.3 Gamification

Googelt man den Begriff »Spielifizierung« bzw. »Gamification«, bezieht sich die erste Trefferseite, bis auf den Wikipedia-Eintrag, ausschließlich auf Wirtschafts- bzw. Arbeitskontexte. In den Beiträgen geht es um Steigerung von Produktivität, Ideenreichtum, Kundenbindungsprogramme und darum, wie mittels »Gamification« Mitarbeitende motiviert und Arbeitsleistungen verbessert werden können. Womit bereits ein Kritikpunkt angedeutet ist, welcher im Verlauf noch näher beschrieben wird.

Zu Gamification, Gamifizierung, oder eben auch Spielifizierung existieren verschiedenste Definitionen. Sailer (2016) hat dahingehend den Versuch unternommen und eine Annäherung an den Begriff aus mehreren Definitionen abgeleitet: »Gamification wird als ein Prozess der spielerischen Gestaltung von Aktivitäten in einem spielfremden Kontext durch die Verwendung von Spiel-Design-Elementen definiert. Spiel-Design-Elemente sind hierbei einzelne Aspekte aus Spielen« (Sailer 2016, S. 7). Dabei tauchte der Begriff bereits im Jahre 2002 zum ersten Mal auf, wurde jedoch erst ab 2010, insbesondere in betriebswirtschaftlichen Kontexten, etabliert und fand in Forschung und Praxis Beachtung (vgl. ebd. S. 5ff.). Dabei wird unter anderem untersucht, welche Mechanismen in Spielen dafür sorgen, dass Menschen sich immer wieder gerne und ausdauernd mit zum Teil repetitiven (und damit oftmals eigentlich langweiligen) Aufgaben beschäftigen, ohne dabei den (Spiel-)Spaß zu verlieren. Motivation und Leistung als Attribute kommt hierbei eine besondere Aufmerksamkeit zu, vor allem, wie diese Mechanismen auf Arbeits- und Kundenbindungsprozesse übertragen werden können (ebd. S. 100./S. 127ff.). Die Kombination aus extrinsischer und intrinsischer Motivation muss im Bereich Gamification als große Herausforderung angesehen werden. Grundlage dafür bildet der Umstand, dass Arbeit und Bildung vorrangig extrinsisch motiviert sind. Neben (Arbeits-)Lohn und (Bildungsleistung) Noten, stehen hierbei auch Sozialstatus und soziale Anerkennung als Motivator hoch im Kurs. Damit dieses Motivationssystem aufrechterhalten bleibt, stehen ihm zumeist positive wie negative Sanktionsmöglichkeiten zur Verfügung, welche mehr oder weniger subtil dafür sorgen, dass sowohl Arbeitnehmer*innen, als auch Schüler*innen die geforderten Aufgaben erfüllen. Da die Zusammensetzung der Menschen, sowohl in der Arbeitswelt, als auch in der Schule immer heterogener wird (vgl. Klippert 2016, S. 14ff.; Meyser/Baabe-Meijer/Kuhlmeier 2018, S. 7f.), wird auch versucht, verbindende und intrinsisch motivierte Elemente zu finden und einzusetzen, um die Ziele der jeweiligen Bereiche trotz den damit einhergehenden Herausforderungen zu erreichen. Das Spiel als solches und die Mechanismen vom digitalen Spielen im Besonderen, erscheinen mit ihren Eigenschaften prädestiniert hierfür zu sein, um letztendlich eine gelungene Mischung aus externen und internen Motivatoren zu schaffen.

Einer der größten Kritikpunkte an Gamification ist, dass nicht etwa die Spielenden/Nutzenden einen Vorteil aus der Gamifizierung ziehen, sondern dass durch Gamification die Spielenden/Nutzenden u. a. in den Punkten Leistungsoptimierung und (Arbeits-)Motivation ausgenutzt werden (vgl. Bogost 2014, S. 73f.). Gamification setzt hierbei auf klassische behavioristische Verstärkung und Abschwächung von Verhaltensweisen (vgl. Nikitaridis 2016, S. 22ff.), um maximale Erfolge zu erzielen, was in modernen Lehr- und Lernumgebungen mehr als kritisch betrachtet werden muss. Diese Anklage wird zu entkräften versucht, indem u. a. Aussagen getroffen werden, dass Gamification viel eher eine logische Konsequenz auf die Durchdringung von spielerischen Elementen in allen Kulturbereichen wäre, welche nicht zuletzt durch Digitalisierungsprozesse vorangetrieben wird. Zudem wird davon ausgegangen, dass bei der Ausnutzung der Spielenden/Nutzer*innen nicht der Gamification an sich Schuld zugewiesen werden darf, sondern vielmehr die in Verantwortung genommen werden müssten, die Gamification für potentiell niedere Zwecke missbrauchen (vgl. Sailer 2016, S. 126).

Aller Kritik zum Trotz, wird Gamification auch in Bildungsprozessen als lohnenswerte Methode interpretiert und eingesetzt. Wie kann es gelingen, die zum Teil langweiligen und für die Lernenden nicht wirklich als sinnvoll und gewinnbringend erachteten Inhalte, mit größerer intrinsischer Motivation attraktiver zu gestalten? Eigentlich eine Frage, die in einem modernen Bildungssystem bei den »Krankheitsursachen« bearbeitet und gelöst werden muss. Aktuell wird jedoch häufiger versucht eher die Symptome zu lindern, als die »Krankheit« zu heilen. Dahingehend werden derzeit mindestens zwei Wege von Gamification in Bildungskontexten praktiziert.

Temporäre, oftmals mit Eventcharakter einhergehende gamifizierte Impulse, lassen sich sowohl in Schulen als auch in außerschulischen Bildungseinrichtungen wiederfinden. Ein klassisches Beispiel in der Schule wäre es, wenn die Lehrenden ihren Unterricht und/oder die Lernstandskontrolle durch spielerische Elemente aufwerten. Dabei lassen sich Tools, wie z. B. »Kahoot!« einsetzen, um Inhalte über ein Quiz abzufragen, wobei alle Lernenden in einem Wettbewerb sowohl inhaltlich als auch zeitbasierend gegeneinander antreten. Tools und Methoden wie diese gibt es viele, ob nun digital oder nicht und dies schon lange bevor der Begriff der Gamification eine Rolle gespielt hat. Ein weiteres Beispiel für den temporären Einsatz von Gamification lässt sich in außerschulischen Kontexten häufig bei der Heranführung an Themengebiete und Orte finden. In Bibliotheken erlangen Nutzer*innengruppe mitunter über gamifizierte Elemente Basiswissen in Bereichen der Recherche, Ausleihe und Orientierung. Dort werden Besucher*innen einer Ausstellung über das Sammeln von Punkten, Abzeichen oder Stempeln bei einem Stationenlauf dazu angehalten, möglichst alle Ausstellungsstücke in Augenschein zu nehmen. Oder jugendliche Besucher*innen der Gamescom werden dazu aufgefordert, an einer »Spielerallye«[89] teilzunehmen, um an medienpädagogischen Ständen Punkte zu sammeln und dabei ganz nebenbei die Angebote der jeweiligen Institutionen kennenzulernen.

Natürlich gibt es auch tiefergreifende und längerfristige Gamification-Ansätze in Bildungskontexten. Als bekannteste Anwendung in der Schule ist hier wohl »Classcraft« zu nennen. Über eine »durchdesignte Lernerfahrung« wird ein gamifizierter Lernraum etabliert, welcher die Lernenden individuell und in Teams motiviert, sich mit den eigentlichen Lerninhalten auseinanderzusetzen. In Anlehnung an klassische Online-Rollenspiele, werden sogenannte Quests vom Lehrenden erstellt, wobei sich die Schüler*innen durch das Spiel(en) reale Privilegien erarbeiten, wenn sie die Quests und ihre Nebenaufgaben (z. B. Ruhe im Klassenraum, positives soziales Miteinander, Hausaufgaben erledigt, usw.) adäquat erfüllen. Dabei wird insbesondere auf die freie Wahl der Schüler*innen gebaut, sich für sich selbst und ihr Team einzubringen und darüber Anerkennung zu sammeln, welche sich zunächst über Punkte im Spiel darstellt. Damit einher geht die Absicht, dass sich die im Spiel erarbeiteten Skills in Sachen soziales Miteinander und Erfüllung der Quests, aus dem Spiel in andere realweltliche (Lern-) Kontexte überträgt. Dabei vermittelt »Classcraft« selbst keine Lerninhalte, sondern soll lediglich motivierend wirken, um sich entsprechend intensiver damit zu beschäftigen. Auch der »Classcraft«-Ansatz könnte einigen Lesenden bekannt vorkommen. Denken Sie z. B. an die klassischen Token-Belohnungssysteme in der Grundschule, wo Punkte, Sterne, usw. pro Kind vergeben werden, um hier direkten Einfluss auf das Sozialverhalten u. a. zu nehmen. Desto adäquater ein Kind in der Gruppe agiert, desto mehr Punkte kann es sich verdienen.[90] Hier wird abermals die Kritik und Herausforderung von klassischen Verhaltensveränderungen als Gegenstand von Bildung und Erziehung deutlich.

Zusammenfassend lässt sich sagen: Ja, Gamification funktioniert. Zu welchem Preis und mit welcher Nachhaltigkeit dies geschieht, sollte jedoch immer kritisch/konstruktiv hinterfragt werden. Während in der Wirtschaft jederzeit die klassischen extrinsischen Motivatoren (Abmahnung, Lohnkürzung, Arbeitsplatzverlust, usw.) erfolgreich (für die Unternehmen) greifen können, sobald Gamification an ihre Grenzen stößt, kann dies in Bildungskontexten zu größeren Kom-

---
89 https://jugendforum-nrw.de/allgemein/die-spielrallye, Zugriff am 10.06.2020.
90 https://materialwiese.de/2016/09/mein-neues-belohnungssyste.html, Zugriff am 10.06.2020.

plikationen führen, was das Vertrauensverhältnis zwischen Lehrenden und Lernenden betrifft. Temporäre Events innerhalb und außerhalb der Schule sind dabei weit weniger bedenklich, als langfristige und großangelegte Gamification des Bildungsangebotes. Dies liegt vor allen an der Komplexität, welche mit solch einem Ansatz einhergeht. Stimmt das Spieldesign nicht und fehlt es an einer ganzheitlichen institutionellen Umsetzung, ist die Gefahr groß, dass die Ambitionen ins Leere laufen. Wenn alle in der Institution involviert sind, also z. B. die Schüler*innen nicht nur Spielende sind, sondern sich auch am Spieldesign beteiligen können und alle in der Schule das System mittragen, sind dies gute Gelingensfaktoren und es kann eine Win-Win-Situation mit nachhaltiger Wirkweise entstehen.

10.4   Serious Playing

Als Konstantin Mitgutsch in einem Vortrag (Mitgutsch 2014) aus dem Jahr 2014 unterschiedliche Spielfelder im DGBL skizziert und bespricht, beschrieb er Serious Playing als eine Methode, die er und nicht nur er (vgl. Geisler 2016, S. 8), als »völlig unterschätzt« (vgl. Mitgutsch 2014, a.a.O) einstuft. Serious Playing beschreibt den Einsatz von populären, kommerziellen sogenannten »off-the-shelf-Games« in Bildungskontexten. Der Gedanke, auf die Lebenswelt von Lernenden (ihren Medienkonsum explizit mit eingenommen) in der Bildung einzugehen, um sie so nachhaltiger zu erreichen, wird immer deutlicher als essentieller Baustein für eine gelingende Wissensvermittlung angesehen (vgl. Künzel 2012, S. 137ff.). Natürlich sind populäre Medien in der Bildung weder neu noch – auf den ersten Blick – besonders innovativ. Die Interpretation von Bestseller-Büchern, Kino-Filmen, Musik(-Videos) und YouTube-Videos in Bildungskontexten ist keine Seltenheit. Doch all diesen Medien fehlt etwas, was digitale Spiele mit sich bringen – Interaktivität. D. h. jedoch nicht, dass sich nicht auch mit Medien, die in erster Linie rezeptiv genutzt werden, gestalterisch Arbeiten lässt, insbesondere, wenn die Methodik der aktiven Medienarbeit zum Einsatz kommt. Die Interaktivität erfordert aber, in Kombination mit dem Technik- und Grundverständnis für Games, ein besonders Engagement bei den Lehrenden. »Der enorme Vorteil liegt jedoch darin, dass Sie nahe an der Lebenswelt von Kindern und Jugendlichen agieren, deren Sehsüchte, Wünsche, Probleme und Spielweisen erfahren sowie zur Reflexion des eigenen Medienhandelns anregen« (Geisler 2016, S. 9).

Um der Frage nachzugehen, wie sich Serious Playing in Bildungskontexten konkret einsetzen lässt, kann erneut auf die rezeptive und Aktive Medienarbeit mit Games verwiesen werden. In der medienpädagogischen Arbeit mit populären »off-the-shelf-Games« ist die kulturoptimistische Sichtweise, dass sich prinzipiell mit allen Spielen ernsthaft arbeiten lässt, eine gute Voraussetzung für gelingendes Wirken. Dabei ist es nicht essentiell, die Spiele immer in ihrer Gänze, in ihrer erzählerischen Tiefe oder mit ihren raffinierten Mechanismen zu betrachten. Oftmals sind es einzelne Impulse, bestimmte Möglichkeiten im Spiel oder konkrete Szenen, mit denen sich pädagogisch arbeiten lässt. Hier hilft es zunächst kleiner und niedrigschwelliger zu beginnen, um dann mit den Erfahrungswerten zu wachsen. Da könnte auch »Angry Birds«[91] zur Modellierung von Flugbahnen in Geometrie herangezogen werden, oder ein »Scribblenauts«[92] im Deutschunterricht der Grundschule bzw. im Englischunterricht zum Einsatz kommen. Die Avatar-Erstellung von »Die Sims Mobile« kann zur Auseinandersetzung mit dem eigenen Selbstbild und Körper genutzt werden. Die Möglichkeiten von gruppendynamischen Strukturen, die sich in Games zumeist über Spielgemeinschaften ausprägen (siehe: E-Sport und Vergemeinschaftungen, Rudolf Inderst), lassen sich in Jugendeinrichtungen diskutieren und wiederfinden. Sportliche Aktivitäten können ausgehend von Games in die Realität transferiert werden, wie im Projekt »Real Life Jumper«[93]. Wie wäre es, die Selbst- und Fremdwahrnehmung, aber auch Stereotype und Ressentiments über Spielinhalte zu reflektieren, diskutieren und am Ende sogar auf eine Bühne zu bringen, wie im Projekt »privat«[94]?

Viele weitere Beispiele für Serious Playing, u. a. mit didaktischen Handreichungen versehen, finden sich auf medienpädagogischen Plattformen wie »Digitale-Spielewelten«[95], »Spieleratgeber-NRW«[96] oder »Spielbar«[97], wo man nicht nur konsumieren, sondern auch mit eigenen Inhalten partizipieren kann. Bei der dort dargestellten Fülle an Möglichkeiten wird auch deutlich, dass nicht immer nur bestimmte Games im Fokus stehen müssen. Oftmals hilft auch der Blick auf verschiedene Genres, um Impulse für bestimmte Bildungsinhalte und Umsetzungsideen zu erhalten.

Das Game »Life is Strange« ist ein gutes Beispiel für einen rezeptiven, spielanalytischen Zugang. Die Spielenden begleiten eine Teenagerin bzw. junge Frau auf ihrem Weg durch die Adoleszenz. Was sich verkürzt wie eine verspielte Adaption jugendlicher Daily Soaps anhört, entpuppt sich schnell als tiefgreifendes, nachdenklich stimmendes und handlungsorientiertes Portrait des Erwachsenwerdens. Der besondere Clou ist der, dass die Hauptfigur die Fähigkeit an sich entdeckt, die Zeit manipulieren zu können, und damit geschehene Ereignisse wiederholen und deren Ausgang verändern kann. Dabei sind es vor allem die ethisch, moralischen, emotionalen und in Spielsituationen oftmals (un-)reflektierten Entscheidungen, welche enormes Potential für die angesprochenen Bildungskontexte mit sich bringen. In verschiedenen Sozialformen lassen sich einzeln, in Gruppenarbeit oder im Plenum Spielentscheidungen treffen und hinsichtlich ihrer erwarteten oder eingetroffenen Auswirkungen im Spiel diskutieren. Ein Vergleich zwi-

---

91 https://www.geogebra.org/m/SBXXXFqT, Zugriff am 17.06.2020.
92 https://www.medienpaedagogik-praxis.de/2011/10/24/scribblenauts-reloaded-remix, Zugriff am 17.06.2020.
93 https://www.youtube.com/watch?v=7lOCs6LSZi4, Zugriff am 26.06.2020.
94 https://digitale-spielewelten.de/projekte/privat/16, Zugriff am 26.06.2020.
95 https://digitale-spielewelten.de, Zugriff am 17.06.2020.
96 https://www.spieleratgeber-nrw.de/Praxisprojekte.822.de.html, Zugriff am 26.06.2020.
97 https://www.spielbar.de/berichte, Zugriff am 26.06.2020.

schen Entscheidungen im Spiel und im realen Leben bietet sich auch immer an, da die Entscheidungsgrundlagen und Auswirkungen zu unterscheiden sind (Wiederholbarkeit im Spiel; strategische Entscheidung, die sich im Spiel auch bewusst von moralischen Verhalten im realen Kontext unterscheiden kann; Spiel als Raum für folgenloses Probehandeln…). In der Methode »Play and talk together«[98] werden konkret verschiedene Szenarien für den Einsatz digitaler Spiele in Bildungskontexten beschrieben, wie sie mit geringem oder höherem technischem Aufwand, mit verschiedenen Arbeitsaufträgen und in unterschiedlichen methodisch-didaktischen Settings erfolgen können.

Ein weiteres Beispiel, um rezeptiv mit digitalen Spielen zu arbeiten ist der Einsatz von »Through the Darkest of Times« in geschichtlichen, politischen und/oder Softskill orientierten Bildungskontexten. Das Entwicklungsstudio beschreibt sein Spiel wie folgt: »Ein historisches Strategiespiel über den Widerstand gegen den Nationalsozialismus während des Dritten Reichs in Berlin. (…) Werde ein Widerstandskämpfer im Berlin der Nazizeit: Kämpfe für die Freiheit, schwäche das System und führe deine Gruppe durch die dunkelste Zeit« (Paintbucket Games 2019). Entgegen der weitverbreiteten Meinung, haben die Entwickler*innen nie die Absicht gehabt ein Serious Game zu entwickeln und so ist »Through the Darkest of Times« auch nicht angelegt. »Es will keine Geschichtsstunde über das Dritte Reich sein, wie ein Serious Game, sondern lässt den Spieler die verzweifelte Situation dieser dunklen Zeit nachempfinden (vgl. Friedrich in: Dietrich 2018). So wird sich spielerisch mit einem sehr ernsthaften Thema auseinandergesetzt. Wobei im Gegensatz zu vielen anderen Games, die thematisch während des zweiten Weltkriegs angesiedelt sind, nicht das Abschießen von Nazis im Vordergrund steht. Vielmehr geht es um Verantwortung, moralische Entscheidungen, aber auch Ohnmacht einem totalitären System gegenüber. Da viele Mechanismen der politischen Situation im Spiel auf potenzielle Szenarien im aktuellen Weltgeschehen übertragbar sind, kann das Spiel auch über den geschichtlichen Kontext hinaus eingesetzt werden.

Bei der Suche nach Games, die gut in Bildungskontexten eingesetzt werden können, gibt es eine Spielereihe, die in einer Auflistung nicht fehlen sollte. Kaum ein anderes Entwicklungsstudio hat solch hohe Ambitionen, das historische Setting ihrer Spiele so akkurat wie möglich zu gestalten, wie Ubisoft mit der »Assassin's Creed«-Serie. Die Spiele decken mittlerweile ein so breites zeitgeschichtliches Geschehen ab, dass allein die Aufzählung hier den Rahmen sprengen würde. Das besonders Spannende dabei ist, dass die Games allesamt auf höchstem, entwicklungstechnischem Niveau liegen und spielerisch für sehr viele Spielende interessant erscheinen.

Wie kann nun der Einsatz der »Assassin's Creed-Serie« in der Bildung aussehen? Zunächst die gute Nachricht: Desto bekannter das Spiel bei den Zielgruppen ist, desto einfacher, wird in der Regel die Begeisterung für die Arbeit damit zu entfachen sein. Leider wird aber zu häufig allein die Tatsache, dass (vermeintlich) historisch korrekte Orte und Personen in den Spielen vorkommen, als sehr

---

98 http://t1p.de/playandtalk, Zugriff am 16.7.2020.

gute Voraussetzung für den pädagogischen Einsatz beschrieben. Zur Wahrheit gehört jedoch auch, dass dabei unter Umständen außer Acht gelassen wird, welche Herausforderungen der Einsatz solcher Spiele mit sich bringen kann. Z. B. kann die Alterskennzeichnung für ein Spiel (z. B. Freigegeben ab 16 Jahren) oder die Bereitstellung der benötigten Hard- und Spielesoftware eine Hürde im Prozess darstellen. Auch der viel gelobte Modus »Entdeckungstour«, der mit dem im alten Ägypten spielenden »Assassin's Creed Origins« eingeführt wurde und als Lehrprogramm keiner Altersbeschränkung unterliegt, bringt im (pädagogischen) Einsatz die Herausforderung mit sich, dass er weniger als interaktives Spiel funktioniert, sondern vielmehr wie ein gut umgesetzter virtueller Museumsbesuch. Die Entwickler*innen von Assassin's Creed stehen auf ihrer Suche nach Innovationen, welche auch in Bildungskontexten eingesetzt werden können, jedoch keinesfalls still. Großes Potential für die Aktive Medienarbeit liegt z. B. im Story Creator Modus, wie er erstmals in »Assassin's Creed Odyssey«[99] eingebunden wurde. Mit dieser Spielerweiterung können Spielende das Spiel auf der spielerisch/konsumierenden und rezeptiven Ebene verlassen und als Lernende und auch Lehrende zum Content Creator werden, wie bereits im Kapitel Expressive Games beschrieben. Über ein Webinterface lassen sich eigene Story-Inhalte für das Hauptspiel erstellen und mit anderen »Spielenden« teilen. Die Möglichkeit, einzelne Quests bis hin zu einer komplett eigenen Spielgeschichte als spielbare (Bildungs-)inhalte gestalten zu können, war nie so einfach. Und zugleich bleiben der hohe grafische Standard, das Spielinterface und andere Elemente auf dem Niveau eines Blockbuster-Games erhalten. Dies sind gute Voraussetzungen, ausgewählte Inhalte aus Curricula medial und spielerisch attraktiv zu verpacken. Natürlich warten auch hier noch genügend Herausforderungen was die konkrete Umsetzung betrifft, aber die Potentiale rechtfertigen diesen Aufwand, zudem dies didaktisch und methodisch direkt von Lehrenden und Lernenden gemeinsam angegangen werden kann.

Ein medienpädagogischer »Leckerbissen« wäre die Zusammenführung der Modi »Entdeckertour« und »Story Creator«. Dabei sind es vor allem die Punkte des eigenständigen Erwerbs, sowie Installation abseits vom Hauptspiel und die altersunabhängige Freigabe als Lehrprogramm in Verbindung mit den interaktiven Möglichkeiten, die im Bildungskontext überzeugen würden. Da die zur Verfügung stehenden Komponenten in beiden Modi eins zu eins aus dem Hauptspiel stammen, ist davon auszugehen, dass die Akzeptanz bei spielend Lernenden entsprechend hoch wäre.

Nun könnte natürlich der Eindruck entstehen, dass die Hürden recht hoch liegen, was den Einsatz von populären Games in der Bildung betrifft. Sicher ist er höher, als bei Lernspielen und Serious Games. Auf der Habenseite stehen jedoch eine weitaus größere Akzeptanz bei den Zielgruppen (nicht nur für den Lerninhalt, sondern auch für die Bildungseinrichtung als solche), ein Lehren, welches direkt die Lebenswelt der Lernenden tangiert und dennoch die geforderten Bil-

---

99 https://assassinscreed.ubisoft.com/game/de-de/news-updates/351257/Assassins-Creed-Odyssey-Story-Creator-Mode, Zugriff am 15.06.2020.

dungsziele nie aus dem Fokus verliert. Auch an dieser Stelle sei dafür geworben, die jungen Expert*innen in die Gestaltung der Lernräume mittels Games einzubeziehen, um größtmögliche Synergien zu erzielen.

10.5 Fazit und Ausblick – DGBL oder *»Zurück in die Zukunft«*

»Zu den Gelingensfaktoren für den Einsatz digitaler Spiele in Bildungskontexten gehört zunächst die Einsicht, dass nicht entschieden werden muss, ob herkömmliche Methoden der Wissensvermittlung besser oder schlechter sind, sondern dass hiermit andere Lernwege beschritten und andere Lerntypen angesprochen werden können« (Sleegers 2019). Für alle Formen des Digital Game-Based Learning und für alle Bildungsorte kann festgehalten werden, dass sie von Spielmethoden dann profitieren, wenn sie die Potentiale des Spiel(en)s erkennen, zulassen und sich zu eigen machen. Bei der dringend notwendigen Überarbeitung vieler Lehr-Lernsettings sollte hinsichtlich des Einsatzes digitaler und auch analoger Spiele bedacht werden: 1. Spielen heißt Lernen. 2. Spielen ist eine ernste Tätigkeit, die Spaß machen kann. 3. Wir spielen viel zu wenig.

Spiel(en) eröffnet gerade in Bildungskontexten notwendige Spiel-, Frei-, Experimentier- und Lernräume. Und es gibt gute Nachrichten! Es gibt wenig Gründe, die gegen und viele, die für den Einsatz digitaler Spiele in Bildungskontexten sprechen. Lehrende müssen nicht dieselbe Gaming-Erfahrung wie die Lernenden mitbringen und Schulen oder andere Bildungsorte nicht erst auf die technische Vollausstattung, den DigitalPakt oder das schuleigene Holodeck warten. Jede neue Generation Lehrender lernt immer wieder neue Themen zu bearbeiten, in Curricula einzubinden und passend methodisch-didaktisch aufzubereiten. Digitale Spiele sind gute Türöffner in die Lebenswelt Heranwachsender und zudem multi-kompatibel zu so vielen Lerninhalten und Aufträgen formaler und non-formaler Bildung. Digitale Spiele werden in unserer mediatisierten Welt künftig weiter an Bedeutung gewinnen, was eine kritische, konstruktive und kreative Auseinandersetzung dringend erfordert und zudem schon jetzt ermöglicht, die Expertise Heranwachsender in diesem Kultur- und Bildungsgut zu erkennen und gewinnbringend zu nutzen.

Wo lässt sich Digital Game-Based Learning im Kontext von Digitalisierung mit seinem zunächst erhöhten strukturellen und personellen Aufwand verorten? Wenn man realistisch ist, nicht da, wo es Zukunfts- und Bildungsforscher vor Jahren gesehen bzw. prognostiziert haben, nämlich als logische nächste Stufe nach einem aus dem Web 2.0 entsprungenen Social Media in der Wirtschaft und der Bildung (vgl. Evsan 2011). Wie im Kapitel Serious Playing beschrieben, gibt es bereits mannigfaltige Konzepte, Methoden und Curricula zum Einsatz von Games in Bildungskontexten. Hier haben sich in den letzten Jahren einige medienpädagogische Institutionen und Initiativen dafür eingesetzt, dass die Möglichkeiten des Einsatzes digitaler Spiele in der Bildung erkannt und eingesetzt werden. In (Modell-) Projekten wurde und wird dem immer wieder Rechnung getragen, jedoch haben die wenigsten Konzepte den flächendeckenden Sprung in das Bildungssystem vollziehen können. Viel zu groß erscheinen immer noch die Hürden, in Sachen digitale Bildung, welche u. a. durch das Covid19-Brennglas nochmals verdeutlicht wurden. Wenn Bildner*innen im Jahr 2020 Schulungen erhalten müssen, um Inhalte für ihre Zielgruppen digitalisieren zu können, verheißt dies nichts Gutes mit Blick auf den Ist-Stand der Digitalisierung. Es macht zugleich deutlich, warum DGBL von Multiplikator*innen (wenn überhaupt) eher als nächster oder gar übernächster Schritt auf einem Weg zu zeitgemäßer Bildung angesehen wird, denn die erforderlichen Kompetenzen lassen sich scheinbar nicht mit ihren aktuellen persönlichen und strukturellen Möglichkeiten vereinbaren.

Andererseits entstehen aus großen Herausforderungen mit Hilfe von unvorhersehbaren Katalysatoren oftmals neue Chancen. Während manche die sogenannte »Corona-Krise« als genau diesen Treibstoff für eine digitalisierte Bildung sehen, steigen damit zugleich die Chancen, DGBL mitzudenken und auch fest in die Ausbildung von Bildner*innen zu implementieren. Moderne schulische, außerschulische und lebenslange Bildungsansätze sollten an Digital Game-Based Learning nicht vorbeikommen.

In einem nächsten Schritt kann künftig auch verstärkt über den Einsatz von Augmented und Virtual Reality-Technologien in Bildungskontexten nachgedacht werden. Games sind hier ebenfalls Innovationsmotor und zeigen bereits jetzt künftige Einsatzmöglichkeiten auf. Die Zukunft wartet schon – umso wichtiger, dass Bildner*innen sich jetzt intensiv mit Digital Game-Based Learning auseinandersetzen, vorhandene Möglichkeiten erkennen, Grenzen ausloten und neue Wege beschreiten. Es bleibt spannend – keep on gaming!

Quellenverzeichnis

Bogost, I. (2014): Why Gamification is Bullshit in The Gameful World: Approaches, Issues, Applications. Cambridge: MIT Press.
Csikszentmihalyi, M. (1990): Flow: The Psychology of Optimal Experience. New York: Harper Perennial.
Dallmann, C. (2017): Rezeptive Medienarbeit. In: Schorb, S./Hartung-Griemberg, A./Dallmann, C.: Grundbegriffe Medienpädagogik. München: kopead.
Dietrich, M. (2018): Through the Darkest of Times – Spiel mit Hakenkreuzen hat einen Publisher. https://www.gamestar.de/artikel/through-the-darkest-of-times-publisher-fuer-das-strategiespiel-gefunden-mehr-umfang-versprochen,3336420.html, Zugriff am 30.07.2020.
Evsan, I. (2011): https://www.marketing-boerse.de/fachartikel/details/social-games-als-marketingplattform-der-zukunft/33222, Zugriff am 17.06.2020.
Geisler, M. (2016): Die Widersprüchlichkeit des freiheitlichen Wesens von Spiel und seiner Verwendung als Lernmittel. In: Junge, T. & Clausen, D. (Hrsg.): Digitale Spiele im Dis-

kurs. FernUniversität in Hagen: https://www.fernuni-hagen.de/bildungswissenschaft/bildung-medien/medien-im-diskurs/digitale-spiele.shtml, Zugriff am 30.07.2020.

Geisler, M. (2019): Digitale Spiele in der Medienpädagogik – Einstellungen, Erfahrungen und Haltungen von Spielleiteten. München: kopead.

Genvo, S. (2016): Defining and Designing Expressive Games: The Case of Keys of a Gamespace. In: Kinephanos: Journal of Media Studies and Popular Culture: Exploring the Frontiers of Digital Gaming: Traditional Games, Expressive Games, Pervasive Games. https://www.kinephanos.ca/2016/exploring-the-frontiers-of-digital-gaming, Zugriff am 30.07.2020.

Juul, J. »Without a goal«. In Tanya Krzywinska and Barry Atkins (eds): Videogame/Player/Text. Manchester: Manchester University Press 2007.

Klippert, H. (2016): Heterogenität im Klassenzimmer – Wie Lehrkräfte effektiv und zeitsparend damit umgehen können. Weinheim: Belz.

Koubek, J. (2014): Video Games as an Expressive Medium. S. 55. https://medienwissenschaft.uni-bayreuth.de/wp-content/uploads/assets/Koubek/forschung/KoubekExpressiveGames.pdf, Zugriff am 04.06.2020.

Künzel, M. (2012): Ein Netz von Entwicklungsräumen. In: Thomas, P. M., Calmbach, M. (Hrsg.): Jugendliche Lebenswelten: Perspektiven für Politik, Pädagogik und Gesellschaft. Berlin/Heidelberg: Springer.

Meyser J./Baabe-Meijer S./Kuhlmeier W. (2018): Trends beruflicher Arbeit – Digitalisierung, Nachhaltigkeit, Heterogenität. Ergebnisse der Fachtagung Bau, Holz, Farbe und Raumgestaltung 2017. Paperback. PubliQation.

Nikitaridis, S. (2016): Let's Play. Gamification als Marketinginstrument und Schlüssel zum Unternehmenserfolg? Hamburg: Diplomica Verlag GmbH.

Oerter, R. (1999): Psychologie des Spiels: ein handlungstheoretischer Ansatz. Weinheim: Belz.

Paintbucket Games (2019): https://paintbucket.de/de/ttdot, Zugriff am 30.07.2020.

Rösch, E. (2017): Aktive Medienarbeit. In: Schorb, S. & Hartung-Griemberg, A./Dallmann, C.: Grundbegriffe Medienpädagogik. München: kopead.

Sailer, M. (2016): Die Wirkung von Gamification auf Motivation und Leistung. Wiesbaden: Springer.

Sleegers, J. (2019): Mit und von Spielen(den) lernen. Anregungen für die Auseinandersetzung mit Games in Bildungskontexten. In: medienconcret. Magazin für die pädagogische Praxis. Erziehen in digitalen Zeiten. Heft 1.19. S. 90-94.

11 Teams im Spiegel der Vergemeinschaftungsform MMORPG-Gilde

Rudolf Inderst

Wie bereits im Eingangskapitel zur kulturellen Bildung von Martin Geisler und Horst Pohlmann ausführlich dargestellt, fällt es in den Kernbereich der Medienpädagogik, neue Entwicklungen der Gesellschaft und der Medien zu beobachten. Dabei wurde ebenfalls auf die von Michael Wagner herausgearbeiteten elf Schlüsselkompetenzen der Medienpartizipation und deren Bedeutung für eine Auseinandersetzung mit Video- und Computerspielen rekurriert (vgl. Wagner 2008). Im Folgenden sollen daher schwerpunktmäßig einige dieser Kernfähigkeiten am Gegenstand in die Praxis überführt werden. Dazu dienen digitale Vergemeinschaftungsformen aus Spielen wie Massively-Multiplayer-Online-Role-Playing-Games-Gilden (MMORPG-Gilden) und E-Sports-Teams, welche in ihrer darzulegenden Verschränkung anschaulich machen, inwiefern Aspekte des sozialen Miteinanders, sei es medien-intern als auch -extern, sich in Wagners Ausarbeitung wiederfinden lassen.

11.1 Einführung

Egal, ob im Rahmen von Hochleistungssport (vgl. Bodmer 2018), Geschlechtergerechtigkeit (vgl. Bruckner 2019) oder Hochschulorganisation (vgl. Lechtape 2019) in den Medien diskutiert, das kulturelle und gesellschaftliche Phänomen E-Sports nimmt in der öffentlichen Wahrnehmung zunehmend Platz ein. Dabei ist alleine schon der Begriff E-Sport selbst unterschiedlichen Deutungen unterworfenen: So versteht bspw. die E-Sports-Interessensvereinigung E-Sport-Bund (ESBD) darunter: »eSport ist der unmittelbare Wettkampf zwischen menschlichen Spieler*innen unter Nutzung von geeigneten Video- und Computerspielen an verschiedenen Geräten und auf digitalen Plattformen unter festgelegten Regeln« (E-Sport-Bund 2018). Ganz anders und reservierter klingt es jedoch, wenn z. B. der Deutsche Olympische Sportbund (DOSB) über das Thema öffentlich spricht: »Der Begriff ›eSport‹ steht für eine außerordentlich breite Palette höchst unterschiedlicher virtueller Angebots- und Spielformen mit Wettkampfcharakter. Da in diesem breiten Verständnis die Bezeichnung »Sport« nicht zielführend und in weiten Teilen aus unserer Sicht irreführend ist, verzichten wir im Folgenden auf die Bezeichnung ›eSport‹« (Deutscher Olympischer Sportbund 2018). Bei aller versteckten als auch offensichtlichen normativen Vielstimmigkeit kann festgehalten werden, dass E-Sports sich zu einem Gegenstand entwickelt hat, der nicht allein seines ökonomischen Erfolges wegen die Aufmerksamkeit der akademischen Forschung auf sich gezogen hat.[100]

Dabei verdient besonders die Organisationsform der einzelnen E-Sports-Teams besondere Aufmerksamkeit, denn diese wird in der aktuellen Berichterstattung häufig unter dem Paradigma einer digital-fordistischen Hochleistungskultur wahrgenommen, die ihren Ausdruck in medial distribuierten Überschriften wie in etwa »1,1 Milliarden US-Dollar Umsatz in 2020« (Walkering 2020) findet und sich darin manifestiert. Zurecht weisen allerdings Volker Stein und Tobias M. Scholz demgegenüber auf die globale kulturelle Vielfalt der Akteure des E-Sports auf die verschiedenen Leistungsstufen dieser Vergemeinschaftungsformen hin (vgl. Stein & Scholz 2016, S. 84-86). Wenn E-Sports-Teams aber tatsächlich als »separate flexible social system, [...] capable of self-development and self-regulation, regardless of external events« (Boguslavskaya & Budnik & Azizulova u. a. 2018) verstanden werden sollen, erscheint das Hinzuziehen einer Referenz sinnvoll.

In der noch jungen Forschungsfeldgeschichte der Game Studies, also der kritischen Auseinandersetzung und akademischen Analyse des digitalen Spiels, nehmen Massively-Multiplayer-Online-Role-Playing-Games (MMORPG) eine gewichtige Rolle ein. Es handelt sich dabei um Video- und Computerspiele, welche so angelegt sind, dass eine Vielzahl von Menschen, örtlich unabhängig voneinander, miteinander oder gegeneinander spielen kann. Der Einschub *role playing* bezieht sich dabei auf den Spielablauf: Die Spieler*innen suchen sich, zumeist angesiedelt in fantastischen Welten, welche von den Werken J.R.R. Tolkiens inspiriert sind, eine Spielfigur, Avatar genannt, aus. Die Auswahlmöglichkeiten an Spielfiguren sind groß und hinzu kommen unzählige Optionen der Personalisierung. Die Spieler*innenfiguren werden dabei durch verschiedene Zahlenwerte (z. B. körperliche Kraft, Schnelligkeit der Regeneration) beschrieben. Durch das Bestehen diverser Abenteuer in immer neuen Bereichen der fiktiven Welt erklimmen Spielende und ihre Spielfiguren immer höhere Werte und werden dadurch kontinuierlich innerweltlich wirkmächtiger. Der erfolgreichste Vertreter dieses Genres ist *World of Warcraft* (2004) und wurde zu seinen Hochzeiten (gegen 2010) von zwölf Millionen Menschen weltweit gespielt.

Da die riesigen Spielwelten von einer Vielzahl von menschlichen Spieler*innen gleichzeitig belebt werden, bergen MMORPGs auch gleichzeitig soziale Situationen. Zusammen bilden Spieler*innen Gruppen, so genannte Gilden[101]. In diesen findet ein Großteil des sozialen Miteinanders und Lebens statt. Es sind eben jene MMORPG-Gilden, auf die sich diese Ausführungen im Folgenden konzentrieren, es gilt aber auch bereits an dieser Stelle festzuhalten, dass sich diese Form der Konstellation auch für den E-Sports-Bereich feststellen lässt, da soziale Dynamiken innerhalb dieser Gruppen auch eine gewichtige Rolle spielen.

---

100 So haben zum Beispiel Ende 2019 Forscher*innen der Universität Siegen gemeinsam mit der Gamification Group der finnischen Tampere University und dem Media, Management and Transformation Centre (MMTC) der schwedischen Jönköping Universität das E-Sports Research Network gegründet.
101 In anderen Spielgenres auch Clans, Staffeln, Squads o. ä. genannt

Gilden stellen in Online-Rollenspielen Institutionalisierungen von Gemeinwesen und Vergemeinschaftung dar. Gemeinwesen ist dabei ein Sammelbegriff, der sämtliche gegenwärtigen und historischen Organisationsformen des menschlichen Zusammenlebens bezeichnet, die über den Familienverband hinausgehen. Tatsächlich haben sich diese Organisationsformen erstaunlich schnell in den virtuellen MMORPG-Welten herausgebildet und können somit – wie angedeutet – Verständnisrahmen für E-Sports-Teams schaffen, die sich on- wie offline, durch die intensive und dauerhafte ludische Beschäftigung in soziale Beziehungen setzen.

Computerspiele schaffen alternative Lernsituationen und -plätze. Für den Medienforscher James Gee steht fest, dass Lernen »in any semiotic domain« (Gee 2003, S. 17) also durchaus abseits von Formen der Lese- oder Schreibfähigkeit stattfinden kann.

Gilden können als Gemeinschaften des sich stets wiederholenden Einübens und der sich wiederholenden Rituale gedeutet werden. Während des Spiels gibt es zahllose Gelegenheiten, in soziale Interaktionen mit anderen Spieler*innen verwickelt zu werden. Gilden fungieren dabei als Kommunikationskatalysator (vgl. Scholtz 2008, S. 229-230). Bei diesen Begegnungen entstehen Zeiträume eines *situated learnings*. Diese Situationen können als eine Art »Wissensdrehscheibe und Sozialisierungsagentur« (Hepp & Vogelsang 2008, S. 101) gelesen werden. Grundlegende soziale Felder, die im Übrigen auch im Bereich der politischen Erziehung in demokratischen Staaten immer wieder thematisiert werden, spiegeln sich in Online-Gilden wider: »the ability to reason, taking the perspective of others, empathy and tolerance for ambiguity, as well as the ability of communicating and cooperating« (Gebel & Gurt & Wagner 2005, S. 262).

Die Online-Forscher Nicolas Ducheneaut und Robert Moore identifizieren vier Kategorien des *social learning* in Online Rollenspielen, welche sich problemlos auch im Gildenalltag wieder finden lassen und somit übertragbar sind (vgl. Ducheneaut & Moore, 2005, S. 92 sowie vgl. Wolf 2007, S. 191).[102] *In-game, in-context discussions* ist die erste Kategorie. Die Kommunikationsinfrastruktur von Gilden trägt einen wesentlichen Teil zur sozialen Natur des Gildenlebens bei. Gilden haben einen eigenen Chatkanal, Text- oder Voice-Chat, bieten Möglichkeiten, sich in Echtzeit über bestimmte Dinge auszutauschen. Dieser Gedankenaustausch kann, wenn in geordneten Bahnen ablaufend, zu einem bedeutsamen Bestandteil eines positiven Lernumfeldes werden. Dieser persistente Austausch ist ebenfalls für E-Sports-Teams feststellbar und nötig, um sich im Wettbewerb durchzusetzen (vgl. Tang 2018). *Out-game, out-of-context discussions* beschreibt als zweite Kategorie den Umstand, dass die Kommunikation zwischen den Gildenmitgliedern nach Beendigung des eigentlichen Spiels nicht einfach abrupt endet, sondern über verschiedene Wege problemlos weitergeführt werden kann. Als Beispiele können Mitteilungen an das Gildenforum, wo es kontinuierlich zu Überschneidungen von sozialer und funktionaler Kommunikation kommt (vgl. Thimm & Ehmer 2000, S. 238), genannt werden oder die Fortführung des Voice-

---

102 Der Online-Forscher Karsten Wolf spricht in diesem Zusammenhang auch von Gilden als communities of practice.

Chats, auch wenn sich das Gildenmitglied anderen Aktivitäten am Computer zuwendet – stets bleibt er aufmerksam über einen Audiokanal mit seinen Kamerad*innen verbunden. Diskussionen, Unterhaltungen und Meinungsaustausch außerhalb des Spiels kreieren einen Raum des Wissenstransfers – Spieler*innen stellen somit nicht nur Konsument*innen dar, sondern schlüpfen in die Rolle eines*r Wissensvermittlers*in. Im Falle von E-Sports-Teams kann unter diesem Punkt auch die Außenkommunikation, also das Team-Building im Sinne eines Marketingzugriffs, speziell im Bereich des Medienmanagements, verstanden werden. So stehen professionelle Team-Manager*innen vor der Herausforderung, mit *out-of-context* Kommunikations-Strategien Sponsoren für E-Sports-Teams zu generieren, die Themen Merchandising und Fanmanagement voran zu bringen, mittels Teambuilding die Kohäsion der Spielenden zu formen oder im Eventmanagement Erfolge zu erzielen.

Observation stellt die dritte Kategorie dar. Die meisten Aufgaben in MMORPGs werden durch das Nachahmen von Taten bewerkstelligt, welche zuvor beobachtet wurden. Das gilt auch für Gildenmitglieder. Erfahrene Spieler*innen fordern Novizen auf, zu beobachten und von ihnen zu lernen. Diese periphere Teilhabe an vorgeführter Aktion kann später zu eigenem, motivierendem Erfolg des*r Neuspielers*in führen.

Eine Erweiterung der *observation* stellt die vierte Kategorie – *in-situ-teaching* – dar. Dies bedeutet Lernen am Fall: praktische Anleitung der Gildenmitglieder untereinander. Gerade als neue*r Spieler*in kann man bestimmte MMORPG-Situationen unter erfahrener Anleitung im vertrauten Kreis durchspielen und mit Handlungsoptionen experimentieren, sei es das Herstellen von Werkzeugen oder die Jagd auf Monster. Die aufgezeigten vier Kategorien, welche ursprünglich von Ducheneaut und Moore nicht speziell auf Online-Gilden zugeschnitten waren, sind gerade dort verstärkt anzutreffen (dazu vertiefend: Galarneau 2005). Beide Kategorien sind auf E-Sports-Teams übertragbar: Das Beobachten und Anleiten, auch im Rahmen der gemeinsamen Fahrten und Flüge im Rahmen von Turnierserien ist präsent im Leben der E-Sports-Athleten.

Social learning ist somit Teil des Gilden- und E-Sports-Team-Alltags – es geht also nicht nur um eine virtuelle Lerngemeinschaft, sondern um soziale Funktionen wie die Vermittlung von Normen und Werten, Praktiken der Sozialisierung, Unterstützung und Solidarität, Verbreitung von Rollenmodellen und Ermöglichung von Sicherheit als Basis der individuellen Identitätskonstruktion (vgl. Wiemker & Wimmer 2014, S. 113–135). Gilden und E-Sports-Teams stellen somit in gewissem Rahmen Identitäts- und Kompetenzmärkte dar, in denen es um kreative Medienaneignung geht und gleichzeitig einer individualisierten Wissensnavigation die Richtung gewiesen wird (vgl. Hepp & Vogelsang 2008, S. 109).

Dem ist anzufügen, dass Bildung eben nicht nur ›bloßes‹ Wissen darstellt. Es geht ebenso um das Bewusstsein der eigenen Stärken und Schwächen. Es geht auch darum, Verantwortung für sich und andere zu übernehmen und somit die Selbst-, Sozial- und Kulturkompetenz nachhaltig zu stärken. »Flexibilität, Übersetzungs-, Konflikt- und Entscheidungsfähigkeit sind beim Spieler genauso gefragt wie Durchhaltevermögen, Empathie, Offenheit, Nachahmung, Phantasie, Spiel-, Lern-, Problemlöse- und Reflexionsfähigkeit« (Wolf 2008, S. 99).

An dieser Stelle schließt sich der Kreis und der Beitrag begibt sich auf die Spurensuche nach den eben dargelegten Ausführungen.

11.2 Gilden als soziale Gruppen

Der Begriff der Gilde spielt für die Welt der Online-Rollenspiele eine zentrale Rolle. Otto Gerhard Oexle abstrahiert und führt den Begriff der ›sozialen Gruppe‹ ein, um gemeinsame Wesenszüge erkennen zu können. Diese Gruppen haben nach Oexle vier Grundmerkmale: relative Dauer und Kontinuität in der Zeit, innere Organisiertheit, welche sich in differenzierten Funktionen der Mitglieder ausdrückt, eine Abgrenzung nach außen und «das Vorhandensein von Regeln und Normen, in denen sich die Ziele der Gruppe ausdrücken, verknüpft mit Vorstellungen über die Gruppe bei ihren Mitgliedern und, bei längerer Dauer, mit Traditionen und Gewohnheiten» (Oexle 1981, S. 291). Die historische Handelsgilde stellte also ein genossenschaftliches Vereinigen von Personen eines Berufes oder Gewerbes dar, um gemeinsam deren Interessen zu vertreten und zu fördern. Auch ging es darum, gegenseitig Schutz und Hilfe zu leisten, jedoch sicherlich auch im weiteren Sinn um die Pflege von Geselligkeit.

Nicht weniger interessant ist ein Blick in die Struktur, Hierarchie und Organisation der Gilde. Der Ökonom Gary Richardson hält fest, dass sich Aussagen, die sich auf das Innere von Gilden beziehen, nur schwer verallgemeinern lassen. Er stellt zunächst in seiner Betrachtung den Begriff der Kollektivität in den Vordergrund: »If one member slacked off, all would suffer« (ebd.). Daher war es nicht nur notwendig, qualitativ hochwertige Ware zu verkaufen, die mit der Gilde assoziiert wurde, sondern auch eine gewisse moralisch-soziale Reputation aufzubauen, zu wahren und zu mehren. Mitarbeit, Engagement und regelmäßige Einzahlungen in die gemeinschaftliche Kasse wurden erwartet. Verstöße gegen die Gildenordnung konnten mit verschiedenen Sanktionen belegt werden. So sind Strafzahlungen oder Ämterdegradierung bekannt; der drastischste Akt der Bestrafung war jedoch sicherlich der Ausschluss aus der Gilde.

11.3 Gilden in Online-Rollenspielen

»Humans are naturally social beings, and we love to form social organizations and networks. From friends, […] guilds, companies, states, nations, and so forth, our social ties define us…both as individuals and as communities of shared culture.« (Rice 2006, S. 90)

Daniel Pargman und Andreas Ericsson weisen auf die Parallelen zwischen den mittelalterlichen Gilden und ihren MMORPG-Pendants hin: »It is interesting to muse on the similarities between an Everquest guild and a pre-modern medieval guild [...]. With the rise of modern society and the modern state, individuals were progressively emancipated from medieval communal institutions. What is less apparent is the parallel decline of those small-scale high-commitment structures and associations [...], i.e. guild[s] [...]. What we now see in MMOG[103] guilds can be construed as a revival of the power of the [...] community where a person can be both acknowledged as an individual and as someone who makes a difference« (Pargman & Ericsson 2005). Spielforscher Jürgen Fritz unterscheidet in seinem Aufsatz »Spielen in virtuellen Gemeinschaften« (Fritz 2008) zwischen ›Gemeinschaften‹ und dem bereits eingeführten Begriff der ›sozialen Gruppen‹. Fritz greift bei seiner Definition sozialer Gruppen auf den Soziologen Udo Thiedecke zurück. Nach Thiedecke umfasst eine soziale Gruppe »eine angebbare Zahl von Gruppenmitgliedern, die zur Erlangung eines Gruppenziels über längere Zeit in einem kontinuierlichen Interaktionsprozess stehen. Bei dieser engen sozialen Wechselwirkung entsteht eine gruppenspezifische Kohäsion, ein ›Wir-Gefühl‹, in dem die Gruppenidentität zum Ausdruck kommt. Um das Gruppenziel zu erreichen, bildet sich innerhalb der Gruppe eine eigene Normstruktur sowie eine charakteristische Aufgaben- und Rollenverteilung« (Thiedecke 2000, S. 37). An dieser Stelle sei angemerkt: Bereits 2009 legte Martin Geisler dar, was dazu beigetragen werden kann, »dass eine Spielgemeinschaft mit einer bestimmten Mitgliederkonstitution längerfristig existiert und welche Mittel [...] eingesetzt werden« (Geisler, 2009, S. 210). Er identifiziert dabei das jeweilige Spiel selbst, Zeichen und Symbole, Riten, Kommunikation sowie Regeln als Eckpfeiler der eingegangenen Verbindung (ebd.). Jürgen Fritz wiederum folgt zudem Winfried Marotzki, der das Internet als Kulturraum interpretiert. Nach ihm ist Gemeinschaft »eine in der natürlichen Kommunikation, Bekanntheit und in persönlichen Beziehungen sich konstituierende tradierte Bindung zwischen mehreren Personen. Sie zeichnet sich durch intersubjektiv geteilte Wissens- und Erfahrungsbestände sowie Deutungsmuster aus« (Marotzki 2002, S. 50). Fritz billigt virtuellen Gemeinschaften lediglich den Status einer Sonderform sozialer Gruppen zu, da sich diese in verschiedener »Dauer, Intensität und Verbindlichkeit« (Fritz 2008, S. 136) manifestierten. Gilden gehen allerdings über diese Art der virtuellen Gemeinschaft hinaus. Sie stellen mehr als einen sozialen Raum dar, der »mehr oder weniger regelmäßig [...] zum Austausch von gemeinsamen Interessen und zur Herstellung [...] von Kontakten genutzt wird« (Tillmann 2006, S. 43). Vielmehr stellen sie Manifestationen selbstorganisierender Vergemeinschaftungsprozesse dar, die auf gemeinsamen »values [and, R.I.] beliefs« (Vieta 2004, S. 196) gründen. Durch das sozial eingebettete Eintauchen in Spielewelten in Form von oftmals sehr straff durchorganisierten und langlebigen Zusammenschlüssen entsteht eine soziale Gruppe, wie von Thiedecke beschrieben. Folgt man dem Politikwissenschaftler Benedict Anderson, stellten alle Arten von Gemeinschaften vom Dorf bis hin zum Nationalstaat *imagined concepts* dar. Daher bestehe zwischen vermeintlich echten und virtuellen Gemeinschaften kein

---

103 Massively Multiplayer Online Game

Unterschied (vgl. Anderson, B 1983, S. 16-18). Somit gilt: IT-basierender Informationsaustausch und Kontaktherstellung (vgl. Stegbauer 2001, zitiert nach: Wimmer & Quandt & Vogel 2008, S. 149) sind nur ein kleiner Teil dessen, was das Online-Gildenleben auszeichnet. Interaktion und sozio-emotionale Inhalte von Kommunikation (vgl. Burgoon & Hale) sorgen dafür, dass Gilden eine Mischung aus interpersonalen Beziehungen (*common bond*), jedoch auch starke Beziehungen der Spieler*innen zur Gilde *per se* (*common identity*) aufweisen (vgl. Prentice & Miller & Lightdale 1994). Diese gesamte Situation von geteilter Identität kann als eine Art Überbau verstanden werden: »The culture of gaming is characterized by a shared sense of identity among the majority of industry participants. There is a general sense of solidarity among gamers, irrespective of one's place in the industry.« (Vgl. Winkler 2006, S. 150) Virtuelle Welten sind gleichzeitig auch soziale Situationen: Wie die US-Ethnologin Christine Hine darlegt, sind dafür alle Voraussetzungen – Raum, Akteure und Handlungen – gegeben (vgl. Hine 2000, S. 45). Es liegt zudem in der Natur der MMORPGs, soziale Unternehmungen zu sein, da eine große Anzahl von Spieler*innen zur selben Zeit in einem gemeinsamen (virtuellen) Umfeld aktiv ist. »[M]ost important for the success of MMORPGs […] is the feeling of shared space they provide. This is not only mingling with other people […] in a 3D chatroom; it's about others witnessing your actions and therefore making them real. […] The shared struggle for a good reputation and the feeling of responsibility towards a guild […] attach gamers to their virtual world. The social realism […] is more appealing than the perceptual realism. […] [L]onely cyberspace has morphed into social metaverse« (Schmidt 2007, S. 148). Die Spielmechanik fast aller MMORPGs ist darauf ausgelegt, dass nur zu Beginn des Spiels sinnvolle und gewinnbringende Singleplayer-Einsätze möglich sind: »at the high end game participation in groups and collectives generally becomes the only way to gain experience and advance« (Taylor 2006a, S. 36 sowie vgl. Duchenaut & Yee & Nickell u. a. 2006).[104]

11.4 Charakteristika von Gilden

Im Grunde genommen stellen Gilden Gruppen gleich gesinnter Spieler*innen dar, welche sich zusammenschließen, um kooperativ in das Spiel einzugreifen. Dabei benutzen sie die vom Spiel vorgegebenen Möglichkeiten und Werkzeuge. Es gibt verschiedene Arten von Gilden, jedoch kreisen sämtliche dieser Spielgruppen um die fundamentale Idee: ›Zusammen sind wir stark!‹ Gilden, von offizieller Entwicklerseite abgesegnete Spieler*innengruppen mit einer oftmals hierarchischen Struktur, bieten Zugang zu sozialen Netzwerken in MMORPGs –

---

104 Aus einer »World of Warcraft«-Untersuchung geht hervor, dass die erstaunliche Prozentzahl von 90% aller Spieler*innen ab Level 43 (von damals 50) Mitglieder einer Gilde sind.

Online-Spiele lassen sich einfacher bewältigen, wenn die Spieler*innenschaft auf gegenseitige Unterstützung baut und sich vertrauen kann (vgl. Fritz 2008b, S. 110). »Moreover the design of MMORPGs fosters the development of social skills by encouraging players to interact with one another. This is done primarily by doing three things: Creating tasks, [...] that require the participation of multiple players to accomplish [...], creating interdependencies between the different character ›classes‹ and combat roles and building periods of downtime into the rhythm of game play« (Ducheneaut & Moore 2005, S. 98). Denken wir an dieser Stelle an Wagner, spielt auch sein Punkt zur transmedialen Navigation eine Rolle: Er beschreibt ihn als die Fähigkeit, Erzählwelten über mediale Systemgrenzen hinweg multimedial verfolgen zu können – hierzu zählt meines Erachtens auch das sich Einfinden- und Integrierenkönnen in eine Erzähltradition, welche die Spielerwartung formt. So liegt es für Spieler*innen nahe, sich in einem Narrations-Ökosystem der *high fantasy* mit dem Verständnis eines Mitglieds einer Abenteurer*innengruppe auf der Suche nach Ruhm zu begeben.

Gilden erfüllen verschiedene Funktionen und werden aus unterschiedlichen Zwecken im Spiel gegründet. Gilden bilden »soziale Resonanzfelder« (Fritz & Misek-Schneider 2006, S. 122) – viele Spieler*innen erwarten von diesen Gruppen nicht mehr als eine Anhäufung von Freunden, welche sie gesammelt an einem Ort unkompliziert erreichen können. Für diese Spieler*innen ist die wichtigste Funktion des Spiels der Gilden-Chatkanal, über den man sich mit anderen Spieler*innen austauschen kann (vgl. Witting 2007, S. 23, 25). Entgegen einer Untersuchung Barry Wellmans und Milena Gulias (vgl. Wellmann & Gulia 1999), handelt es sich nicht um *weak ties*, das heißt flüchtige Bekanntschaften zwischen den Gildenmitgliedern, sondern um gefestigte zwischenmenschliche Beziehungen. Gilden erschaffen soziale Räume, welche sich aufgrund verschiedener Anforderungsstrukturen, Relevanzmuster und kommunikativer Beziehungen voneinander unterscheiden. Die kommunikative Klammer in diesen Interaktionsgemeinschaften ist dabei die Liebe und Begeisterung für das Online-Rollenspiel. Somit repräsentieren sie Lebenswelten, welche sich durch eine bestimmte Dialektik von extern und intern, sprich einem Zusammengehörigkeitsgefühl und einer Abgrenzung definieren. Die Grenzlinien sind zwar überschreitbar, aber der Übergang muss nach den Regeln der Gildenmitglieder erfolgen (vgl. Hepp & Vogelsang 2008, S. 105-106). »One reason for the popularity of online games is that they meld the fun and challenge of video games with the social rewards of an online community. Participation in online communities allows us to stay in touch with old friends, meet new people, learn, and share information. It also enables self-exploration and discovery as users extend and idealize their existing personalities or try out new ways of relating to one another that can positively affect real life relationships« (Seay & Kraut 2007).

Für andere Spieler*innen sind Gilden dankbare Ressourcen für kleinere Gruppen, mit denen man Aufgaben im Spiel zusammen lösen kann (vgl. Fritsch & Ritter & Schiller 2005, Pohlmann 2007, S. 12 und vgl. Uitterhoeve 2007).[105]

---

105 Im MMORPG »Utopia« wird man hingegen gleich zu Beginn Gilden zugeteilt.

Gruppenbildung gehört zu den grundlegendsten Tätigkeiten in einem MMORPG – der eben beschriebene Spieler*innentyp rekrutiert seine Gruppenmitglieder allerdings lieber aus einem Mitgliederpool, den er bereits kennt und mit dem er oder sie vertraut ist, weil man innerhalb der Gilde schon einige Zeit zusammen verbracht hat. Daher wissen die Spieler*innen um die Stärken und Schwächen der anderen Gildenmitglieder und können gezielt aus den Mitgliedern diejenigen aussuchen und ansprechen, welche für die anstehende Mission die geeigneten Teilnehmer*innen sind. Einen weiteren Aspekt bildet das so genannte *band wagoning*. Einige Spieler*innen streben nach der Mitgliedschaft in einer Gilde, da sie sich spielerische Macht von diesem Eintritt erhoffen. Gerade in Online-Spielen, welche einen großen Wert auf *player-versus-player*-Gefechte legen, kann es für den reibungslosen Spielgenuss bedeutsam sein, in einer mächtigen und starken Gilde zu spielen.

MMORPGs lassen Gilden unterschiedliche Formen der Unterstützung zukommen. Der Gildenchat, also ein fester, reservierter Gildenkanal als Austauschplattform, ist mittlerweile ein Basisfeature, das aus keinem Online-Titel mehr wegzudenken ist. Räumliche Unterkunft für Gilden, sprich die Schaffung eines ›Hauptquartiers‹, ist ein weiterer Punkt. Diese Gildenhäuser werden dann oftmals das soziale Zentrum der Gruppe und haben auch enormen praktischen Nutzen als Lagerhäuser für nicht mehr benutzte Gegenstände oder Waffen, welche vielleicht zu einem späteren Zeitpunkt unerfahrenen Spieler*innen überlassen oder verkauft werden. Nicht selten bieten MMORPGs auch zahlreiche Statistiken auf externen Webseiten im Internet an, die sich mit verschiedenen Aspekten der Gilden beschäftigen. Dabei kann es um das simple Benennen der Mitgliederzahlen und das Auflisten von Gildenämtern gehen, oder aber Besucher*innen der Seite erhalten die Möglichkeit, das Abschneiden von einzelnen Gildenmitgliedern in *player-versus-player*-Kämpfen abzulesen. Gilden haben allerdings zumeist selbst eine eigene Webseite, die gleichermaßen Funktionen nach außen (*guests*) und innen (*guild members*) hat (vgl. Seay & Jerome & Sang 2004). Hier sind zahlreiche gemeinschaftsbildende und kreative Prozesse und Praktiken zu beobachten. Man findet Neuigkeiten, Informationen oder Weblinks zu anderen spielverwandten Webseiten. Nicht selten ist auch Audio- und Videomaterial der Gilde zu finden. Zum Standard gehören *message boards*, welche die Kommunikation der Spieler*innen untereinander erleichtern. Auf diesen werden in etwa Termine für *raids*[106] ausgemacht oder Gildentreffen (vgl. Fritz 2007, S. 55)[107] angekündigt. Gilden sind somit ein geeigneter Ort, um soziale Interaktion, wenn diese als »acts, actions, or practices of two or more people mutually oriented towards each other's selves, that is, any behavior that tries to affect or take account of each other's subjective experience or intentions« (Fujimoto 2005) verstanden wird, zu erleben.

---

106 Gemeinsame Spielaktion (Feldzug).
107 Jürgen Fritz sieht hier komplementäre, also sich verzahnende und aufeinander abgestimmte Kräfte von virtuellem und realem Leben ineinandergreifen.

11.5 Motivation und Ansporn

Zusammengefasst gibt es also eine Vielzahl von Gründen, weshalb Spieler*innen einer Gilde beitreten, jedoch treten drei Gründe besonders in den Vordergrund. Herausforderungen können kooperativ mit einer starken Gruppe in Angriff genommen werden (vgl. Nardi & Harris 2006). Wenn sich Spieler*innen nach geraumer Zeit in Richtung *endgame* oder *epic raids* bewegen, sprich die größten und schwierigsten Aufgaben angehen wollen, ist dies in den meisten MMORPGs ausschließlich als Gruppe zu bewältigen. Das bedeutet, dass Eigennutz eine starke Motivation ist, Gildenmitglied zu werden, denn der Beitritt unterstützt die Spieler*innen in ihren eigenen Zielen (vgl. Taylor 2006b). Gilden stellen außerdem einen Pool von wertvollen Informationen für Spieler*innen dar. Die Chancen stehen sehr gut, dass eines der Mitglieder der Gilde eine gesuchte Information für suchende Spieler*innen bereithält, egal, ob es sich um Fragen nach Ausrüstung, Waffen oder Gegner handelt. Da es sich zudem um eine Gruppe von Gleichgesinnten handelt, stößt der/die fragende Spieler*in nicht nur auf eine Ansammlung von wertvollem Wissen, sondern er oder sie trifft auf offene und freundliche Spielgefährt*innen, die jenes Wissen bereitwillig teilen oder sich sogar als Mentor*innen und Lehrer*innen begreifen (vgl. Yee 2005). »Die Motive zum Anbieten von Hilfe liegen in einem Computernetzwerk teilweise in den Normen einer verallgemeinerten Reziprozität und Gruppenzugehörigkeit begründet. Personen mit starker Bindung an die Online-Gruppe sind […] bereit, teilzunehmen und anderen zu helfen, selbst wenn diese […] unbekannt sind« (Wellman 2003, S. 136). An dieser Stelle kann mit Geisler subsummiert werden, dass die Mitgliedschaft in einer solchen Spieler*innengemeinschaft nicht »als Form der Kompensation realweltlicher Defizite angesehen werden« (Geisler, 2009, S. 243) kann, sondern als der »Ausdruck einer auch in realweltlichen Bezügen nachweisbaren Kommunikations- und Kontaktbereitschaft« (ebd.) zu verstehen ist.

11.6 Virtuelle Vielfalt: unterschiedliche Gildentypen

Es ist wenig verwunderlich, dass entsprechend der Individualität der einzelnen Spieler*innen sich auch sehr individuelle Gildentypen als »burgeoning space for socialization« (Medina, 2019, S. 139) herausbilden. Der amerikanische Softwareentwickler Scott Jennings, welcher lange einer der Hauptverantwortlichen hinter dem MMORPG ›Dark Age of Camelot‹ war, entwickelte eine Reihe von interessanten Gilden-Archetypen, welche die Konzeption von Taylor durchaus aufgreifen, diese aber sinnvoll verfeinern (vgl. Jennings 2006, S. 171-179). Sein Modell soll im folgenden Abschnitt vorgestellt werden – dieses zeigt auf, welch enorme Diversität und Verästelung bzw. Schattierungen im Gildenwesen angelegt sind.

Dies ist relevant, da eine solche Betrachtungsweise hilft, die Frage Daniel Märkischs und Lingqi Xies zu beantworten: »Wie verändern sich nicht die herkömmlichen Strukturen von menschlicher Organisation durch die neue [Onlinespiel-] Umwelt, sondern auch die Sicht auf diese?« (Märkisch & Xie 2017, S. 124).

Jennings erster Typus ist derjenige der *achiever guilds*. »Achiever guilds seek to be the best of the best. They take pride in being the first to conquer new challenges in their game, discovering new items and new ways to defeat powerful monsters, and being the guild that other guilds look up to. In games with a player vs. player component, achiever guilds are literally the most powerful guilds in the game« (ebd., S. 172). Die erfolgreichsten dieser Gilden bezeichnet auch Jennings als *uberguilds*. Diese widmen sich nur den schwierigsten Herausforderungen und versuchen, jene in der kürzesten Zeit, im optimalen Fall als erste Gilde, zu lösen. »If it sounds like uberguilds are almost a caricature of the maniacal MMG player, well, in some ways they are. But in many ways, achiever guilds are an example of how players will combine to defeat any challenge of an MMG [...]. The more difficult the challenges, the more achiever guilds will organize in military precision to defeat them« (ebd., S. 173). Dem Selbstverständnis dieser Gilden folgend, ist das Rekrutierungsverfahren der Gruppen streng und elitär. Zumeist werden nur hochkarätige Spieler*innen akzeptiert, die eine genau zugeschriebene Funktion innerhalb der Gilde erfüllen können. Von den Gildenmitgliedern wird erwartet, dass sie ihren Alltag dem Spiel unterordnen und für große (Spiel-)zeiträume sorgen, welche sie den Gildenaktivitäten widmen. Auch sind Bewerbungsverfahren und Probezeiten für die Gildenaspirant*innen keine Seltenheit (vgl. Taylor 2006b und vgl. Pohlmann 2008, S. 267). Dieser Gildentyp neigt zur Inszenierung seines Elitecharakters durch (manchmal) aufgesetzten Snobismus und einer gewissen Grundarroganz. Man könnte an dieser Stelle durchaus die politikwissenschaftlichen Begriffe der Entscheidungs- und Darstellungspolitik benutzen. Die Verhandlung gildenspezifischer Probleme und die Entscheidung über Lösungen sind eine Sache, ob und in welcher Art und Weise Prozess und Ergebnis nach außen dargestellt werden, eine andere. Entscheidungen fallen allerdings oftmals so, dass jene sich medial gut vermitteln lassen. Das bedeutet, die Gilde kommt ohne das Mittel der Selbstinszenierung kaum aus, da sie ohne pompöse und wuchtige Vermittlung nicht als Elite wahrgenommen würde (vgl. Sarcinelli, 2007).

Einen zweiten Typ von Gilde bezeichnet Jennings als *anonymous-invite guilds*. Diese stellen das Gegenteil der achiever guilds dar: »These are guilds that will quite often invite you to join without even asking if you're interested! If you see a ›Would you like to join Guild XXXX‹ message [...] it's because a member of an anonymous-invite guild saw your character walk by and did the MMG equivalent of handing you a brochure« (Jennings 2006, S. 174). Dennoch erfüllen diese Art von Gilden einen sinnvollen Zweck. Spieler*innen erhalten einen ersten Einblick in Gildenalltag und Mechanismen. Sie profitieren von diesen Großgilden, da sie noch am Anfang ihrer virtuellen Karriere stehen. Die relative Willkür bei der Auswahl der Gildenmitglieder sorgt allerdings auch dafür, dass es sich nicht mehr um ein Netzwerk von befreundeten Spieler*innen handelt, sondern um eine Ansammlung von fremden Spieler*innen, welche lediglich pro forma unter dem Label einer Gilde residieren. Auch die schiere Größe der Gilde sorgt für strategische und taktische Abstimmungsschwierigkeiten; folglich sind die *anonymous-invite guilds* sehr selten in Gefechten des *endgame* vorzufinden.

Den dritten Typus bezeichnet Jennings als *cross-game guilds*. »Many guilds have been so successful that they no longer are tied to a specific game, but more a collection of friends that just happen to play MMGs. Some of these guilds have now been active for ten years or more. […] In general they focus more on the guild itself than the game […]. Most of the members have met in real life […] because they have get-togethers organized by the guild where members from around the world congregate to finally put faces to words and voices« (ebd., S. 175 und Williams & Ducheneaut & Yee u. a. 2006, S. 357-359). Diese Art von Gilde kann durchaus Achiever-Qualitäten aufweisen – die Mitglieder zeigen sich aber weitaus versöhnlicher, sollte gegen Zeitplanungen und Abmachungen seitens der Spieler*innen verstoßen werden. Jennings führt dies auf das gehobene Alter der Mitglieder zurück; diese wüssten, im echten Leben stehend, um die Schwierigkeiten, Spiel und Alltag zugleich zu bewältigen. *Cross-game guilds* können aufgrund ihres langen Bestehens eine große Anzahl von Mitgliedern aufweisen. Aber im Gegensatz zu den *anonymous-invite guilds* ist dies kein Hindernis, um als Gruppe effektiv zu funktionieren, da man einen längeren Zeitraum zu Verfügung hatte, um wirksame Arbeitsweisen zu entwickeln.

Jennings letzter Gildentypus heißt *family guilds* und wird wie folgt beschrieben: »Family guilds are probably the ideal guild fort he casual MMG player. They attract those of like interests […] but aren't as high-pressure about seeking to be the best of the best as achiever guilds. At the same time it's a much closer-knit experience than that of an anonymous-invite guild. If a family guild has any objective at all […], it can be best expressed as having fun« (ebd., S. 176).

Die Gildengröße liegt bei etwa 15-50 Spieler*innen, und es herrscht eine hohe Akzeptanz und Aufnahmebereitschaft von Spielanfänger*innen vor; dabei werden diese dann gezielt betreut und gefördert. Generell ist das Verhältnis unter den Spieler*innen als intim zu bezeichnen. »About the only downside to family guilds is that their close-knit nature sometimes causes more dramatics when things go wrong between members« (ebd.). Der ›Affront‹ des Verlassens einer solchen Gilde wird oftmals von den zurück bleibenden Mitgliedern sehr persönlich genommen.

Es ist in diesem Spektrum als These denkbar, eine hermeneutisch-weichere spielpädagogische Unterscheidung zu treffen: So repräsentieren *achiever guilds* einen strengeren, spielregel- und Mechanik geleiteten Spielmodusdiskurs des *ludus*, während *family* oder *social guilds* eher einem *paidia*-zugeneigten, lustvollen Spielgrundgedanken anhängen und diesen online ausleben (vgl. Hensel, 2015. S.154).

11.7 Gildenleben und -alltag

Die obige Darstellung zeigt, wie vielfältig und unterschiedlich Gilden sein können; Spieler*innen sollten sich also sehr gut überlegen, wie sie die MMORPGs spielen möchten, welche Ziele sie im Spiel verfolgen und erst dann entsprechend ihren Spielweisen einer Gilde beitreten. Gilden werden nicht selten als erweiterte Großfamilien verstanden, da in der Regel ein Avatar lediglich in einer Gilde gleichzeitig Mitglied sein kann (vgl. James & Walton 2004). Demnach ist der Gildenalltag manchmal geprägt von Uneinigkeiten und Streitereien. Einige dieser Krisen können derart schwerwiegend sein, dass die Gilde daran zerbricht. Obwohl MMOPGs in den Augen spielfremder externer Beobachter*innen ›lediglich‹ Spiele sind, werden die von Spiel und Gildenalltag evozierten Gefühle wie Zorn, Wut oder Frustration von den Spieler*innen als durchaus real wahrgenommen – ganz nach der Lesart des Psychotherapeuten Paul Watzlawick: Wirklichkeit ist das Ergebnis von Kommunikation (vgl. Watzlawick 1976, S. 7 und Vollbrecht 2008, S. 45).[108] Natürlich bringt eine Mitgliedschaft über einen längeren Zeitraum für den/die Spieler*in oftmals nicht nur ein Wechselbad der Gefühle mit sich, sondern mit großer Wahrscheinlichkeit wird er oder sie auch in die Machtstrukturen und Befehlshierarchien involviert werden (vgl. Wenz 2008, S. 188-189 und Mikos 2008, S. 62).[109] Im Sinne der Überlegungen Wagners spielen hier das Spiel mit Identitäten, also die Fähigkeit, alternative Identitäten annehmen und erforschen zu können, die kollektive Intelligenz, sprich die Fähigkeit, kollektiv Wissen zur Verfolgung eines gemeinsamen (Spiel-)ziels produzieren zu können sowie die Informationsvernetzung, ergo die Fähigkeit, über Netzwerke Informationen und Wissen analysieren und publizieren zu können eine Rolle. Im Folgenden sollen daher ein paar typische Funktionen, welche einzelne Spieler*innen innerhalb einer Gilde übernehmen können, vorgestellt werden. Nach einem gewissen Zeitraum innerhalb der Gilde steht für den/die Spieler*in oftmals die Entscheidung an, ob er oder sie sich für diese einsetzen möchte. Der Schritt in eine verantwortliche Position wird zumeist von denjenigen vorgeschlagen, welche bereits bestimmte Positionen innerhalb der Gildenhierarchie besetzen. Natürlich ist es auch MMORPG-Alltag, sich selbst als Spieler*in ins Gespräch zu bringen, um eine bestimmte Aufgabe übertragen zu bekommen. Diese Karrierebestrebungen werden je nach Gilde mal eher argwöhnisch, mal eher dankbar zur Kenntnis genommen (Pestal 2005).[110]

Eine der Aufgaben, die oftmals schon nach relativ kurzer Zeit an Spieler*innen übertragen werden, bestehen aus Rekrutierungsmissionen. Dies kann bedeuten, dass der/die Spieler*in stets auf der Suche nach interessanten neuen Kandidat*in-

---

108 Aber auch das nach dem bekannten Soziologen benannte Thomas-Theorem findet hier Anwendung: »Wenn Menschen eine Situation als real definieren, dann hat sie reale Konsequenzen.«.
109 Lothar Mikos spricht an dieser Stelle von der Möglichkeit für Spieler*innen, »positive Machtsituationen« zu erfahren.
110 Zur Arbeitsteilung in Online-Gilden.

nen für die Gilde ist. Diese Kandidat*innen können *low* oder *high profile player* sein. Wendet er sich letzteren Spieler*innentypen zu, ist seine Aufgabe vergleichbar mit Headhuntern in der heutigen Marktwirtschaft. Vielleicht hat der *recruiting guild officer* sogar das Recht von der Gildenführung verliehen bekommen, Kandidat*innen sofort einzuladen, der Gilde beizutreten. Die Kompetenz, ohne Rücksprache virtuelle Charaktere verbindlich einzuladen, gehört zu den höchsten Vertrauensbeweisen der Gildenleitung. Schließlich entscheidet die Zusammensetzung der Spieler*innen über das Vorankommen und die Zukunft der Gilde selbst.

Rekrutierung ist also ein sehr wichtiges Feld für Gilden; mindestens genauso wichtig sind für viele Gilden die so genannten *raid officers*. Sie gelten als die Militarist*innen‹ unter den Gildenmitgliedern: Raubzüge organisieren, Monsterjagden logistisch planen und Befehle auf dem Schlachtfeld erteilen. Diese Spieler*innen wissen zumeist um ihren Wert für die Gilde, und nicht selten zerbrechen Spieler*innengruppen, wenn verdiente *raid officers* ihren virtuellen Lebensabend einleiten wollen oder eine eigene Gildengründung anstreben. Eine weitere Funktion übernimmt der/die Schatzmeister*in. *Nomen est omen*: Schatzmeister*innen übernehmen die Verantwortung für den virtuellen Reichtum der Gilde. Dieser besteht natürlich nicht nur in Form von Gold- und Silbermünzen, sondern schließt seltene Waffen oder Ausrüstungsgegenstände mit ein. Auch die hart erkämpfte Trophäen-Sammlung von erledigten Gegnern bewacht und hütet dieser Typ von Buchhalter*in. Zum guten Ton vieler Gilden gehört mittlerweile auch jemanden dabei zu haben, der/die sich um Werbung und Marketing kümmert. Diese Rolle übernimmt der Gildendichter oder die Gildendichterin. Diese Figuren versuchen mit allen Mitteln, ihre Gilde durch kurz-, mittel- und langfristige Planungen und Aktionen ins Zentrum der Aufmerksamkeit der Mitspieler*innen im MMORPG zu rücken und die Originalität, Innovationskraft sowie die Qualität der Gilde zum (medienwirksamen) Ausdruck zu bringen. Dabei stehen ihnen unterschiedliche Instrumente zu Verfügung, die sich nicht auf die Spielwelt beschränken – auch auf spielverwandten Seiten sorgen Gildendichter in verschiedener Art und Weise dafür, dass die Gilde im Gespräch bleibt. Liebevoll entwerfen diese Würdenträger epische Geschichten rund um die Aktivitäten der Gilde, sind aber auch im Kampf anzutreffen, wenn sie den Kamerad*innen in ausweglosen Situationen verbal-kraftvoll Mut zusprechen und für den richtigen bzw. nötigen Grad an Motivation sorgen. Meist arbeiten Gildendichter*innen mit Gruppenmitgliedern zusammen, die sich technisch versiert um den Auftritt der Gilde im Internet kümmern. Das bedeutet, die Webseite zu erstellen und sie laufend zu aktualisieren. Oftmals stellen größere Gilden außerdem Spieler*innen ab, die sich um die Allianzpolitik kümmern. Für Gilden ist es bedeutsam, mit welchen anderen Gilden sie sich in einer Allianz befinden. Eine gut eingespielte und schlagkräftige Allianz gehört zu den größten Machtfaktoren im MMORPG, daher ist ein ständiges (diplomatisches) Beobachten des Allianzalltags und ein Pflegen der Kontakte untereinander notwendig. Es ist gerade dies ein Beispiel für die zwischenmenschliche, langfristig-strategische und im Spielpolitikkosmos angesiedelte Arbeit, die die Grundlagen für eine Rahmungskompetenz, die mit der von Tanja Witting kritisch diskutierten Entwicklung einer reflexiven Spieler*innen-Haltung einhergeht, anlegen kann (vgl. Witting, 2010).

Die wichtigste Position innerhalb einer Gilde ist der/die Gildenführer*in. Diese Position ist nicht zu verwechseln mit dem/der Gildengründer*in, obgleich die meisten MMORPGs in ihrer Spielmechanik davon ausgehen, dass diese*r auch Führer*in der Gruppe ist. Eine spätere etwaige Änderung ist leider oftmals nicht möglich, was für den Gildenalltag zu einem organisatorischen Problem werden kann. Der/die Gildenführer*in genießt in den meisten Fällen ihm/ihr durch das Spiel verliehene Rechte, welche er oder sie nicht oder nur unter zeitraubenden Schwierigkeiten an andere Charaktere abgeben kann. Nicht selten kommt die Gilde im Falle eines Wechsels im Führungspersonal nicht um eine Neugründung herum. Der/die Gildenführer*in ist Entscheider*in der Gruppe; alle Themen von Belang laufen bei diesem/dieser einzelnen Spieler*in zusammen. Er/sie gibt die wesentlichen Richtlinien vor, entscheidet über Gildenwappen und -farben, prägt den Charakter der Gilde und es obliegt ihm/ihr auch, die Gilde aufzulösen. Er/sie ist der/die Hauptansprechpartner*in für andere Spieler*innen oder das Spiel selbst, egal, ob man innerhalb der Gilde beschlossen hat, Entscheidungen demokratisch herbeizuführen oder ob der/die Gildenführer*in sich gegen *flat hierarchies* entschieden hat und seine/ihre Spielergruppe autoritär im Alleingang befehligt (vgl. Fritz 2008c, S. 205).

11.8 Der andere Alltag: Streit und Konflikt

»One unfortunate constant of long-term guild membership is that someone, at some point, will have Issues With A Capital I. This is usually referred to in MMGs as *guild drama* [Hervorhebung d. Autors]. […] Someone is irritated about something, and the reason will usually cause you to shake your head and wonder why you didn't take up a less stressful hobby, such as joining the French Foreign Legion« (ebd., S. 182).

Die Abbildung von Gemeinschaften im Virtuellen, das heißt in diesen »*komplexen Weltentwürfen*« (Kotz 2008, S. 28), wäre von wenig sozialer Realität geprägt, wenn es nicht hin und wieder zu Auseinandersetzungen innerhalb der Gilde käme. Die Gründe für Streitereien zeigen gewisse Grundkonflikte: Auf gemeinsamen Abenteuern fallen Spieler*innen in der Regel zahlreiche Wertgegenstände in die Hände. Da man als Kollektiv spielt und alle *drops*[111] gerecht verteilt werden sollen, kann dies zu Streitigkeiten führen (vgl. Yee 2003a). Langjährige (vgl. Stalzer 2007)[112] Gilden haben daher Vorabkommen, wie Verteilungsgerechtigkeit im Sinne der Gruppe praktiziert wird. Ein zweites Ärgernis manifestiert sich im »Nichts-zu-tun-Dilemma«. Die Führungsoffizier*innen sind angehalten, für einen vollen Stundenplan im Leben der Gildenspieler*innen zu sorgen. Kommen

---

111 Erspielte Gegenstände.
112 Eine der ältesten Gilden überhaupt, »The Syndicate«, welche bis in die Tage des »Commodore 64« zurückreicht, gab im Sommer 2007 sogar ein Buch über die langjährigen, gemeinsamen Aktivitäten heraus.

sie dieser Pflicht nicht nach, wird sehr schnell Langeweile unter den Gruppenmitgliedern einkehren (vgl. Yee 2003b). Zu einer weiteren Schwierigkeit können romantische Verflechtungen innerhalb der Gilde werden (vgl. Yee 2003c, Yee 2006a, Thiedeke 2007, S. 306 und Kruse & Puh 2006, S. 24). Als Herausforderung kann es sich außerdem herausstellen, wenn ein Mitglied der Spielgruppe ebenfalls Mitglied einer anderen Gilde ist, die zudem einer anderen Allianz angehört (vgl. Lober & Adamczewski 2004, S. 128). Die Mitgliedschaft in einer solchen Allianz kann bedeuten, dass bestimmte neue Regeln oder Verhaltensweisen auftauchen oder durchzusetzen sind, welche möglicherweise für Spieler*innen der eigenen Gilde nicht akzeptabel erscheinen. Nicht zu unterschätzen als wohl größten potentiellen ›Störfaktor‹ für die Gilde ist der reale Alltag für den/die Spieler*in hinter seiner/ihrer Figur. Beispiele für einen Wandel im Leben der Spieler*innen gibt es viele. So kann in etwa einem *raid officer* oder sogar *guild leader* eine längere Geschäftsreise drohen (vgl. Yee 2006b), er oder sie heiratet, wird Vater oder Mutter, wird im Beruf befördert, hat einen Todesfall in der Familie zu beklagen oder muss gar umziehen und hat zunächst einmal keine Möglichkeit, am Spiel und Gildenleben teilzunehmen. All diese Angelegenheiten, die den/die Spieler*in aus seinem gewohnten MMORPG-Rhythmus, auf den sich natürlich auch die anderen Teilnehmer*innen verlassen, herausreißen, können sich zu gravierenden Problemen für die Gilde entwickeln. Erfolgreiches Krisenmanagement setzt eine firme Spielgruppe, starke Führungsqualitäten und nicht selten Glück gleichzeitig voraus. Unternimmt man für dieses Problemfeld den Versuch, mit Wagners Überlegungen zu arbeiten, stechen in erster Linie zwei der elf Punkte ins Auge: die Fähigkeit, spielerisch mit Problemlösungsstrategien experimentieren zu können sowie der Umgang mit alternativen Normen. Wenn wir etwa an sich verändernde Zeitkontingente innerhalb der Spielergemeinschaften denken, kann es ratsam sein, über die Neuverteilung von Spieler*innen-Rollen nachzudenken. Streit und Konflikte sind aber auch aus unterschiedlichen gesellschaftlichen Wertesystemen heraus denk- und erklärbar. Einen Weg zu finden, innerhalb einer Spielergruppe mit diesen Herausforderungen umzugehen, um in einem positiven Spielklima etwa die übergeordneten Spielziele erfolgreich anzugehen, ermöglicht erst ein ausverhandeltes Miteinander, welches durch die verschiedenen Spieler*innen-Zusammensetzungen immer wieder ein Thema werden kann.

11.9 Fazit

Es ist deutlich geworden, dass die Darstellung und Untersuchung der sozialen Strukturen von Video- und Computerspielgemeinschaften und deren Wirkungskomplexe nicht lediglich eine theoretische Fingerübung, sondern einen anschlussfähigen Ankerpunkt für die Spiel- und Medienpädagogik darstellt. Eine genaue Beobachtung der beschriebenen Prozesse vorausgesetzt, legt es eine Anerkennung der E-Sports-Teams sowie Rollenspiel-Gilden als informelle Bildungstopographien und -kontexte nahe. Dergestalt sind Spielgemeinschaften für die Spiel- und Medienpädagogik als wertvolle und reichhaltige Ressource zu begreifen, um anknüpfende und lebensweltorientierte Angebote zu entwerfen sowie anzubieten. Dabei ist im Falle des E-Sports nicht nur an hyperkommerzialisierte »Spitzensport«-Varianten zu denken, sondern auch im Rahmen eines breiten Sportgedankens.

Quellenverzeichnis

Anderson, B. (1983): Imagined Communities: Reflections on the Origin and Spread of Nationalism. London: Verso.
Bodmer, M. (2018): E-Sports ist zum Hochleistungssport avanciert. Online verfügbar unter: https://nzzas.nzz.ch/sport/e-sports-ist-zum-hochleistungssport-avanciert-ld.1412641?reduced=true, Zugriff am 03.02.2020.
Boguslavskaya, V. & Budnik, E. & Azizulova, A. u. a. (2018): Cybersport Community: Social Structures Transformation as a Basis for Intercultural Dialogue. In: S. Bodrunova (Hrsg), Internet Science. INSCI 2018. Lecture Notes in Computer Science, vol 11193. Cham: Springer.
Bruckner, E. (2019): Frauen im Teamhaus unerwünscht. Online verfügbar unter: https://www.sueddeutsche.de/sport/esport-games-frauen-1.4550451, Zugriff am 05.04.2020.
Burgoon, J. K. & Hale, J. (o. J): Validation and measurement of the fundamental themes of relational communication. Communication Monographs, 54, S. 19-41.
Deutscher Olympischer Sportbund (2018): DOSB und »ESPORT«. Online verfügbar unter: https://www.dosb.de/ueber-uns/esport/, Zugriff am 03.03.2020.
Ducheneaut, N. & Moore, R. J. (2005): More than just ›XP‹: learning social skills in massively multiplayer online games. Interactive Technology & Smart Education, 2 (2), S. 89-101.
Duchenaut, N. & Yee, N. & Nickell, E. u. a. (2006): Alone Together? Exploring the Social Dynamics of Massively Multiplayer Online Games. Paper. Conference on Human Factors in Computing Systems. Montreal.
eSport-Bund (2018): Was ist eSport? Online verfügbar unter: https://esportbund.de/esport/was-ist-esport/, Zugriff am 02.03.2020.
Fritsch, T. & Ritter, H. & Schiller, J. (2005): The Effect of Latency and Network Limitations on MMORPGs (A Field Study of Everquest2). Hawthrone: Paper. NetGames.
Fritz, J. (2007): Dick, dumm und delinquent durchs Daddeln? Wirkungsfragen. In: W. Kaminski & T. Witting (Hrsg.), Digitale Spielräume. Basiswissen Computer- und Videospiele (S. 47-57). München: kopaed.
Fritz, J. (2008a): Spielen in virtuellen Welten. In: T. Quadt & J. Wimmer & J. Wolling (Hrsg.), Die Computerspieler. Studien zur Nutzung von Computergames (S. 135-149). Wiesbaden: VS Verlag für Sozialwissenschaften.
Fritz, J. (2008b): Zwischen Lust und Frust. Warum Computerspiele faszinieren können. In: J. Fritz (Hg.), Computerspiele(r) verstehen. Zugänge zu virtuellen Spielwelten für Eltern und Pädagogen (S. 96-112). Bonn: bpb.
Fritz, J. (2008c): Ein Jahr in der Welt des »Ogame«. In: J. Fritz (Hrsg.), Computerspiele(r) verstehen. Zugänge zu virtuellen Spielwelten für Eltern und Pädagogen (S. 194-210). Bonn: bpb
Fritz, J. & Misek-Schneider, K. (2006): Oh, what a game: »OGAME«. In: W. Kaminski & M. Lorber (Hrsg.), Clash of Realities. Computerspiele und soziale Wirklichkeit (S. 113-133). München: kopaed.

Fujimoto, T. (2005): Social Interactions Experienced in the Massively Multiplayer Online Game Environment: Implications on the Design of Online Learning Courses. Paper. Conference of the Association for Educational Communications and Technology. Pennsylvania State University.

Galarneau, L. (2005): Spontaneous Communities of Learning: Learning Ecosystems in Massively Multiplayer Online Gaming Environments. Online verfügbar unter: http://www.digra.org/dl/db/06278.10422.pdf, Zugriff am: 01.05.2008.

Gebel, C. & Gurt, M. & Wagner, U. (2005): Kompetenzförderliche Potenziale populärer Computerspiele. In: Arbeitsgemeinschaft Betriebliche Weiterbildungs e.V. (Hrsg.), Quem-Report 92: E-Lernen: Hybride Lernformen, Online Communities und Spiele (S. 241-376). Bochum: Arbeitsgemeinschaft Betriebliche Weiterbildungsforschung.

Gee, J. P. (2003): What Video Games have to teach us about Learning and Literacy. New York: St. Martin's Griffin.

Geisler, Martin (2009): Clans, Gilden und Gamefamilies: Soziale Prozesse in Computerspielgemeinschaften. Weinheim: Beltz Juventa.

Hepp, A. & Vogelsang, W. (2008): Die LAN-Szene. Vergemeinschaftungsformen und Aneignungsweisen. In: T. Quadt & J. Wimmer & J. Wolling (Hrsg.), Die Computerspieler. Studien zur Nutzung von Computergames (S. 97-113). Wiesbaden: VS Verlag für Sozialwissenschaften.

Hensel, F. (2015): Zwischen ludus und paidia. THE LAST OF US als Reflexion des Computerspiels. In: B. Beil & G.S. Freyermuth & L. Gotto (Hrsg.), New Game Plus: Perspektiven der Game Studies. Genres – Künste – Diskurse (S.145-185). Bielefeld: transcript Verlag.

Hine, C. (2000): Virtual Ethnography. London: SAGE Publications.

Irsigler, F. (1985): Zur Problematik der Gilde- und Zunftterminologie. In: B. Schwineköper (Hrsg.), Gilden und Zünfte. Kaufmännische und Gewerbliche Genossenschaften im frühen und hohen Mittelalter. Vorträge und Forschungen, 29, 53-73. Stuttgart: Thorbecke Verlag.

Jennings, S. (2006): Massively Multiplayer Games for Dummies. Indianapolis: John Wiley & Sons.

Kotz, F. (2008): Computerspiele als neuer Kommunikationstypus. Interaktive Kommunikation als Zugang zu komplexem Wissen. In: T. Quadt & J. Wimmer & J. Wolling (Hrsg.), Die Computerspieler. Studien zur Nutzung von Computergames (S. 25-41). Wiesbaden: VS Verlag für Sozialwissenschaften.

Kruse, D. & Puh, D. (2006): Clash of Realities. EA Magazin, 2, S. 20-26.

Lechtape, M. (2019): E-Sport an der Uni. Zocken bis zum Abschluss. Online verfügbar unter: https://www.faz.net/aktuell/karriere-hochschule/hoersaal/e-sport-an-der-uni-zocken-bis-zum-abschluss-16393728.html, Zugriff am 01.02.2020.

Lober, A. & Adamczewski, D. (2004): Welten am Draht. c't, 5.

Marotzki, W. (2002): Zur Konstitution von Subjektivität im Kontext neuer Informationstechnologie. In: W. Bauer & W. Lippitz & W. Marotzki u. a. (Hrsg.): Weltzugänge: Virtualität, Realität, Sozialität. Jahrbuch für Bildungs- und Erziehungsphilosophie 4 (S. 45-61) 4. Hohengeren-Baltmannsweiler: Schneider-Verlag.

Märkisch, D. & Xie, L. (2017): Play together. Spielgemeinschaften in der virtuellen Realität. In: J. Helbig & R.R. Schallegger (Hrsg.): Digitale Spiele (S. 102-127). Köln: Herbert von Halem Verlag.

Medina, V.V. (2019): National Cultures and Digital Space. In: P. Penix-Tadsen (Hrsg.): Video Games and the Global South (S. 129-143). Pittsburgh: Carnegie Mellon University ETC Press

Mikos, L. (2008): Kulturtechnik Computerspiel – Zu Unrecht zum Sündenbock gemacht. In: O. Zimmermann & T. Geißler (Hrsg.), Streitfall Computerspiele: Computerspiele zwischen kultureller Bildung, Kunstfreiheit und Jugendschutz (S. 61-63). Berlin: Deutscher Kulturrat.

Nardi, B. & Harris, J. (2006): Computer Supported Cooperative Work. Online verfügbar unter: http://portal.acm.org/citation.cfm?id=1180898, Zugriff am 01.08.2008.

Oexle, O. G. (1981): Gilden als soziale Gruppen in der Karolingerzeit. In: H. Jankuhn & W. Janssen & R. Schmidt-Wiegand u. a. (Hrsg.), Das Handwerk in vor- und frühgeschichtlicher Zeit (S. 284-354). Göttingen: o. V.

Pargman, D. & Ericsson, A. (2005): Law, order and conflicts of interest in massively multiplayer online games. Paper. o. O.: Digital Games Research Association DiGRA.

Pestal, B. (2005): Virtuelle Organisation in MMOPRGs. Sind MMORPG Gilden lernende Organisationen? Paper.

Pohlmann, H. (2007): Überwältigt von der Spielflut? Genrekunde. In: W. Kaminski & T. Witting (Hrsg.), Digitale Spielräume. Basiswissen Computer- und Videospiele (S. 9-17). München: kopaed.

Pohlmann, H. (2008): Entwicklung von Beziehungsnetzen in »World in Warcraft«. In: J. Fritz (Hrsg.), Computerspiele(r) verstehen. Zugänge zu virtuellen Spielwelten für Eltern und Pädagogen (S. 263-277). Bonn: bpb

Prentice, D. A. & Miller, D. T. & Lightdale, J. R. (1994): Asymmetries in attachments to groups and to their members: Distinguishing, between common-identity and common-bond groups. Personality and Social Psychology Bulletin, 20, S. 484-493.

Rice, R. A (2006): MMO Evolution. Morrisville: Lulu.com.

Sarcinelli, U. (2007): Medialisierung des Politischen. Polis, 3, S. 3-11.

Scholtz, C. (2008): Zwischen Spielauswahl und Spielpraxis. Entscheidungsfelder für Eltern und Pädagogen. In: J. Fritz (Hrsg.), Computerspiele(r) verstehen. Zugänge zu virtuellen Spielwelten für Eltern und Pädagogen (S. 225-236). Bonn: bpb.

Schmidt, F. (2007): Use Your Illusion. Immersion In Parallel Worlds. In: F. v. Borries & S. P. Walz & M. Böttger (Hrsg.), Space. Time. Play. Computer Games, Architecture and Urbanism: The Next Level (S. 146-150). Basel/ Boston/ Berlin: Birkhäuser Architecture.

Seay, A. F. & Jerome, W. J. & Sang, K. u. a. (2004): Project Massive: A Study of Online Gaming Communities. Paper. Conference on Human Factors in Computing Systems. Wien.

Seay, A. F. & Kraut, R. E. (2007): Project Massive: Self-Regulation and Problematic Use of Online Gaming. Paper. Conference on Human Factors in Computing Systems. San Jose.

Stegbauer, C. (2001): Grenzen virtueller Gemeinschaft. Strukturen internetbasierter Kommunikationsforen. Wiesbaden: Westdeutscher Verlag.

Stalzer, S. (2007): Book Extract: Legend Of The Syndicate. Online verfügbar unter: http://www.gamasutra.com/view/feature/1466/book_extract_legend_of_the_.php, Zugriff am 30.04.2008.

Stein, V. & Scholz, T. M. (2016): The Intercultural Challenge of Building the European eSports League for Video Gaming. In: C. Barmeyer & P. Franklin (Hrsg.), Intercultural Management: A Case-Based Approach to Achieving Complementarity and Synergy. (S. 80-94). New York: Palgrave Macmillan.

Tang, W. (2018): Understanding Esports from the Perspective of Team Dynamics. Online verfügbar unter: https://thesportjournal.org/article/understanding-esports-from-the-perspective-of-team-dynamics/, Zugriff am 05.05.2020.

Taylor, C. (2006a): Bonds of trust: An in-depth look at social bonding within MMO Guilds. Online verfügbar unter: http://www.trinity.edu/adelwich/worlds/students.html, Zugriff am 12.11.2006.

Taylor, T. L. (2006b): Play Between Worlds. Exploring Online Game Culture. Cambridge/ London: MIT Press.

Thiedecke, U. (2000): Virtuelle Gruppen. Begriff und Charakteristik. In: U. Thiedecke (Hrsg.), Virtuelle Gruppen. Charakteristika und Problemdimensionen (23-73). Wiesbaden: VS Verlag für Sozialwissenschaften.

Thiedeke, U. (2007): Trust, but test! Konstanz: UVK.

Thimm, C. & Ehmer, H. (2000): »Wie im richtigen Leben…«: Soziale Identität und sprachliche Kommunikation in einer Newsgroup. In: C. Thimm (Hrsg.), Soziales im Netz (o. S.). Opladen: Westdeutscher Verlag.

Tillmann A. (2006): Doing Identity: Selbsterzählung und Selbstinszenierung in virtuellen Räumen. In: A. Tillmann & R. Vollbrecht (Hrsg.), Abenteuer Cyberspace (33-50). Frankfurt a. M.: P. Lang.

Uitterhoeve, P. (2007): My Kingdom and I. Approaching a MMOG from a fresh perspective. Paper. Universität Amsterdam.

Vieta, M. (2004): Interactions through the screen: The Interactional Self as a theory for Internet-Mediated Communication. Master-Arbeit. Burnaby: Simon Fraser University. School of Communication.

Vollbrecht, R. (2008): Wie Wissenschaft Wissen schafft. In: J. Fritz (Hrsg.), Computerspiele (r) verstehen. Zugänge zu virtuellen Spielwelten für Eltern und Pädagogen (S. 39-68). Bonn, bpb.

Wagner, M. (2008): Die 11 Kernkompetenzen der Medienpartizipation. https://weiterbildungsblog. de/blog/2008/09/10/die-11-kernkompetenzen-der-medienpartizipation/2237/, Zugriff am 4.5.2020.

Walkering, N. (2020): Milliardenumsatz für eSports 2020. Online verfügbar unter: https://www.sport1.de/esports/2020/02/der-esports-generiert-2020-erstmalig-milliarden-umsatz, Zugriff am 03.04.2020.

Watzlawick, P. (1976): Wie wirklich ist die Wirklichkeit? Wahn, Täuschung, Verstehen. München: Piper.

Wellman, B. (2003): Die elektronische Gruppe als soziales Netzwerk. In: U.r Thiedeke (Hrsg.), Virtuelle Gruppen. Charakteristika und Problemdimensionen (o. S.). Wiesbaden: VS Verlag für Sozialwissenschaften.

Wellmann, B. & Gulia, M. (1999): Virtual communities as communities. Net surfers don't ride alone. In: M. Smith & P. Kollock (Hrsg.), Communities in Cyberspace (S. 167-194). New York: Routledge.

Wenz, K. (2008): Mein Leben als Rollenspielerin. In: Jürgen Fritz (Hrsg.): Computerspiele (r) verstehen. Zugänge zu virtuellen Spielwelten für Eltern und Pädagogen (S. 187-194). Bonn, bpb.

Wiemker, M. & Wimmer, J. (2014): Computerspielkulturen: Praktiken der Aneignung durch Computerspielfans. In: V. Cuntz-Leng (Hrsg), Creative Crowds. Perspektiven der Fanforschung im deutschprachigen Raum (S. 113-135). Darmstadt: Büchner-Verlag.

Williams, D. & Ducheneaut, N. & Yee, N. u. a. (2006): From Tree House to Barracks. The Social Life of Guilds in World of Warcraft. Games and Culture, 1 (4), S. 338-361.

Wimmer, J. & Quandt, T. & Vogel, K. (2008): Teamplay, Clanopping und Wallhacker. Eine explorative Analyse des Computerspielens in Clans. In: T. Quadt & J. Wimmer & J. Wolling (Hrsg.): Die Computerspieler. Studien zur Nutzung von Computergames (S. 149-169). Wiesbaden: VS Verlag für Sozialwissenschaften.

Winkler, W. K. (2006): The Business and the Culture of Gaming. In: J. P. Williams & S. Q. Hendricks & W. K. Winkler (Hrsg.), Gaming as Culture. Essays on Reality, Identity and Experience in Fantasy Games (140-154). Jefferson/ London: McFarland.

Witting, T. (2007): Aber ist das nicht gefährlich? Risiken und Chancen. In: W. Kaminski & T. Witting (Hrsg.), Digitale Spielräume. Basiswissen Computer- und Videospiele (S. 21-27). München: kopaed.

Witting, T. (2010): Wie Computerspiele beeinflussen. Online verfügbar unter: https://www.ajs-bw.de/media/files/ajs-info/AJS-Info_1-2010.pdf, Zugriff am 01.06.2020.

Wolf, B. (2008): Exotische Welten, direkt vor der Haustür – Elektronische Spiele: ein Einordnungsversuch. In: O. Zimmermann & T. Geißler (Hrsg.), Streitfall Computerspiele: Computerspiele zwischen kultureller Bildung, Kunstfreiheit und Jugendschutz (S. 98-101). Berlin: Deutscher Kulturrat.

Wolf, K. D. (2007): Communities of Practice in MMORPGs: An Entry Point into Addiction? In: Steinfield & Pentland & Ackerman u. a. (Hrsg.): Communities and Technologies 2007: Proceedings of the Third Communities and Technologies Conference (S. 191-208). London: Springer.

Yee, N. (2003a): The Rise and Fall of Guilds. Online verfügbar unter: http://www.nickyee.com/daedalus/archives/000468.php?page=3, Zugriff am 26.07.2007.

Yee, N. (2003b): Why We Quit. Online verfügbar unter: http://www.nickyee.com/daedalus/archives/000342.php, Zugriff am 26.07.2007.

Yee, N. (2003c): Romances that began in A Far-Away Land. Online verfügbar unter: http://www.nickyee.com/daedalus/archives/000512.php?page=1, Zugriff am 26.07.2007.

Yee, N. (2005): In their own words. The Social Component. Online verfügbar unter: http://www.nickyee.com/daedalus/archives/001301.php?page=8, Zugriff am 28.07.2007.
Yee, N. (2006a): The »Impossible« Romance. Online verfügbar unter: http://www.nickyee.com/daedalus/archives/001534.php, Zugriff am: 26.07.2007.
Yee, N. (2006b): Life as a guild leader. Online verfügbar unter: http://www.nickyee.com/daedalus/archives/001516.php, Zugriff am: 26.07.2007.

Tabellenverweis:

Tab. 1: Funktionen des Spiels für die Pädagogik (Bear 2012/2013)
Tab. 2: Projektplanung anhand von W-Fragen

Autor*innen-Verzeichnis

Anna Grebe
Dr., Berlin, jugendpolitische Beraterin und Referentin

Björn Schreiber
Referent für Verbraucherbildung/Verbraucherzentrale Bundesverband (Berlin)

Denise Gühnemann
wissenschaftliche Mitarbeiterin an der Technischen Hochschule Köln

Dirk Poerschke
MedienSpielPädagoge,
Landschaftsverband Rheinland- Zentrum für Medien und Bildung

Eric Müller
wissenschaftlicher Mitarbeiter im Bereich Medienpädagogik an der Universität Hamburg. Allgemeine, Interkulturelle und International Vergleichende Erziehungswissenschaft sowie Pädagogische Psychologie

Gerrit Neundorf
Projektleitung Institut für Spiel- und Medienkultur

Horst Pohlmann
MedienSpielPädagoge (M.A.), Dozent für Kulturelle
Medienbildung, Fachbereichsleiter Medien/Medienpädagogik, Akademie der Kulturellen Bildung des Bundes und des Landes NRW, Remscheid

Iren Schulz
Dr., Mitarbeiterin im eTeach-Netzwerk Thüringen an der Bauhaus-Universität und freiberufliche Medienpädagogin in Erfurt

Jürgen Sleegers
Köln/Technische Hochschule Köln/Institut für Medienforschung und Medienpädagogik
Position:
Wissenschaftlicher Mitarbeiter im Institut für Medienforschung und Medienpädagogik, TH Köln

Martin Geisler
Prof. Dr., Dozent an der Ernst-Abbe-Hochschule, Jena, Institutsleitung Institut für Spiel- und Medienkultur Spawnpoint, Erfurt

Rudolf Thomas Inderst
Dr. phil. Dr. rer. cult.
Dozent, Hochschule Neu-Ulm & Fresenius Hochschule München

Sebastian Ring
München, Leiter des Medienzentrums München des JFF – Institut für Medienpädagogik

Thomas Wodzicki
freiberuflicher Dozent, Spiel- und Kulturpädagoge (Weimar)

Torben Kohring
freier Medienpädagoge, Diepholz